本书得到鲁东大学人文社会科学研究项目经费资助

本书得到鲁东大学重点学科建设经费资助

俄罗斯中小企业发展研究

Research on the Development of Russian Small and Medium-sized Enterprises

徐昱东 著

中国社会科学出版社

图书在版编目（CIP）数据

俄罗斯中小企业发展研究/徐昱东著．—北京：中国
社会科学出版社，2010.6
ISBN 978 - 7 - 5004 - 8977 - 1

Ⅰ．①俄…　Ⅱ．①徐…　Ⅲ．①中小企业—经济发
展—研究—俄罗斯　Ⅳ．①F279.512.43

中国版本图书馆 CIP 数据核字（2010）第 142716 号

策划编辑　卢小生（E - mail：georgelu@ vip. sina. com）
责任编辑　卢小生
责任校对　刘　娟
封面设计　杨　蕾
技术编辑　李　建

出版发行　中国社会科学出版社
社　　址　北京鼓楼西大街甲 158 号　　　邮　编　100720
电　　话　010 - 84029450（邮购）
网　　址　http：//www. csspw. cn
经　　销　新华书店
印　　刷　北京新魏印刷厂　　　　　　　装　订　广增装订厂
版　　次　2010 年 6 月第 1 版　　　　　印　次　2010 年 6 月第 1 次印刷
开　　本　710×1000　1/16　　　　　　插　页　2
印　　张　14.5　　　　　　　　　　　　印　数　1—6000 册
字　　数　238 千字
定　　价　30.00 元

目　　录

序

　　站在什么样的角度观察俄罗斯的经济发展？选择什么样的问题来洞悉俄罗斯经济转轨的过去、现在和未来？从客观环境来看，这既与学术研究的当前进展有联系，又和当下的社会实践相关；就个人而言，它既是一个学术积累和学术能力问题，又是一个学术风格和学术品位问题。自经济转轨在世界范围内大规模展开以来，俄罗斯经济转型由于其典型性受到学术界的广泛关注，研究成果如汗牛充栋。但归纳起来，不外乎转型初期关于俄罗斯转型战略策略的讨论和对其"休克疗法"的评析、争论，20世纪末关于俄罗斯转型经验的总结概括和对于俄罗斯转型总体进程的分析、概括，21世纪以来对于普京八年的经济政治策略和成就的探讨。总的来看，关于俄罗斯经济转型的宏观思考已然很多，深入到俄罗斯中观领域如能源产业、私有化与产权改造等问题的探索也偶有所见，那么，俄罗斯经济转型过程中一些微观领域发生了什么样的变化？宏观趋势的微观基础如何？这方面的专门著作至少在国内还不多见。究其原因，也许学界认为俄罗斯社会变革自上而下的传统使得微观领域不值得探讨，或者是因为关于俄罗斯经济转轨的研究无法做到见微知著。徐昱东博士的专著《俄罗斯中小企业发展研究》也许可以改变这种偏见，为我们了解俄罗斯经济的宏观趋势展现一个有价值的微观基础。

　　经济转型是一个艰苦的长期过程，既涉及经济制度体系的全面重构，也涉及经济结构、增长路径的全面调整和转型。在经济全球化的今天，开放带来的机会和导致的风险是同步成长的，一个国家的经济是否安全健康可持续发展，除了要看这个国家是否有一个聪明的政府，是否有一套充满活力的灵活的制度结构，是否有一个公平竞争的市场环境之外，还要看微观主体的竞争力和竞争环境是怎样的。自经济转型大规模展开以来，世界经济已经多次遭到金融危机的洗礼，源自美国的次贷危机的影响至今也还没有走远，甚或继续发挥着它的余威，把危机和风险从企业负债层面提升到主权债务层面。转轨国家抗风险甚或利用危机发展自己的能力，既与这些国家宏观的转型战略、制度构建密切相关，也与这些国家企业能力特别是中小企业的状况密切相关。因此，观察俄罗斯转型以来中小企业成长、发展的轨迹和状态，非常有助于我们理解俄罗斯转型以来的种种经济表现，并有助于我们预知俄罗斯未来的发展方向。徐昱东博士立足于这样一个富有新意的角度，向我们展示了俄罗斯经济转型的一个微观侧面，这之于学术界和实业界乃至决策层都是很有意义的。

具体来看，该专著的工作乃至新意主要体现在以下几个方面：

第一，把目光聚焦在俄罗斯经济微观层面的中小企业问题上，为传统的经济增长问题提供新的分析视角。通过俄罗斯中小企业的产生、成长和发展这条主线，观察俄罗斯整个经济的长期走向；通过俄罗斯中小企业探讨俄罗斯经济增长的微观基础，进而探究支撑和保障俄罗斯经济良好迅速发展的制度框架的适应性和完善程度。

第二，与当前流行的中小企业分析范式不同，作者在探讨影响俄罗斯中小企业发展的因素上，不但分析了经济因素，而且还充分考虑到了政治因素，以及它们之间的互动形成的各种激励和制约结构。即以时间为主轴，基于对俄罗斯中小企业发展阶段的梳理，运用新制度经济学、新政治经济学等理论分析工具，着重分析俄罗斯经济政治转轨背景下的中小企业发展问题，突出了转轨背景下影响俄罗斯中小企业发展的深层次经济、政治原因。

第三，作者充分考虑到了作为一个大国的地区发展不平衡性问题，换言之，俄罗斯的中小企业发展在地区或联邦主体层面又是怎样的呢，哪些因素具有关键性作用呢？作者借助权威数据给出了一个基于多元统计分析工具的实证分析，较为完美地解决了上述课题，在一定程度上弥补了国内以往研究大多集中于俄联邦层面而较少关注地区性差异的不足。

该专著的结论对我国的中小企业发展甚至经济政治改革都具有重要的理论借鉴意义。与大型企业相比，中小企业的健康发展更需要政府扶持；正式制度与非正式制度的协同演进制约着中小企业发展。演进的动态性为不同历史时期的中小企业提供不同的制度环境和制度安排，提供不同的激励结构和约束条件；中小企业有效的集体行动是维护自身利益、表达本群体声音的必然途径，也只有这样才能抗衡大型金融工业集团和垄断势力的挤压，等等。

徐昱东是我指导的博士研究生，这篇专著是他在博士论文的基础上完善而成的。在博士学习阶段，徐昱东同志以细致刻苦的求索精神、踏实认真的工作作风和拙不掩秀的学术才华赢得了同学、老师乃至学术同行的肯定和赞誉。作为徐昱东博士的老师，看到他在学术道路上茁壮成长，我由衷地感到欣慰。也希望他继续坚定自己的学术方向，宽知识厚基础，在现有学术积累的基础上，继续深入研究经济转型特别是俄罗斯经济转型中的各类理论和现实问题，取得更加丰硕的研究成果。

徐坡岭
2010 年 5 月于沈阳

绪　论

一　研究的目的及意义

当前，国内学界在俄罗斯经济研究方面涉及的领域已经非常广泛，从俄罗斯经济转型及其绩效、经济增长及其可持续性、制度重构及其演变等较为宏观的问题，到受转型影响的各部门经济以及俄罗斯微观经济治理和调整问题等都得到了比较充分的探讨。但对把握整个俄罗斯经济转型而言还有很多值得研究的领域，尤其是与俄罗斯经济增长可持续性相关的研究。在这种背景下，俄罗斯中小企业发展问题，因与俄罗斯经济结构升级、经济竞争力提升等涉及俄罗斯经济可持续性发展的问题密切相关，而受到学术界越来越多的重视。然而，目前国内在该领域的研究还是比较薄弱的，本书的目的就在于努力弥补这方面的不足。

基于上述研究背景，本书的意义体现在以下两个方面：

其一，理论意义。面对俄罗斯宏大的经济转型事件，已有很多学者从各种不同的视角运用相关理论试图去解释、进而预测俄罗斯经济的未来走向。在这些经济理论中，以产权理论、交易费用理论等为基础的新制度经济学理论，以公共选择理论为基础的新政治经济学理论等具有较强的解释力。前者着眼于制度层面，包括市场经济运行的各种制度的缺位以及重建等，在涉及经济运行的微观基础方面的企业制度研究方面则主要是围绕大中型企业展开。比如，企业层面的预算软约束理论等；后者则主要集中于重大经济政治决策出台前不同公共选择力量的角逐。比如，叶利钦担任总统以来历届政府的变迁等。但随着转型进程的推进，人们发现中小企业将在俄罗斯经济中发挥越来越重要的作用。运用上述理论分析研究该部门对

经济增长的影响，以及中小企业部门本身发展的主导机制及演变趋势便成
了整个理论解释中的一个必要组成部分。

其二，实践意义。转型进程中的俄罗斯中小企业，在很多方面与中国
具有相似之处。考察其发展过程，进而总结其经验教训对中国中小企业的
发展是极其必要的。以往的关于国外中小企业研究大多集中在欧美和日本
等发达国家和地区，与这些国家和地区相比，中国面临的与之截然不同的
转型约束问题则制约着中国对上述国家中小企业发展经验的借鉴和教训的
汲取。但面对的最大课题都是转型这一事实决定了俄罗斯的中小企业发展
方面的经验教训更值得认真思考，尽管中俄两国的转型背景和路径、绩效
有很大差异。而以往的研究大多是局部性的、静态的，对中国中小企业发
展的借鉴价值较为有限。因此，本书的实践意义即在于力图弥补、拓展这
一领域，在较为系统全面地梳理俄罗斯中小企业发展脉络的基础上，深入
探讨其背后的主要制约或激励机制，总结其经验教训，为中国中小企业发
展提供有益的借鉴。

二　国内外相关文献综述

对国内外研究俄罗斯中小企业的文献进行细致的梳理可谓是一项非常
大的工程，在时间上看，以 2000 年为分界点，可以将这些文献分成两类。
2000 年以前的文献，主要是对小企业本身及其存在的意义进行讨论，另
外，从数据上看，这一时点之前的数据也比较匮乏。因为直到 1995 年通
过的联邦法律《俄罗斯联邦国家支持小企业法》中才给出"小企业"概
念的正式定义，1996 年俄联邦国家统计委员会才第一次对小企业部门开
展大规模的调查。这一时期对俄罗斯中小企业进行较多研究的学者有
В. Афанасьев（1993、1996）、Т. Алимова（1994、1995、1997）、
А. Блинов（1994、1996、1999）和 Т. Долгопятова（1994、1995、1998、
1999）等人。自 2001 年以来，俄罗斯国内外对俄罗斯小企业的研究开始
多起来。新时期的研究成果既总结过去发展历程又结合新时期的政治经济
环境予以分析预测，故而受到当前学术界、行政管理者等各界的关注。本
书综述的文献大部分发表在这一时期。

　　另外，考虑到相关研究多为针对某类具体问题而展开，加之国内的相
关研究较少，故而，接下来的具体综述部分将以问题为导向进行分类，而
没有采用国外、国内的两分法。通过梳理，可将相关研究文献涉及的领域
划分为四个主要方面：一是集中在要素和产品市场方面，如资金、人力资
源、厂房类不动产等要素的获得，商品市场的变化，以及竞争环境等；二
是集中在制度环境方面，如税收、行政监管以及法律制度等；三是集中在
产权安排和产权保护方面；四是集中在对国家如何扶持中小企业发展问题
的争论上。这四方面有代表性的问题，则分别是融资问题、税收监管等制
度问题、产权激励与产权保护以及国家扶持中小企业的效率问题等。对代
表性文献的梳理和扼要评述如下。

　　（一）关于俄罗斯中小企业的融资问题

　　А. Орлов（2001）在《俄罗斯小企业：发展还是停滞?》里重点论述
了小企业的融资问题。作者在分析小企业与银行之间的关系时指出，俄罗
斯政府将首都储蓄—农业银行安排为小企业的基础银行的尝试是不成功
的。虽然在初期为了发展小型建筑业和农产品加工业的优先项目，用联邦
扶持小企业基金的资金设立了总额为 2.7 亿卢布的担保基金，并且推动建
立了由该基金分支机构和地区基金构成的信贷网。但是 1998 年危机后，
商业银行没有真正地面向小企业。主要原因在于中央银行保守的贷款指导
原则；小企业具有的高风险性；小企业缺乏贷款抵押品等。作者认为，有
担保权的国家机构（如基金）应在小企业向私人银行贷款的情况下为其
提供担保；联邦基金应该协调同俄罗斯复兴和开发银行、储蓄银行之间的
关系（但这种密切协作的关系迟迟未建立起来，其可能缘于联邦基金所
处的国家机构的地位）。在这种状况下，设备租赁、小额信贷和信贷联盟
等融资渠道有助于缓解小企业的融资压力。同时，地区基金可以为小企业
提供银行需要的可靠担保，条件是，它们应同联邦扶持小企业基金一起建
立一个有国际金融机构参与的跨地区的担保基金。

　　针对俄罗斯的个体经营者在需要经营资金的时候更多的是去求助于高
利贷者这一事实，作者分析了小企业主和个体经营者信贷合作社和协会在
俄罗斯的发展情况。虽然早在 1995 年信贷协会同盟就已经建立，但其职
能的发挥仍然以《民法》为基础。而专门的法律提案却遭到议会和总统
的两次否决。作者认为，在吸引私人投资方面，与其认为信贷合作社是商

业银行的竞争者，不如说前者是后者的合作伙伴。另外，作者认为，形式
复杂的国家扶持小企业的法律和资源保障体系已变成小企业部门发展的障
碍。同时，在高通货膨胀和高风险的条件下，联邦政府和中央银行也不能
把储蓄银行和商业银行业务成功地扩及小企业部门。并且，国家基金体系
的发展抑制了《预算法典》积极作用的发挥。

　　弗朗兹·休伯特和阿斯特里德·马瑟（Franz Hubert and Astrid Mat-
they，2003）在《俄罗斯中小企业融资新策略》中认为，对俄罗斯中小企
业部门来说，获取资金的困难是影响其发展的主要障碍之一。相对于俄罗
斯联邦储蓄银行来说，私有银行一直处于不利地位。作者提出一种新的贷
款策略，即允许私有银行增加对中小企业的融资。在中小企业面临财务困
境的情况下，通过严格的清算建立起的声誉机制，私人银行可以依靠自身
的选择克服信息不对称问题。然而，这一策略只能在以下情况下才会有
效：《破产法》允许按简化的程序进行清算；金融业能维持适当的利润
率；贷款利率不是太高。

　　E. Ясин、А. Чепуренко 、В. Буев 和 О. Шестоперов（2004）在《俄
罗斯小企业：过去、现在和将来》中分析了小企业的发展问题及其障
碍①，认为在资金的制约方面，可以在以下几个方面寻求破解之道：（1）
在制度环境不成熟和系统风险高企的条件下，解决小企业融资问题的重担
应由小企业主信贷联盟、合作社等小额信贷机构承担。为此，必须努力推
动立法机关完善相应法律，给予这类机构以合法地位，以便它们能毫无顾
虑地开展工作。（2）为了使上述工作顺利开展，仅有法律上的倡议是不
够的，必须通过协会、公开出版物等渠道把这种所谓"基于自助的援助"
的经验或自组织的技术传递给企业主。（3）在创建非银行信贷机构的时
候，需要注意的是，大企业往往能为小企业提供必要的咨询和"院外游
说"。（4）变革中央银行落伍的工作方针，因为，按照目前的银行结构，
银行部门是不愿意贷款给小企业的。（5）吸收经济和行政法领域的专家，
在不改变《预算法典》的结构的同时，研究制定有利于小企业融资的制
度，并提出相应的修改建议。

---

　　① 主要障碍来自以下四个方面：小企业的征税；强力机关对小企业的管制、刑事调查；资
金、不动产和社会劳动关系上的制约以及影子经济问题等。

　　B. Широнин（2007）在其论文《中小企业金融服务市场分析》中，比较详细地分析了中小企业金融服务需求和供给的发展趋势、当前俄罗斯小企业的融资工具和渠道的发展现状，并在短期、中期和长期的不同时段上给出了金融市场服务的发展方向。就中小企业的资金需求缺口问题，作者发现，对于具有法人资格的中小企业而言，平均资金缺口在 50 万卢布；而那些不具备法人资格的小企业则在 1 万—2 万卢布之间。其中周转资金占 90% 左右，投资资金占 10% 左右。根据对鞑靼斯坦共和国中小企业的调查，中小企业融资来源主要是自有资金，其他渠道依其优先顺序依次是银行贷款、机构资金、亲戚朋友借款、其他机构贷款、新合作伙伴的资金或资产、信贷合作社的贷款、预算融资、发行票据和其他。

　　作者分析融资服务供给趋势时，在扼要分析了俄罗斯金融市场发展态势的基础上，逐一分析了银行、小额信贷、风险投资和证券市场融资等渠道。与大型企业更多地从大型银行获得贷款相比，中小企业更多的是在当地银行获得信贷，这些银行比那些大型银行及其分支机构更了解这些企业。在吸收储蓄和发放小额贷款方面，地方银行位于储蓄银行之后，居第二位。此外，中小企业特别是小企业经常能以消费信贷的形式得到融资。同时，正在发育的中小企业信贷服务市场也向国外金融机构敞开了大门。一些经验丰富的大型外国金融机构甚至获取了一些俄罗斯小银行的部分所有权，特别是莫斯科和圣彼得堡地区之外的小银行。这种竞争格局也降低了借款者的借款成本。作者援引俄罗斯小额信贷中心的评价指出，在小额信贷总额为 10 亿美元左右的总供给里面，来自非银行小额信贷机构的就达 4 亿美元。当前小额信贷机构已经成功地度过了早期阶段，正步入一个增长期。在某些地区，包括信贷合作社和各种基金在内的小额信贷机构已是发展企业经营基础设施的重要组成部分。然而，始于国际合作项目的小额信贷服务市场，并未得到国家的支持。作者认为，小额信贷服务市场应该被纳入法制轨道和国家对经济的法制调节的整个体系中来。当然，不能与银行部门保持宏观经济平衡的任务相冲突。

　　作者在分析俄罗斯风险投资的潜力和趋势时认为，创新型企业和风险投资部门的发展约束，体现在以下几个方面：（1）科研机构的开放性不足，缺乏必要的科研措施；（2）风险基金的工作人员数量不够，资金来源不足；（3）科学工作者对企业家和风险投资者的相互关系认识不足；

（4）国家缺乏知识产权保护机制；缺乏对小所有者的保护机制；（5）不利的税收体系；（6）欠发达的国家长期资本市场投资体系（退休金、保险金）；（7）从长期投资角度看，不完善的投资环境；（8）创新领域专门管理人员的匮乏；（9）小规模创新型公司股权融资机制的缺乏。在证券市场融资方面，近期内创业版块尚不能充分发挥其在首次公开招股方面的积极作用。各种引资条件尚未制度化，有关的法规规章制度尚不完善。投资人的投资风险过高。中小企业在确定其自身投资吸引力方面，还有很多困难。

最后，作者对小企业融资服务市场在短、中和长期内可能达到的目标进行了预测。

短期内：（1）成功地复制特许经营模式或通过国家投资的渠道创建类似组织；（2）信贷风险的量化和制定更加合理的借贷者分级标准；（3）权力机关和大型企业提供担保；（4）提供有效的财产抵押业务，创建有关抵押的规章—法制基础，包括有关动产抵押方面的联邦立法；（5）为创新型企业创建有利的税收制度，取消创新型企业的双重课税，实施创新项目期间的税收优惠，降低研究开发支出在纳税基数中的比重；（6）发展创新型企业的股权融资机制。

中期内：（1）优化中央银行和其他监督机构的政策；（2）发展征信体系，积累信用；（3）促进信贷者之间的合作，为"扶持"机构体系研制出典型的方法和规范的架构；（4）完善包括创建零售（小型）信贷机构合作点在内的外部融资市场，以吸引更加廉价的再融资资金；（5）以短期采购联盟为基础，减少零售信贷业务的劳动量；（6）构筑保险基础以减少风险；（7）发展两级信贷合作体系。

长期内：发展包括创建中小企业服务市场的长期计划在内的俄金融证券市场。

在小企业融资方面还有其他一些专门论述，比如，Francesca Pissarides、Miroslav Singer 和 Jan Svejnar（2000）通过对俄罗斯中小企业调查，发现外部融资约束在中小企业中尤为严重，中小企业选择内部融资是一种迫不得已的选择。Vadim Radaev（2001）在分析俄罗斯中小企业发展问题时指出，资金获取方面的制约是俄罗斯中小企业过去十年发展的主要障碍之一。中小企业的信贷环境较为严峻，银行因为中小企业缺乏信用历史、担保及专业性商业计划而不愿放贷，设备租赁融资还停留在计划阶段，因此，绝大部分小企业不得不依靠自身储蓄来创设自己的企业。宫艳华（2003）指出，俄罗斯中小企业发展多年停滞不前的重要原因之一就是缺乏支持小企业的信贷体系。陈恩才（2003）则从整个转型国家的特征角度，认为融资环境对经济转型国家的中小企业发展具有重要影响，但目前的经济转型国家金融市场还不完善，金融体系也非常脆弱，银行通常只愿意把资金贷给国有或私营大企业，而不愿贷给中小企业。

当然，也有不少论文谈到影响俄中小企业发展的要素市场的其他方面，如前文提到的《俄罗斯小企业：过去、现在和将来》中就分析了影响小企业发展的人力资本（小企业经营者或企业家）问题。根据统计数据分析：（1）成年俄罗斯人的经营能力方面的潜力已经足够高。（2）创业者中有40%的人完全遵循实用主义的考虑；大约20%的人属于"被逼无奈"才走上创业之路的；其余创业者则有点"浪漫主义"色彩。（3）如果有25%的潜在创业者能够实现自己的商业计划，那么国家小企业数量的增长将会顺利实现，并且，15%—20%的经济活跃的居民会获得新的工作岗位。（4）创建企业的主要困难是资金问题。资金的主要来源是私人和家庭存款，银行所起的作用并不明显。开办企业的资金需求的满足主要还是依赖创业者自身的社会资本。（5）进入市场（注册、获得许可等）的行政壁垒已经不是创业者面临的主要困难。不过，在经营业务开始之后，有没有能力利用行政资源来疏解来自监督、检查部门的压力却是创业成功与否的关键因素。因此，当前俄罗斯的成功企业家首先应善于和权力机关搞好关系，善于与"关键人物"建立关系，而不是研究物流、市场和人员管理。因此，在简化规则和程序的同时，无论进入市场的壁垒降低了多少，如果权力机关和行政上的随意性没有得到遏制的话，经营者队伍的扩大仍将受到制约。

在初级不动产市场方面，以土地要素市场为例，作者发现，在保持目前的土地市场上国家垄断地位的情况下，权力机关只对租赁权和不透明的、复杂的建筑用地的批复程序感兴趣，所有这一切给了权力机关伸缩性很大的权限，尤其是在与经营者打交道的过程中，形成了独具特色的"影子经济"和私下交易市场。这当然不利于俄罗斯经营环境的改善。作者给出的解决对策为：（1）将楼房和厂房的产权用一次性出售等形式转移给私人，把国家和市政当局对土地的所有权，按固定成本出售给在地块上拥有不动产的所有者。（2）作为不动产主体的地块可以作价出售，所得用于补充周转资金。（3）在引入竞争机制的基础上把国家和市政所有的地块出售给自然人和法人，以提高建筑用地的使用效率。

在次级不动产市场方面，作者认为次级不动产市场的潜力远远没有被充分挖掘出来，如很多非民用房屋都处于闲置状态。尤其是国家所有和市政所有的不动产。而有需求的经营者往往因为缺乏相关信息而不能如愿。作者认为，创建目标单一的不动产基金或许是一种可行方案。另外，国家和市政当局通过建设旨在租赁或出售给小企业的不动产主体的方式，也可以为中小企业提供资产扶持。

在劳动关系方面，尽管从总体上看，基本的劳动法律法规，比如最低工资制度等在小企业领域得到了落实，但同时也应该为小企业主体制定确立符合其自身特点的特殊规范。主要应体现在两个方面：一是增加工资支付形式的多样性、提高支付条件的灵活性；二是逐步把属于社会弱势地位的工人的社会福利及保障账户从小企业转移到社会保险基金或就业基金账户上。考虑到政治现实（小企业较弱的院外游说能力和杜马中的社会政策机构）及法律上的限制，应当逐步降低小企业在社会基金里的扣除数，并且需要研究专门为小企业提供信贷担保的方案，即允许"就业基金"为那些创业企业甚至雇用社会上属于弱势群体的居民做工人的小企业提供贷款担保。这种方案在扶持小企业联邦基金、小企业银行（欧洲复兴开发银行在俄罗斯的分支机构）等机构提供融资支持的情况下或可实现。同时，作者认为，就影子经济的数额或其占国内生产总值的比重而言，按照不同的统计方法会得出不同的数据，但有一点是确定的，即这些数据是国家投入小企业扶持项目的资金数额的上千甚至上万倍。这就涉及了下一个研究领域，即有关国家与小企业之间的关系构建的制度问题。

（二）影响俄罗斯中小企业发展的制度环境问题

Leonid Polishchuk（2001）在《俄罗斯的小企业：制度环境》一文中，把影响俄小企业发展的因素归纳为三类：（1）商品需求的约束；（2）小企业在获取必要的生产性投入时的限制；（3）制度约束，比如税收、行政监管与规制以及财政制度等。作者认为，制度约束是问题的核心。随着时间的推移，小公司对制度创建的质量越来越敏感。尽管人们普遍认为制度上的失败是经济低迷的主要原因，但这种失败对小公司尤为有害，关键时刻小公司往往得不到必要的制度上的支持。而大厂商却经常可以通过运用它们的市场力量和政治影响力来弥补制度缺失的不足，并能有效地运用自身的其他资源来代替不能公开获得的生产性投入。而小公司实施替代性或补偿性机制的能力非常有限，它们通常的防御办法就是遁入"影子经济"。

　　作者通过援引权威调查报告和此前的公开报道指出，在当经济复苏、人力资本积累和市场激励机制日益加强的背景下，经理和经营者们非常关注因制度缺失而导致的高昂的经费开支。在他们看来，透明的可预见的有利于投资者的法律和规则的建立，将在可持续性经济增长中起决定作用，遗憾的是，目前其依然缺失。因此，包括小企业部门在内的经济的巨大增长潜力，就会受到制度"天花板"的制约。在这种环境下，苛税和政府欺诈成了中小企业生存与发展的主要障碍。自 20 世纪 90 年代早期以来，税负问题一直是小企业的头号问题，这可以从 1992—1997 年在全国不同地区进行的一系列调查中看出。同样，腐败官员的欺诈也是小企业经常面对的问题：在 1996 年进行的民意调查中，90% 的企业经营者报告了这样的欺诈事件，同时有 40% 以上的人抱怨行政检查过于频繁（В. Радаев，1996）。同时，缺乏可靠的法律保障与小企业相关法规的僵化也是一个重要症结所在，目前的法律体系既不能为小企业经营发展提供稳定的基础，也不能保护经营者的权利不受侵犯；相关条例和执行办法使小企业和政府官员之间的"对话"严重不对等，小企业面对官僚作风无计可施。

　　另外，除了税制本身的缺陷外，小公司还遭受税收管理混乱、税收条款更改频繁、税法歧义、税收规则不充分、税官和税警之间的不一致等困扰。在 1996 年对莫斯科小公司的调查中，88.5% 的经理抱怨几近不可接受的税制，74% 的经理反对繁重的税负，64.4% 的经理认为税收管理不专业、不公平。沉重的税负使逃税成为继续经营的必要条件。但是长期恶性逃税的成本越来越大。违反税法的代价是多方面的，主要包括：企业更加缺乏合法性理由以应对行政官员的敲诈勒索；在对付黑社会犯罪方面，无法得到政府的有效保护，这样它们与提供保护的黑道组织结成非正式的"契约关系"就成为必然；不透明的公司会计阻碍了中小企业从资本市场上筹资或者正当地从银行借款；长期的逃税容易造成企业规模不经济，虽然小公司因为其"小"更容易避开税务工作人员,但这也限制了小公司的进一步发展。

除了上面讨论的税收问题,小公司还特别担心那些与产权、合同执行、会计、不动产相关的法律领域。因为,小公司经常遭受各种各样的国家、地区和市政机构甚至公共设施提供者施加的大量规则的过度束缚。这些机构频繁并耗时的检查容易滋生贿赂和欺诈。目前的法律对行政机关的检查频率没有设限,并且对于过度管制给中小企业造成的损失不提供任何补偿。同时,俄小公司大多不信任商业仲裁和第三方合约执行的官方机构。对小公司的监测表明,只有9%的公司会诉诸这样的机构解决纠纷,更多的是依靠相关方的直接协商。这限制了小公司的运行和发展。因为,当商业交易被限制在由相互熟悉、相互信任的商业伙伴组成的小圈子里时,将不可避免地遏制市场的拓展,并容易导致中小企业的地区性分割,阻碍了中小企业融入全国性的商品、服务和生产要素市场。

В. Г. Басарева(2002)在《俄罗斯地方小企业的制度特征》中分析发现,每千名居民小企业数、就业人数占地区总就业人数的比重以及产值占部门产值比重三个指标在1991—1993年各地区出现趋同趋势,而在1994—1999年则出现分化,并且经营活动薄弱的地区发展越来越慢。作者分析认为,1994年以来中小企业发展的停滞就是这种分化的结果。之所以出现这种分化,作者分析认为,与以下几个方面密切相关:(1)居民对权力机关的信任程度;(2)地区精英的保守程度或对民主改革的志趣;(3)居民在经营方面的偏好;(4)地区预算的充足程度或稀缺程度;(5)与传统部门相比,小企业在就业方面的优势等。

Е. Ясин、А. Чепуренко、В. Буев 和 О. Шестоперов(2004)在他们的著作《俄罗斯小企业:过去、现在和将来》中认为,政府对小企业的过重征税、强力机关对小企业的过度管制,以及非常随意的刑事调查等都是制约俄罗斯中小企业发展的重要因素。

首先,在税收体系方面,总体上还没有为中小企业创建有利的税收体系,政府事先声明的降低税收负担、简化会计报告的目标并没有实现。

其次,在强力机关与小企业的关系上尚存在以下问题:(1)俄罗斯企业受保障的程度直到今天仍然是不足的,大量的中小企业经营者不得不花费大量的时间和精力来应付强力机构对其经营业务的不断骚扰。

（2）虽然很多小企业都参与了非正式经济活动，但不可把各种类型的非正式经营都归为影子经济，因此，有必要制定更加灵活多样的政策以最大限度地限制犯罪行为的蔓延、并使那些不得不参与其中的普通企业能够逐步摆脱半合法性的市场。（3）应当把非国家强力机关置于更加集中的国家监督之下，企业的保障职能应由国家来执行。（4）通过提高合法交易的可靠程度、保证与合法机构合作的企业能在经济上获利等途径，使国家执法机关和合法的民间保障机构逐步代替市场上某些环节的犯罪或准犯罪集团，同时，需要清晰界定"国家经营行为"的边界。（5）强力机关和执法机构的腐化已经成为威胁经营活动发展的重要因素。目前，政府以及限制检查权能的法律对那些法外的干预企业的渠道还无能为力。因此，必须组建保护企业家权利的地方性机构，帮助企业家建立有效保护自己的、防止强力机关恣意妄为的"武器库"。

П. Ореховский 与 В. Широнин（2005）在《俄罗斯的中小企业》一文中指出，与西方相比，俄罗斯企业存在于这样的环境：（1）法律体系不发达，臃肿的行政执行机构只关心自己部门的利益。那些本来依靠法律机制就能解决的问题，在俄罗斯却须依靠其他方式来解决，这一点使得俄罗斯企业更富个性化、缺乏规范。（2）"影子经济"长盛不衰、腐败泛滥。（3）各经济主体更加注重短期目标等。这种环境下的俄罗斯企业，不仅要考虑由国家司法体系所保障的相关各方，比如发起者、个人、管理者、股东、顾客、契约当事人等，它还得照顾到那些看重自身利益的权力机关。而且，经常有权力机关的代表（负责人）参与企业决策、管理的情况出现。

另外，商业活动的稳定性在很大程度上是建立在社会关系和私人信誉的基础上。经济角色的确立不是依靠法律合同，而是依赖于与个人的"信用历史"相关的、建立在合作伙伴彼此比较了解基础上的可预见性。这要求当事人之间彼此了解的程度较深，彼此能够坦诚相待。当然，市场上的竞争因素也是确立合作关系时必须考虑的。对那些不能履行自己职责的工作人员或合作伙伴予以解雇的可能性，也促使他们在必要时利用法律手段来维护企业的利益。最终，合同关系在"不规范的司法体系"的保障下确立起来。结果，除了存在公司型企业——在这类企业里，被假定有所有者、管理者和全职的核心员工——之外，在俄罗斯经济中还广泛分布着"关系网络型企业",这类企业把那些相互了解彼此能力的人、能承担起经营角色、必要时能互相帮扶的人团结在一起。与公司型企业相比,这样的网络不是那么独立。在"网络"里无论是代理人还是企业主都可以根据情况需要变换自己角色,政府官员包括监督机构的代表都可能成为这种网络里的成员。

作者认为,在当前的俄罗斯制度环境下,中小企业概念的内涵需要进一步讨论。比如,需要进一步明确地界定中小企业的数量特征。因为,足够大的企业能以"企业网络"的形式存在,尽管经常是非正式的。在这种条件下,还应注意企业行为的类型。因此,在涉及中小企业的概念的时候,不应包括那些"寡头"企业,此时,考虑的不是其绝对规模,而是其在市场上的作用。另外,根据产品和服务所投放市场规模的大小,可以把企业分为地方性、区域性和联邦性企业三种。但从参与地域劳动分工的角度看,那些不仅依靠地方,而且也依赖区域和联邦市场的公司也叫市政建设或市政规划公司。需要指出的是,人们习惯上只把地方市场上的经营者——从事建筑、贸易、运输服务、日常服务、公共饮食加工和农产品加工方面(农场)的小企业经营的——看做是企业家。传统上,人们已经把新企业的出现及其演化与不完全竞争的模式相联系,同时,人们还认为新企业的创建过程也是一种资源分配的过程,这种资源被用于这样或那样的生产业务组合。因此,除了分析垄断效果,还应研究一下企业经营者们所运用的行政资源类型。这样,可以把企业划分为强力型和政策型两类。

在强力型企业经营活动中,可以想见的是,它们会在经营过程中使用一定程度的威胁手段或直接的物质上的暴力掠夺。参与这类经营活动的,除了拥有官方暴力制裁权力的国家机构的代表,还有刑事犯罪团伙。通常,强力型企业能够对市场竞争实施强制性的限制,能够垄断和瓜分市场,首先是地方市场。此时与独占作用相似的效果出现了:由于人为遏制产量,而使商品价格高企;质量恶化等。那些运用行政资源(这里包括司法系统和在企业破产倒闭过程中广泛运用到的仲裁系统)的经营活动,即所谓的政策性经营活动,也充斥于各种市场交易过程。在企业破产过程中对资产的强占,在政府采购中寻租,院外游说活动。而且,在自然垄断的改革和预算关系系统中也能看到它们的影子。

作者还总结了市政层面的中小企业的经营模式,即市政社会主义模式、寡头资本主义模式、苏维埃经济模式和使城市发展陷入停滞的模式四种。作者认为，在地方层面上扶持小企业的工具主要体现在地区发展规划、工程基础设施的重建和土地销售三个方面。

　　Н. В. Смирнов（2007）在《21 世纪初俄罗斯小企业发展态势分析》一文中，基于小企业数量、小企业吸纳就业人口数和每家小企业的平均就业人数三类历史数据（1999—2006 年），利用回归分析法对 2007—2009年的小企业发展情况（主要是指上述三类参数）进行预测，并得出若干结论，其中一个结论[①]是，俄罗斯小企业发展之所以能在 2002 年一改以往颓势而开始逐年增长，其主要原因在于行政壁垒和税收领域的制度改革。

　　（三）　产权私有化和产权保护的激励问题

　　俄罗斯私有化的构想是根据西方产权理论设计的，其基本观点是：市场经济本质上是一种以私人占有权为主要基础来实现产权交易与重组的机制；私人产权是最有效的产权，它能保证给个人行动提供最大的激励与必要的成本约束；私有产权制度是最具效率的产权制度形式等（陆南泉，2008）。上述西方产权理论，符合 20 世纪 90 年代初刚上台的俄罗斯民主派改革国有制企业的思路。那么，产权改革对中小企业的发展又产生了哪些影响呢？

　　张聪明（2002）在《俄罗斯企业制度变迁》一文中指出，俄罗斯小企业的形成和发展，与私有化进程有密切的关系，产权激励的积极效应凸显，正是在所谓自发私有化和小私有化阶段，小企业才得以大量产生并得到发展。所谓自发私有化，是指苏联后期一些企业领导人利用 1987 年苏联政府批准的《国有企业法》给予企业经理的自主权和 1988 年通过的《合作社法》的有关条款，将国家资产转变为私人财产的历史现象。到1991 年年底，俄罗斯大约已经建立了 25 万个小型私人企业，其中包括法律允许的合作社企业。所谓小私有化（1992 年 1 月—1993 年 12 月）是指

---

　　①　其他结论是：（1）小企业数量增长具有线形特征；（2）数据的季节性变化是由生产的季节性变化引起的；（3）统计分析能够为 2002—2006 年的俄联邦扶持和发展小企业的国家政策体系构想提供补充性说明；（4）在不考虑外来冲击的情况下，可以根据 2002—2006 年的数据预测未来三年的小企业发展情况。

商业、服务业企业及小型工业、运输和建筑业企业的私有化①。小私有化
的目的是把有关领域的小型企业归为个人所有。主要方式是通过赎买租赁
的财产、投标、拍卖和建立股份制企业。作者认为，小企业自身产权清
晰、利益直接、风险自负、责任清楚；企业的制度安排比较简单，对小企
业的治理问题而言，主要是外部治理问题。

许新（2003）在《转型经济的产权改革》中也认为，俄罗斯小企业
治理主要是外部治理问题，即企业生存于其中的市场环境，因为俄罗斯经
济转轨的特殊性而表现出强烈的政府参与色彩。主要表现在政府在创造市
场环境、确立制度环境和宏观调控三个方面。

Leonid Polishchuk（2003）在《转轨经济中的制度需求演进》中分析
认为，在20世纪90年代前半期，俄罗斯对于基于规则的市场经济的需求
并不强烈。无论由寡头所控制的新兴大公司、传统的前国有制造企业，抑
或新诞生的小企业，都不积极要求和支持保障私有产权、第三方合同实
施、保护投资者权益以及其他类似的发达市场经济的制度准则。他对小企
业对产权保护等制度需求不强烈的解释是：在俄罗斯经济转轨的初期，小
企业主要集中于服务业和贸易部门，这些部门对于制度环境相对并不敏
感。小企业的运营最初基本上集中于现货市场，并不需要大量的生产资料
所有权保护。合同和商业活动的简化限制了小企业对于产权保护和第三方
合约实施的要求。经济自由化之后，即使缺乏扩大市场的制度，大量的市
场空间和套利机会也使得小企业可以生存和发展。尽管制度缺位，俄罗斯
的小企业在90年代初期的发展仍然十分迅速。小企业要求政府改善政策
的动力并不足。

B. B. Радаев（1998）在《俄罗斯新市场的形成：交易成本、监管形
式和商业道德》一文中也发现，俄罗斯的中小企业并没有努力地去试图
影响官方领域的立法、规则和其他制度。不过，Leonid Polishchuk 分析认
为，在习俗法不足以支持经济活动日益增加的范围、广度和复杂性之时，
俄罗斯对于法治等制度需求开始出现。社会和经济的变化促进了需求的增
加，而变化自90年代就持续发生，1998 年的危机更是一个巨大的冲击。

---

① 俄罗斯规定实行小私有化的小企业的标准是，截至 1992 年 1 月 1 日，固定资产净值不超
过 100 万卢布，工作人员不超过 200 人。

当然，需求的增加是多种因素作用的结果。其主要原因之一在于人们对"公共品悲剧"的规避①：由于俄罗斯企业大部分已经私有化，大型工商和金融企业开始互相竞争，争夺资源、设备和寻租机会。在一个"没有剩余资源可供窃取"（Aslund，1999）的环境下，这种争夺是有损生产发展的，这就使得经济主体开始寻求协调彼此利益的约束，建立共同接受的行为准则。已经取得一定市场地位并在物质资本和人力资本上进行投资的小企业对于保护其资产具有同样的需求。没有这样的保护，市场主体将会遭受"公共品悲剧"带来的损失。

Valentina Hardarska（2001）在《俄罗斯的投资和产权：来自萨马拉州小企业的实证分析》一文中，根据 1999 年 8 月对俄罗斯萨马拉州的203 个小企业的调查，对企业生命周期和流动性的关系进行实证分析时，通过加大模型中产权安全指数发现经济转轨的进程加快了。同时发现，小企业的投资受到内部资本可得性的影响。作者分析认为，对小企业的投资影响主要来自内部资本。总的来说，新生的小企业（指公司经营年限少于三年）来自内部的投资要比老企业（指公司经营年限超过三年）的内部资本高出 20%，产权的安全性（产权风险）只是对大多数老企业的投资有影响。那些"关系型老企业"的法外收入增加越多，它们进行持续性投资和扩展业务的机会就越多。最终的结果要求人们关注法外支付的风险（不安全性）问题，而非企业法外支付对企业投资决策的影响。该项研究结果还表明：新企业需要增加对产权问题的关注。一般的金融要素不能成为投资方案的积极融资因素，但是可以证明投资人更愿意将资金投给业务透明度高的公司。

通过近年来科技创新型公司的发展还可以观察到，知识产权保护的日益增强带来的积极影响。俄罗斯"促进科技型小企业发展基金会"负责人 И. Бортник 博士（2006）认为，知识产权对科技创新型企业的发展起到了不可估量的作用，科技小企业所获得的投资中增长最快的是自有资金和私人资金，这反映了知识产权私有化的作用。不过，В. Широнин（2007）在分析俄罗斯风险投资的潜力和趋势时认为，国家缺乏知识产权

---

① Leonid Polishchuk 在分析中还阐述了其他四个原因：利用现有生产能力和投资需求；对于在国际资本市场上国家投资信誉的考虑；对于公司透明标准的需求；国家的稳定。

保护机制、缺乏对小所有者的保护机制是制约创新型企业和风险投资部门
发展的一个原因。

通过上述文献和相关资料的分析可以发现，俄罗斯产权私有化改革完
成之后，影响小企业的成长的产权因素，不再是产权的归属问题，而是如
何保障外部投资者的产权安全问题。

（四）　国家扶持中小企业的效率问题

Leonid Polishchuk（2001）在《俄罗斯的小企业：制度环境》一文
中，比较详细地分析了小企业与政府之间的关系。俄罗斯政府在国家经济
转型之初就声明优先支持小企业发展，在国家权力下放的过程中，地方政
府遂参与到对小企业进行管制的队伍中来，并主动承担了一部分为俄罗斯
中小企业部门发展提供服务的责任。结果，由于中央和地方政府出台的相
关法律规章的数量过多且自相矛盾、日益混乱等原因，使得俄罗斯中小企
业部门的发展反而受到束缚。当然，政府部门对中小企业经营活动的参与
不仅仅局限于法律和管制法规的制定。联邦和地方政府大多成立有专门机
构以负责中小企业发展。1995—1998 年负责中小企业发展的最高机构是
"国家支持和发展中小企业委员会"，这个委员会在 1998 年经济危机后的
政府改组中，作为一个单独的政府机构被裁撤了，随后被并入"反垄断
政策与支持企业发展部"。相关的公共机构和设施还包括"扶持中小企业
发展"联邦基金，地区中小企业扶持基金和其他机构和中心。这些机构
在联邦和地方中小企业发展计划下举办各种活动。虽然这些计划和项目应
为中小企业发展创造必要的基础设施和必要的直接帮助，但作者认为，政
府部门的这些机构对中小型企业的影响是微不足道的。因为实际上，中小
型企业的发展从来没有成为政府的首要任务，甚至分配给中小企业的有限
资源也很少发放，或被严重削减。原因何在，作者分析认为，与政府的运
作程序特别是解决经济问题的操作规程根植于苏联的官僚传统有关。这些
计划的突出特点就是具有口号性质，目标不切合实际且又表述模糊，实施
步骤和程序缺乏可操作性，且缺乏资金保障。其结果是，包括中小企业发
展计划在内的那些计划被认为口惠而实不至，缺乏公信力；直至沦为相关
政府部门谋求自身利益的一种手段，而不会带来计划所宣称的实际效果。
恰如俄罗斯商会（Russian Chamber of Commerce）曾经所说的那样："俄
罗斯联邦政府基于支持中小企业需要而发表的众多声明仅仅停留在宣言文

字上。国家权力机构……往往成为中小企业发展的障碍。"

　　同时，作者还分析了地方政府的相关政策。一般的，俄罗斯地方政府总是努力配合联邦政府推出的支持中小企业发展的相关活动，还经常"复制"联邦政府出台的法律、法规和项目计划。如莫斯科在 1995—1997 年发布了约 200 份关于中小企业的正式文件，其他联邦主体竞相仿效。到 1998 年，89 个俄罗斯联邦主体中的 33 个拥有自己的关于中小企业的法律，42 部已经通过的法律或法规规定要为中小企业提供税收优惠，37 个联邦主体制订了针对中小企业的地方支持计划，启动了 74 个中小企业支持基金，超过 70 个联邦主体建立了自己的中小企业发展机构。比之联邦政府，一些地方政府往往能更具针对性的支持地方中小企业的发展，事实上，地方性的法规和计划确实对中小企业的发展产生了较明显的影响。尽管如此，地方当局往往未能充分激发和支持其管辖范围内的中小企业发展。相反，中小企业首当其冲地遭受到地方政府的掠夺。小企业经营者们将联邦政府看做是对他们的境遇漠不关心的"中立者"，他们总是抱怨地方政府出台的过多的法令规章以及行政监管人员的无理勒索。这样，接近基层的地方政府没有去努力创造更完善的制度环境，反而加剧了官僚权力的滥用。

　　严重的是，有的地方政府并没有充分认识到小企业在促进地方经济复苏和提高经济增长率等方面所具备的潜力。地方官员缺乏为促进中小企业发展创造必要条件的经验和专门知识。最佳的地方实践显然不是那种在全俄普遍流行的做法——允许地方政府官员以中小企业发展成绩不佳为借口设置无数的障碍，从而隐藏自己缺乏努力的事实（T. Афанасьева，В. Лазарев，T. Пуденко，1998）。在俄罗斯竞争性的利商政策出台机制遭到抑制的情况下，倾向自由的地方政府在政策上仍然是孤立无援的（Polishchuk，1999）。

　　综上所述，大多数中小企业通常都把政府看成是掠夺者、障碍的设置者（Aslund，1997）。"政府干预"成为俄罗斯小企业仅次于过度税收的最为关注的问题。

　　为什么俄罗斯联邦政府和地方政府旨在为中小企业发展创造良好条件时却催生了官僚腐败？作者针对此问题提出了分析俄罗斯中小企业部门的政治经济学。作者认为，一个重要的原因就是政府间财政关系体系存在严重缺陷，另一个决定因素是俄罗斯政治体系的失灵。至少到目前为止，俄罗斯政治体系仍然控制在以大财团和金融机构为中心的少数既得利益者手中。这些既得利益者能与政府建立共生共荣的关系，并能成功地抵制创立那种对市场上的所有厂商无论其规模大小都执行公平竞争规则的市场经济。即使小企业在以公平规则为基础的市场经济下，也很难解决集体行动的问题（Olson，1965），它们过于分散，在经济上和政治上是微不足道的，无法让社会聆听他们的声音。因此，"软约束体制"的制度成为现实的制度选择。这种制度为大企业集团提供优惠待遇并巩固其经济利益，而不惜牺牲那些小企业的利益（M. Olson，1982；L. Polishchuk，A. Savvateev，1997）。因此，只要小企业停留在大企业集团的阴影下，忽视中小型企业需求的政治诱因就会被不断制造出来，中小企业部门的发展就会继续徘徊不前。

1998 年 8 月，金融与经济危机强烈地冲击了俄罗斯政治权力的配置，也对俄罗斯企业起到了很大的促进作用。俄罗斯中小企业获得了更好的机会来影响经济决策，并成为建立竞争性市场经济的排头兵。若干因素促成了这种调整，如经济危机大大削弱了规模较大的金融工业集团。那些被称为"寡头"的金融工业集团之前对政府经济政策的制定有强大的影响力，并不惜牺牲小企业和消费者的利益来攫取大量的政治租金。此外，尽管高油价带来了意外的横财，俄罗斯政府仍然背负着沉重的债务负担，再也负担不起之前提供给政治影响力较大的企业集团和银行任何或明或暗的计划外补贴了。

利用这种趋势，俄罗斯小企业不断地寻求与政府进行对话，以纠正制度环境的不足。小企业希望在政府的直接控制之外找到一种对私营部门进行经济投入和分配金融资源的激进的解决方案。中小企业希望政府"颁布和执行游戏规则，不要对那些已经丧失竞争力的企业进行任何资源再分配"（Т. Гурова，Н. Кириченко，Д. Медовников，1999；А. Костин，2000）。企业经营者们抗议一个由众多低薪公务员组成的"廉价政府"，它将成为滋生腐败的温床。值得注意的是，小企业开始将良好的经营环境与减免税收视为同等有利的事，对"为小企业发展提供可靠的法律保障"的关注仅次于"提供税务优惠"。而且有证据表明，只要将税收合理和税收收入用于公共福利，中小企业还是愿意遵守税法的（Т. Гурова，

Н. Кириченко，Д. Медовников，1999）。Leonid Polishchuk（2001）发现，俄罗斯小企业部门对公共产品和生产要素的需求已经较为强烈，他们开始有意识地反对大型企业集团的垄断企图。仍有待观察的是，小企业部门的这种需求是否足够强大，以致能影响政府政策的制定并将从根本上改善俄罗斯中小企业发展的制度环境。

E. Ясин、А. Чепуренко、В. Буев 和 О. Шестоперов（2004）在他们的著作《俄罗斯小企业：过去、现在和将来》中，梳理了联邦的主要扶持法规、政策和项目，进而对其效果进行评价之后，给出了国家政策的目标、任务和原则方面的一些建议。作者认为，1995 年出台的《俄罗斯联邦小企业国家扶持法》没有起到基本的立法作用，某些国家机关以此为依据而提出取消该法律的讨论更进一步弱化了对小企业主体的法律保护。总体上，联邦及地方对小企业的扶持机制是无效的。

作者进而指出，国家政策的目标应关注以下几个方面：扶持和发展经济中的竞争性因素；给创业者提供公平的机会；促进就业问题的解决；支持创新活动等四个方面。作者认为，国家的最终任务在于，降低交易成本；减小小企业中"影子交易额"的比重；协调小企业和大企业的合作关系；在地区层面上扶持特定领域的小企业以克服单一的经济结构对联邦主体的消极影响。更为重要的是，作者认为，小企业（除了处于创业期的企业）不需要特殊的扶持，这种扶持只能导致预算的增加、行政腐败以及市场信号的扭曲。

但是，在"自由主义思想"影响下的国家政策框架的构建尚受以下因素的制约：经济的转型特征（不完善的劳动力、资本、土地等生产要素市场）；国内生产总值中采掘工业和能源出口贸易的比重占优，而加工工业和技术密集型生产与服务的比重偏低；与可控的民主制度相关的、政府不定期地采取的政策措施，加重了经济主体的负担；小企业主要发展指标的停滞或缓慢增长。基于此，作者给出了一些应对原则：（1）以"温和的"和间接的形式扶持小企业以加强市场动力，而不是替代这种市场作用。（2）国家应努力消除非市场化的消极因素对企业的影响，以便促使小企业获得自生能力。（3）制定系列措施以保证创业者的机会均等，即保证那些拥有原始性商业创意的初始经营者能够获得相应的资源支持。（4）应以合理的区域化为基础制定小企业政策，因为中央只是关心一般性战略、法制保障和扶持机制等问题，而具体的扶持则须在地区层面上实现。（5）把社会的和私人的财富区分开来，前者是指国家和社会应提供给企业的人才培养、信息库的创建等企业需要的基础设施；后者是指企业能在市场条件下获得的信贷资源、设备和技术工艺等，但不包括处在税收优惠期的新创办企业和创新型企业。（6）为小企业及其工人提供必要的社会保障，普及退休金制度和疾病保险，以及在企业倒闭的情况下的社会救助等。（7）在国家和社会机构之间合理配置扶持小企业的权限。

作者的基本结论是，国家经济改革战略的重大失误是俄罗斯小企业发展状况不佳的原因。深层问题的解决与国家在小企业领域里的社会经济政策的目标、手段和方法的修正有密切联系。进而，作者认为国家政策要达到促进小企业自我发展、充分实现俄罗斯人经营潜力的目标，需要深入改革国家自身，首先是权力执行机关；需要重新分配用于区域和地方自我管理的税收；需要培育有利于扶持最具前景的小公司（富有活力的创新型公司）成长的制度。同时作者认为，当前的国家机构只有在面临来自政治力量和社会联盟的强大的、持续的压力的情况下，才能迈步向前。重要的是，领导人要能在保持人们对社会经济发展纲领及其问题的看法的多样化的基础上，整合各界力量就小企业发展问题达成一致并积极行动起来，而不是利用小企业的议题作为竞选的跳板。

П. Ореховский 和 В. Широнин（2005）在《俄罗斯的中小企业》一文中，也论述了俄罗斯扶持中小企业体系的合理性问题。作者认为，在规模和内涵上说，俄罗斯的小企业和全球的小企业问题不具有可比性。除了不发达的司法体系、大规模的结构失衡、不明确的产权关系之外，业已形成的俄罗斯宏观经济环境、投资环境、政治环境，无不反映了经济对自然资源的高度依赖。国家增加的财政收入，主要来源于石油、天然气和其他开采公司的贡献。并且，这种收入也被再次分配到其他经济部门。相应的，中小企业提供的服务，则是用以满足那些衍生于资源部门的需求。因此，尽管有例外，但总体上，俄罗斯的中小企业活动在很多方面都被认为是次要的。中小企业对政府机关重新分配的资源及政府机关本身的依赖，则是这种宏观经济形势下的一种必然结果。在俄罗斯目前的条件下，在联邦层面上针对中小企业创建的与资源分配相关的直接扶持体系，显然，是不可能产生积极效果的、不可能不存在营私舞弊行为。在这种扶持体系中，明确的、透明的目标不可能被完成，也不可能消除利益冲突。在宏观层面上运行的这种中小企业扶持体系，首先是一种以解决社会问题为目标的体系，在其运行过程中不会特别在意经济效益的优劣，在官僚制度框架内更是如此。

在论述支持企业经营活动的联邦政策目标和工具时，作者认为，企业发展潜力的发挥在很多方面都依赖于政治权力机关及其动机（至少在地方和地区层面上是这样）；依赖于主要政治力量对"确实需要经营活动"的理解和承认。小企业的发展与地方上的老的苏维埃企业（经常处于财务状况恶化的状态，须从更高级别的权力机构那里获取这样那样的补贴）和政党体系有直接关系。另外，企业开展经营活动时遇到的突出问题就是，小企业与地方垄断势力的冲突。处于垄断地位的利益既得者经常设置市场准入障碍，甚至商品的公路运输也会遇到麻烦。最主要的是，销售方总是设法维持较高的垄断价格。从不动产的可获得性角度看，新的小企业总是不如较大规模的企业和存在历史较长的企业。作者认为，20世纪90年代俄创建的扶持小企业的基础设施，在很大程度上只是一种意识形态工具。这种分析视角至今都具有现实意义。

除了上述四大方面之外，还有一些研究尝试从其他角度分析或阐释俄罗斯中小企业发展问题。如许新（2003）着眼于俄罗斯中小企业的总体发展状况，在其主编的《转型经济的产权改革》一书中，指出小企业的发展对于转轨中的俄罗斯经济具有重要意义，主要体现在以下6个方面：（1）实现了小企业范围的产权改革，为市场经济体制的建立塑造了广泛的主体。（2）活跃了消费市场，有助于流通领域经济的稳定和恢复。在转轨初期，生产连年大幅下滑的情况下，小企业的积极表现显得十分可贵。（3）促进了经济结构的优化。随着小私有化的启动和流通领域各种新型服务机构（企业）的建立，第三产业迅速发展，服务业产值在国内生产总值中的比重迅速提高。改变了苏联时期国民经济重型化、军事化，第三产业比较落后，服务业发展不足的局面。（4）减轻了经济的就业压力。因为苏联解体，原有经济联系的断裂，使得很多大企业的工人，甚至工程师的工资水平大幅下降，生活一度缺乏保障，而小企业的兴起，为他们提供了就业机会。社会的不稳定因素也因此得到一定程度的缓解。（5）有助于培养俄罗斯人的市场经济意识。计划经济到市场经济的急剧转变，同时也是人们思想意识尤其市场经济意识培养、确立的过程，而小企业恰恰是那些一度手足无措的俄罗斯人学习、认识市场经济规律的好场所。（6）小企业的发展使俄罗斯中产阶级的发展壮大成为可能。建立一个广泛的中产阶级也是俄罗斯私有化的设计目标之一。与大私有化形成的"内部人控制"、追求财富的再分配而缺乏经营动力不同，那些有致富愿望的俄罗斯人，利用自己的聪明才智，通过创办、经营小企业成为先富起来的人，他们之间的竞争是中产阶级成长的基本动力和环境。但是作者认为，俄罗斯小企业发展的现状距离促进经济发展、扩大就业范围和形成高科技部门的目标还相差很远；就小企业在国内生产总值中的份额而言，俄罗斯不仅落后于发达国家，也落后于东欧和中欧的许多国家。导致该结果的 5 个主要原因是：（1）1998 年 8 月金融危机影响了小企业的信贷能力，它们的财务状况恶化；（2）对联邦和地区一级 1997—2001 年支持小企业纲要拨款不足是国家支持小企业政策领域存在的主要问题之一，已经通过的预算法阻碍了国家基金体系的发展；（3）国家支持小企业的现有法律和资源保障体系，成了发展小企业道路上的障碍；（4）官僚主义增大；（5）税务压力增加，对合理收入不合理地统一征税，迫使大量小企业和个体企业退出合法市场。作者指出了一些相应的对策：（1）简化小企业获得信贷与投资的手续；（2）制定一揽子法律法规；（3）完善征税办法；（4）加快机构改革以简化新的小企业开办时的烦琐手续，发展创新型企业和家庭企业。最后，作者指出以下三个方面与俄罗斯小企业发展有密切关系：（1）科技和创新是小企业发展的动力；（2）企业家是小企业发展的关键；（3）政策支持和制度环境的优化是小企业发展的保证。

冯舜华（2004）在《俄罗斯经济"追赶型"发展的战略目标和途径研究》一文中分析了中小企业在实现俄罗斯前总统普京提出的经济发展任务中的作用问题[①]，即大型工业金融集团与中小企业的作用和相对地位如何配置的问题。作者指出，企业规模大型化和集团化，追求规模经济和范围经济，这是工业化时期提高经济效率的主要途径，而后工业化时代是技术和消费需求多变的时期，中小企业具有大企业所不具备的优势，主要

---

① 文中分析了在实现途径方面需要重点关注的三个问题：国家与市场的作用；大型企业集团与中小企业的地位；原料部门与非原料部门的关系。

表现在其适应科技创新和消费变化能力方面。为了对此予以进一步说明，作者援引了俄罗斯经济发展和贸易部提交给联邦委员会的一份报告，该报告指出，促进中小企业发展是中期内加速经济结构改造的主要措施之一，并强调中小型企业与大型企业协调发展，中小型企业具有巨大的科技潜力，而且在决策的灵活性、接近市场需求等方面具备大企业无法比拟的长处。因此，中小企业与大企业之间的协作、契约关系必须得以迅速发展，保证它们在合作中能取得协同效果。不仅在高科技部门，在其他经济领域大企业与中小企业的协作关系也应取得同样的积极效果。

程伟（2004）指出，"积极扶植中小企业的发展"是俄罗斯结构优化的五大主要措施之一：俄罗斯中小企业的产值只占 GDP 的 12%，每千人中只有 6 人在中小企业就业，而欧美等发达国家已经不少于 30 人。发展中小企业对于结构优化意义重大，主要体现在以下几个方面：（1）中小企业易于适应国内外市场需求结构的变化，选择和调整生产方向，从而支持整体经济快速、稳定地发展。（2）中小企业基本上属于非原材料开采企业，主要从事加工生产，高度符合国家既定的产业政策。（3）中小企业只能在竞争中求生存、求发展，所以，吸纳先进技术和管理创新的内在动力和外在压力都比较强，是提高企业竞争力的一个重要的支撑点。（4）发展中小企业有助于扩大就业，有助于居民收入的增长和拉动消费需求，有助于社会稳定。作者还分析总结了俄政府为了扶植中小企业的发展而制定的一系列措施。例如，提供投资支持，建立专门的信贷局；减少审批程序，提供优惠的土地使用政策，强化为中小企业服务的公共基础设施建设；加强政府指导，为中小企业的经营活动提供信息、咨询、法律等方面的服务；建立专门针对中小企业主的教育培训体系，提高他们的技术能力和管理水平；创造条件和提供便利，支持中小企业的管理者参加国内外的商品交易会等。

邱莉莉（1998）分析认为，转型后俄罗斯小企业的发展，不仅对俄罗斯经济的恢复产生了积极的影响，还安置了许多因大企业破产而失业的人员，虽然小企业在其发展中存在着不少问题，但随着俄市场经济机制的逐步理顺，小企业有着令人乐观的发展前景。关雪凌（2001）在《经济转轨进程中的俄罗斯小企业》一文中则认为，通过小企业的发展俄罗斯正在形成一个"殷实自信的中产阶级"。

　　类似的，林治华（1998）从中小企业吸纳失业人员的角度分析认为，苏联解体后，俄罗斯政治经济陷入深刻危机并面临失业率上升的严峻考验。为了摆脱经济危机、缓解社会矛盾，俄政府开始重视日益活跃的小企业，并加大扶植小企业的力度。同时，指出尽管小企业发展过程中充满矛盾和问题，但随着俄市场经济机制的逐渐调整，小企业无论在数量上还是在质量上都会有明显提高，其地位和作用不容低估。汪宁（2001）对俄罗斯小企业做总体评价时认为，俄罗斯的经济改革首先是从小企业开始的，虽然对小私有化的评价贬多于褒，但小企业的改革基本上是成功的，尽管尚存在问题和不足。在谈到 2002 年以来俄小企业从停滞转为发展的原因时，靳会新（2005）认为，这主要得益于俄宏观经济的改善和政府对小企业的重视。但总的来说，俄罗斯小企业的现状距离促进经济发展、扩大就业范围、创建高科技部门的目标还相差很远；就小企业在国内生产总值中的份额而言，俄罗斯不仅落后于发达国家，也落后于东欧和中欧的许多国家。除了上述具有代表性的研究之外，国内外还有很多研究，在此不再一一列举和评述。

（五）对既有研究的总体性评价

　　上述的有关俄罗斯中小企业的研究比较全面、翔实，包括俄罗斯中小企业与经济转型和政府扶持；中小企业产权及治理问题；俄罗斯中小企业面临的行政壁垒问题与影子经济；中小企业融资问题；俄罗斯中小企业经营者素质问题；俄罗斯中小企业与就业，中小企业与大型企业之间的关系等。尤其是新近的分析更是明确地指出了当前俄罗斯中小企业面临的亟待解决的问题并提出了对策、建议。为我们了解俄罗斯中小企业在俄罗斯经济中的地位、发展面临的约束以及将来的发展趋势提供了丰富的材料。但既有的研究仍然存在一些不足，主要体现在以下几个方面：（1）总体上，大多数研究只是局限于某一问题，缺乏系统性的研究；满足于特征事实的描述，对俄罗斯中小企业发展的每个阶段的主导因素（不仅是经济因素还有政治因素）的分析不够深入；另外，对整个发展过程缺乏理论性解释，这样也使得一些预测性论断缺乏说服力。（2）对要素市场的资源可获得性的分析上，以融资问题为例，多数研究虽然已经看到小额信贷等非正规金融的积极效应，但对整个俄罗斯金融制度演变对中小企业融资的影响方面，缺乏深入分析。（3）对俄罗斯中小企业制度环境的研究，只是一般性的时间前后的比较，对中小企业的税负问题、行政监管问题、相关领域的立法和法律协调问题，限于小样本调查的表面结果，给出的只是"规范性"建议，缺乏可操作性，缺乏制度层面的深层分析和量化分析。对小企业的产权问题，囿于外部治理的思路，而未能深入考察产权保护不足问题的制度性原因。（4）对中小企业扶持政策的分析，大多着眼于对官僚体系弊端的批评，而没能对其进行客观评价。其原因可能在于对这一现象的制度性原因缺乏深入分析。但要将俄罗斯中小企业发展这种实践性特别强的研究对象，完全整合到一个理论框架或一本书中，往往又是不现实的。

三　拟解决的问题及创新之处

在引出本研究的具体问题之前，除了对上述专门研究俄罗斯中小企业的文献进行梳理之外，还有必要关注一般性的中小企业研究都集中在哪些领域。根据本研究对已有文献的梳理发现，这些研究主要体现在两个方面：一是有关中小企业存在、发展的理论研究及其在比较成熟市场经济体中的应用。因为，按照传统的经济学理论及实践，经济的发展主要应通过大企业来实现，从各国实践来看，在 20 世纪 70 年代中期之前各国普遍忽视中小企业的发展。但理论层面关于中小企业存在合理性的直接性或间接性的分析和探讨早已经开始，主要体现在以下几个方面：最佳规模经济理论（奥斯汀·罗宾逊，1931；乔治·施蒂格勒，1958）、不完全市场理论（罗宾逊夫人、张伯伦，1933）、交易费用理论（科斯，1937）、经济进化论（阿弗里德·马歇尔，1890；潘罗斯，1955；舒马赫，1973）以及多元化产业结构分析（中村秀一郎，1970）等。在中小企业本身发展的理论方面，较有代表性的尼尔·丘吉尔和弗吉尼亚·刘易斯（Neil C. Churchill and Virginia L. Lewis，1983）提出的企业成长五阶段模型，该模型将企业成长划分为创业阶段、生存阶段、摆脱束缚成功发展阶段、起飞阶段和成熟阶段五个阶段，并指出了每个阶段的不同特点和面临的不同的管理问题；将这些理论分析工具用于分析英国、美国等西方发达国家的研究也比较常见。二是针对中小企业成长过程中面临的具体问题展开的研究，比如，吸纳就业问题、税收问题、法律制度问题、行政壁垒、融资以及市场需求约束问题等。如果说前者侧重于理论分析则后者侧重于实地调研。由此来看，前文文献综述部分的研究大多应归为第二类。

相比这两个研究方向而言，首先，本书的重点不在一般意义上的中小企业生存和发展的理论问题，尽管本研究的理论分析部分偶尔涉及这些理论的某种应用。其次，围绕文献综述我们会发现，国外既有研究已经从各个侧面对俄罗斯中小企业生存及发展的实践问题作出比较深入的研究，又由于笔者受第一手调查资料的限制，因此，本书的重点也不在俄罗斯中小企业的人、财、物、供、产、销、存等具体的经营问题。本书的研究对象集中于俄罗斯中小企业总体性发展问题。所以，在归纳分析俄罗斯中小企业发展过程中出现的税收、法律、行政壁垒等中小企业面临的共性问题的同时，将进一步分析这些问题的深层制度原因。这只能在 20 世纪 90 年代初启动的经济政治改革中寻找线索。这样，本书就将俄罗斯中小企业发展与该国独有的转型过程联系起来，这样可以避免空洞地就中小企业本身谈论其本身，更重要的是能从俄罗斯整个经济政治发展框架中更深入地探讨中小企业发展问题。

根据上述分析视角，本书在前人既有的阶段性研究成果基础上，拟解决的问题主要集中在以下几个方面：（1）作为经济发展微观载体的俄罗斯中小企业，其发展会对俄罗斯经济的可持续性增长产生怎样的影响。（2）在转型的不同历史时期即叶利钦时代、普京（主要是第一任期）时代①，在俄罗斯主要经济、政治矛盾演变过程中制约俄罗斯中小企业发展的主要经济、政治因素是什么，所用理论分析工具的解释力体现在何处。（3）如何弥补当前有关俄罗斯中小企业发展的地区差异及影响因素分析方面的缺乏。（4）俄罗斯转型条件下中小企业发展的经验教训及对转型条件下的中国中小企业发展的借鉴意义主要体现在哪些方面。

---

① 之所以没有过多涉及普京的第二任主要是数据的可获得性原因，另外也考虑到统计口径的因素：普京担任第二任总统期间的 2005 年俄罗斯改变了统计核算标准，此前俄罗斯的统计核算标准称为"全俄国民经济产业分类法"（OKOHX），2005 之后采用"全俄经济活动类别分类法"（ОКВЭД）进行统计核算。前者是在计划经济条件下制定的统计分类标准，侧重对产业横截面进行统计核算，有利于对部委所属的国家企业的经营状况进行分析。后者按照经济活动类别进行分类统计，接近于国际通行的统计标准。

　　由上述对本书的视角、目的的界定可以归纳出本书的几点新意所在，即所谓的创新之处，主要体现在以下几个方面：

　　首先，在前人的研究基础上，深入俄罗斯经济微观层面的中小企业问题上，为人们认识、判断俄罗斯经济长期走向提供新的视角。

　　其次，在对俄罗斯中小企业发展阶段进行梳理的基础上，运用新制度经济学、新政治经济学等理论工具，着重分析俄罗斯经济政治转轨背景下的中小企业发展问题，强调转轨背景下影响俄罗斯中小企业发展的深层次经济、政治原因。这种分析，不仅考虑到了经济因素，还考虑到了政治因素。在某种意义上说，这是对当前流行的中小企业分析范式的一种弥补。

　　最后，体现在对俄罗斯中小企业发展的地区不平衡性分析上，本书借助权威数据给出一个基于多元统计分析工具的实证分析，在一定程度上弥补了国内以往研究大多集中于俄联邦层面而较少关注地区性差异的不足。

四　理论工具和研究方法

（一）关于理论分析工具的探讨

　　问题的解决需要相应的理论分析工具和研究方法，否则，问题就不是问题或充其量是个伪问题，但正如前文提到的很难将中小企业发展这一实践性极强的研究对象纳入一个统一的理论分析框架中来，而流行的分析范式又很难对转轨过程中的俄罗斯中小企业发展做出具有说服力的解释，也就是说，就中小企业问题本身探讨其本身，而不涉及政治、制度等因素的纯经济分析很难解决我们在这里提出的问题。因此，将经济、政治因素都纳入分析俄罗斯中小企业发展的框架中来的尝试本身，就要求在理论分析工具方面不仅仅要考虑主流经济学的理论参照，具体还用到以产权、交易成本为基础的新制度经济学理论以及新政治经济学理论等分析工具，后两者在解释转型条件下包括中小企业发展等问题时表现出较强的解释力。

　　新制度经济学认为，不同制度下的不同产权安排具有不同的激励和约束作用，在决定一个国家经济增长和社会发展方面，制度具有决定性的作用。制度通过提供一系列规则界定人们的选择集，约束人们之间的相互关系，从而减少环境中的不确定性，降低交易费用，保护产权，促进生产性活动。为了便于后面的讨论，需要进一步明确几个相关概念，比如，制度、制度的分类、利益集团等。

从旧制度经济学到新制度经济学，很多学者都曾给出自己的"制度"定义，从最一般意义上给"制度"下过定义的经济学家有凡勃伦（1899）、康芒斯（1934）等人；新制度经济学家中给制度下过定义的有诺斯（1990、1994）、舒尔茨（1968）和青木昌彦（2001）等人。此外，还有很多经济学家，比如，布罗姆利（1989）、霍奇森（1993）、沃尔顿·汉密尔顿、思拉恩·埃格特森、柯武刚与史漫飞等人①；国内如张宇燕等学者。显然，学者们并没有给出一个比较一致的定义。不过，这些定义中还是反映了某些带有普遍性的东西。结合本书的目的和要解决的问题，笔者按照诺斯的观点，把制度定义为"游戏规则"，即制度是经济单元的游戏规则，这里的经济单元既包括人，也包括诸如企业的经济组织等，其内涵至少应当体现习惯性、确定性、公理性、普遍性、符号性和禁忌性等几点内容。

新制度经济学家对制度构成有不同的分类，文森特·奥斯特罗姆将制度分为三个层次，即宪法层次、集体行动层次和操作层次；奥克森具体说明了三类规则，用以控制集团内部进行集体选择的条件的规则，用以调节公用财产使用的操作规则，以及对外安排，包括统辖该集团同其他各集团和政府当局的关系的规则；柯武刚、史漫飞将制度分为人类经验中演化出来的内在制度和被自上而下地强加和执行的外在制度两类等。诺斯认为，制度提供的一系列规则由社会认可的非正式约束（制度）、国家规定的正式约束（制度）和实施机制所构成。他将制度区分为正式制度和非正式制度，"正规制约与非正规制约的差距只是一个程度上的问题，对从禁忌、习俗和传统延续到成文宪法的展望则是问题的另一方面。从非成文的传统向成文法的漫长而不平稳的运动绝不是单向性的"②。"一套有序的规

---

① 制度经济学的形成和发展已经有百年历史。大致可以分为三个阶段：第一阶段为形成时期，以凡勃伦、康芒斯和米契尔为主要代表；第二阶段为过渡时期，以艾尔斯、贝尔、米恩斯、加尔布雷思等为主要代表；第三阶段为发展时期，该时期的主要代表人物有科斯、诺斯、威廉姆森、阿尔奇安和德姆塞茨等人。

② ［美］D. C. 诺斯：《制度、制度变迁与经济绩效》中译本，上海三联书店、上海人民出版社1994年版，第63页。

则——宪法、成文法、习惯法（甚至地方法规）——将确定某一交换中的正规权利结构。此外，一个合约将按照人们心目中所期望的交换的实施特征来书写。由于商量是有成本的，而大多数合约是不完全的，因此，非正规制约在实际的协议中起着重要作用。这些非正规制约包括名誉、被广泛接受的行为标准以及在重复关系中所形成的传统。"① 正是基于此类分析，本研究把繁杂的制度种类概括为正式制度和非正式制度两大类。前者包括政治法律制度、经济制度、各种合同制度，以及这几种制度的相互联系、相互影响。后者主要是指意识形态、文化传统、伦理道德规范、价值观念、各种自发形成的网络、关系等，它们共同影响人们对其他人行为方式的稳定预期。进一步划分，非正式制度又可分为两类：一类是作为外力的社会群体对个人施加的约束；另一类是个人自我实施的约束。

同时，利益集团理论也是新制度学派研究制度演进过程中的一个基本单元。诺斯、戴维斯等人在经济史研究中专门研究了利益集团之间的博弈对经济制度变迁的影响过程。他们认为，制度演进的方向与一个社会中利益集团之间的博弈过程及结果相关。因此诺斯说："如果说制度是游戏规则，那么利益集团是玩家"。从静态上看，制度演进的方向是由社会中处于强势地位的利益集团决定的；而强势集团之所以能够决定制度演进的方向，又主要是通过一定的方式获取国家政权的支持，或通过赎买，或通过强制②。与政治学对利益集团的研究不同，政治学研究的利益集团是在制度均衡状态下的利益集团，假定政府的角色是在利益集团之间寻找平衡，因此尽管某一项决策也许有利于某一利益集团，但在长时期内政府决策还是照顾到所有利益集团的利益的；但诺斯将利益集团作为研究的基本单元时，关注的是制度变迁过程中的利益集团，假定各利益集团的势力是不均衡的。因此有的学者将诺斯等人所说的利益集团称为"压力集团"，压力集团本身是利益集团的一种；但只有社会中的强势利益集团才有力量对政府形成压力，以各种手段获得政府的支持——最极端的情况是迫使现任统治者下台并扶持自己的利益代理人上台，因此社会中的强势集团就是该社

---

① ［美］D. C. 诺斯：《制度、制度变迁与经济绩效》中译本，上海三联书店、上海人民出版社 1994 年版，第 84—85 页。

② ［美］D. C. 诺斯：《经济史中的结构与变迁》中译本，上海三联书店 1991 年版。

会中的压力集团。值得注意的是，压力集团的出现往往是一个社会中利益集团之间力量失衡的结果与表现。这类利益集团常见于由高度集权的中央计划经济向市场经济过渡的转型国家，尤其是经济政治改革用"休克疗法"方式启动的俄罗斯。

在强势利益集团的另一端则是声音微弱甚至是毫无话语权的弱势群体，那么，在民主政治框架下，他们如何维护自己的利益呢？在俄罗斯中小企业作为一个潜在的有利于提升俄罗斯经济竞争力的利益集团由弱变强的过程中，如何分析这种利益分配或归属严重向垄断性组织即强势集团倾斜的情况，这需要在关注效率的主流经济学之外寻找新的理论分析工具，而将经济学分析方法应用于政治领域，运用现代经济分析工具来分析考察政治现象的新政治经济学在这方面则具有较强的解释力，它的代表性理论或核心则是公共选择理论。诺斯认为，公共选择理论起源于布坎南与塔洛克的《同意的计算》、安东尼·唐斯的《民主的经济理论》和奥尔森的《集体行动的逻辑》这三部经典著作。本书也应用到上述的相关理论以分析政策、法律的制定和各种协会的形成、发展及影响。

在传统的主流经济学理论里，很少涉及对经济政策制定过程的分析，而公共选择理论认为，国家的决策过程是与经济市场类似的，是供求双方相互决定的过程。该理论把人类社会分成两个市场：一个是经济市场，另一个是政治市场。经济市场上的活动主体是消费者（需求者）和厂商（供给者），他们之间交易的对象是私人物品；政治市场上的活动主体是选民、利益集团和政治家、官员。选民和利益集团是政治市场上的需求者，相当于商品市场的消费者，他们手中的选票相当于商品市场中消费者手中的货币；政治家是政治市场上的供给者，用对大多数人有利的政策换取尽可能多的选票。他们之间的交易对象是公共物品。在政治市场上，人们通过民主选票来选择能给自己带来最大利益的公共物品、政治家、政策法案和法律制度。

在传统的主流经济学那里，国家的政治市场与经济市场彼此独立、互不相干；对人性的假定是二元的，在经济市场上，个人受利己心支配追求自身利益最大化，而在政治市场上，个人的动机和目标是利他主义的、超个人利益的，政治家的目标是谋求社会利益。而在公共选择学派看来，必须抛弃国家和政府会全心全意为公众利益服务的观念，主张限制国家干预。要改善政治，必然要改善或改革规则。决策规则的选择比决策的选择更关键。要努力创造新的政治技术、更利于表达集体偏好的新机制，以使人们能在众多的、相互独立的个人或集体的目标偏好中做出更好的选择。

在一致性同意不可能达到的情况下，只好诉诸大多数规则以寻求有利于集体的选择。但问题是，对集体有利的行动的规范或制度不总是自发的产生。为什么呢？奥尔森在 1965 年出版的《集体行动的逻辑》中给出自己的解释，集体利益作为一种公共产品，由于"搭便车"行为的存在，"有限理性"条件下的个人基于自己的"成本—收益"计算一般不会为争取集体利益作贡献。当集体人数较少时，集体行动比较容易产生；然而，随着集体人数的增大，产生集体行动就越来越困难。因为在人数众多的大集体内，要通过协商解决如何分担集体行动的代价是高昂的，以至于不可能实现。而且人数越多，人均收益就相应减少，"搭便车"的动机便越强烈，"搭便车"的行为也越难被发现；不过，集体行动在两种特定条件下比较容易产生：一是集体成员之间存在的"不对称"；二是"选择性激励"的存在。"不对称"指的是集体成员收益的不对称，个别成员从集体行动中得到的利益比其他成员获得的越大，他为集体行动作贡献的积极性也就越大。"选择性激励"的存在是实现集体行动的另一个条件，选择性激励可以分为正向激励和反向激励两种。正向激励通过搭卖私人物品的方法刺激集体成员为负担集体行动的成本作贡献。反向激励是惩罚"搭便车"者的措施，最常见的是禁止"搭便车"者享受集体行动的成果。该理论分析工具适用于本书中对俄罗斯中小企业协会的考察。

（二）关于研究方法的几个特点

本书围绕提出的问题以及对应的理论分析工具，比较充分地体现了以下几个方法论特点。

首先，实证与规范分析相结合的方法。本书在努力对俄罗斯中小企业面临的制度环境进行实证性刻画的基础上，运用新制度经济学等理论分析工具给出一些具有规范意义的解释或结论。对俄罗斯各地区中小企业发展水平的研究，则用到了因子分析的方法，并根据综合因子得分对各联邦主体排名，从而印证对影响俄罗斯中小企业发展因素的分析。

其次，静态分析与动态分析相结合的特点。从结构体系上看，关于中小企业所处的具体转型时期的环境分析，都是以特定的现实横断面为静态性背景设计的，而对俄罗斯小企业发展阶段的划分则体现了研究对象的变动性和历史性特征，即本书在把中小企业的发展划分为四个阶段，大致提炼出每个发展阶段的特征的基础上，将分两个历史时期即叶利钦时期和普京时期分别考察其影响俄罗斯中小企业发展的主导性经济、政治因素。

最后，定性分析与定量分析相结合。定性和定量分析已成为现代主流经济学研究方法的必要选择。单是定性分析往往疏于严谨，缺乏说服力，而过于具体的定量分析则又容易陷入数据的"沼泽"，使分析空有形式而缺乏思想和灵魂。本书综合运用了定性和定量分析方法，定性分析引导定量分析并又回归到定性判断，两者相辅相成、相得益彰。

第一章 俄罗斯中小企业概述

与西方发达国家相对成熟的中小企业成长环境相比，俄罗斯中小企业从概念到类型都有着自己特殊的含义，其发展阶段与俄罗斯独特的经济政治转型进程密切相关。尽管从若干衡量指标上来看，其对俄罗斯国民经济的贡献尚不能与发达国家甚至其他转型国家相提并论，但长期来看，中小企业的发展将有助于改善俄罗斯的制度环境，增强俄罗斯经济的竞争力。

第一节 中小企业的内涵与界定

中小企业是相对于大企业而言的，是一个基于规模差异的相对概念，同时也是一个历史的概念。关于中小企业的界定并没有一个绝对通用的标准，不同的国家和地区在不同的发展时期往往采用不同的定义。但一般来说，中小企业概念的界定通常有两种方法：一种是定性（Qualitative）方法，即以反映其本质属性的指标来界定，主要包括企业的组织形式、融资方式及其行业地位等指标。另一种是定量（Quantitative）方法，即以若干数量指标衡量企业的规模大小，主要包括雇员人数、注册资本、资产总值、营业额等。因为组织形式、行业地位等"定性"指标难以量化，所以，出于统计上较为可行的目的，许多国家大多以"定量"指标为主、"定性"指标为辅的办法来界定本国的中小企业概念。为了便于比较主要发达国家或地区同俄罗斯在中小企业定义上的一些差异，现将美国、日本以及欧盟等国家或地区中小企业定义的一些特征分析如下：

美国目前对中小企业的定义与过去有所不同，早在1953年曾把小企业按行业分成制造业、批发业、零售业和服务业四大类，不同的行业有不同标准，如批发业的小企业人数上限为500人，但在制造业中对小企业的

人数上限放宽到 1000—1500 人，其中电子业为 999 人，石油加工业为
1500 人。目前美国小企业署出于统计需要，原则上不再严格区分行业类
型，制造业或微型工业大部分都是以 500 人为界作为中小企业员工的上限
标准，在非制造业则以年收入不多于 700 万美元为上限标准①。

　　日本的中小企业界定标准具有分行业制定界定标准和采用复合界定标
准两个特征。不同的行业资本有机构成不同，技术特征各异，中小企业界
定标准对此应有所体现。日本对制造业等行业、批发业、零售业和服务业
分别制定了中小企业界定标准，比如从业人员标准在以上行业中分别为
300 人以下、100 人以下、50 人以下和 100 人以下，这样就考虑了不同行
业的具体情况，较为合理。日本中小企业界定标准的另一个特征是采用了
复合标准，即从业人员和资本额的复合，而且符合任一个条件的企业便可
视为中小企业，这样就增加了政府制定政策时的伸缩余地。日本这种中小
企业界定标准尽管不如美国的中小企业界定标准简单明了，但更能反映经
济现实，又增加了政府的灵活性。

　　欧盟的中小企业界定标准具有复合性、将小型企业界定标准单独列出
和在一定程度上考虑了企业的法人地位三个特征。所谓复合性，欧盟规
定，凡符合"雇员人数 250 人以下并且产值不超过 4000 万埃居"或"资
产年度负债总额不超过 2700 万埃居并且不被一个或几个大企业持有 25%
以上股权"条件之一的为中小企业，同时每一个条件其实又都是两个次
级条件的复合，并且需同时具备两个次级条件。第二个特征是将小型企业
界定标准单独列出，这样就可以制定专门针对小型企业的扶持政策，从而
在一定程度上增加了政府政策的选择空间。第三个特征是在一定程度上考
虑了企业的法人地位，体现在"不被一个或几个大企业持有 25% 以上股
权"和"有独立法人地位"，这样就将一些大型企业（集团）的全资子公
司、控股子公司和分公司排除在中小企业行列之外②。

---

　　①　对某些具体制造业而言，上限标准为 1500 人；制造业一般是一国代表性的产业，故多
数国家以制造业小企业标准为统计依据。关于美国中小企业的详细分类情况，可参见美国小企业
署网站（http://www.sba.gov/contractingopportunities/officials/size/SUMM_ SIZE_ STANDARDS_
INDUSTRY. html）。

　　②　林汉川、魏中奇：《美、日、欧盟等中小企业最新界定标准比较及其启示》，《管理世
界》2002 年第 1 期。

总之，尽管各国家或地区的中小企业定义，在量的规定性上稍有区别，但从质的规定性上如独立所有、自主经营、较小的市场份额等方面来看，则存在较好的可比性和相互借鉴性。正如俄学者 А. Н. Колесников 和 Л. Н. Колексникова 指出的，在俄罗斯的科学界、文化界甚至普通的专家圈子内所引用的"小企业"术语，大多是借鉴英文的"small business"而来的，例如，小企业："малый бизнес"对应着"small business"；中小企业："малые и средние предприятия（МСП）"对应着"small and medium enterprises（SMEs）"；小企业部门："малый бизнес как сектор экономики"对应着"small business sector"；小企业主："предприниматели малого бизнеса"对应着"small business – owners"；企业家和小企业："предпринимательство и малый бизнес"对应着"entrepreneurship and small business"①。但是，自俄罗斯统计部门和国家扶持小企业的经营部门来看，直到 2008 年 1 月 1 日开始生效的《俄罗斯联邦发展中小企业法》之前，一直没有专门的中型企业定义，仅有小企业的定义。而且，此前俄罗斯的"小企业"与国际上通行的小企业概念也不相同，严格地说，俄罗斯小企业的范围比国际上通行的"小企业"范围要大，其一部分属于国际上通行的中型企业②。后来，考虑到统计工作的需要并与国际上通用的"中小企业"提法接轨在原来的基础上重新界定了"小企业"，这一变化体现在上文提到的于 2008 年 1 月 1 日开始生效的《俄罗斯联邦发展中小企业法》里。在此之前，俄罗斯小企业定义本身几经变更，主要体现在以下几个相关文件或法律中。

1990 年 8 月 8 日，苏联议会通过的《关于建立和发展小企业的措施》的决议，是第一个关于小企业发展的官方文件，该决议首次确立了小企业的经营范围、权限，对小企业的人数做了具体规定，后来成为俄罗斯发展

---

① А. Н. Колесников , Колесникова Л. Н. Малый и Средний Бизнес：Эволюция Понятий и Проблема Определения［J］. *Вопросы Экономики*, 1996（7）：46 – 47.

② 比如，按照 1995 年 1 月欧盟的中小企业在人数方面的限制：不足 50 人的为小企业；50—250 人之间的为中型企业；而按照同年 6 月份的《俄罗斯联邦国家支持小企业法》，100 人以下均为小企业；更早的 1993 年的《关于在俄联邦发展和扶持小企业的优先措施》规定，200 人以下均为小企业，见下文的详细说明。

小企业的一个重要依据①。独立后的俄罗斯在 1991 年 7 月 18 日的俄罗斯
联邦政府第 406 号法令《关于在俄联邦扶持和发展小企业的措施》中第
一次明确了小企业范畴，规定了组成原则和条件②。1993 年 5 月 11 日签
署的第 446 号俄罗斯政府令——《关于在俄联邦发展和扶持小企业的优
先措施》③里，把就业人数在 200 人以下的企业列为小企业，其中，工业
和建筑业 200 人以下，科学和科技服务企业 100 人以下，其他生产领域
50 人以下，商业和公共饮食业在 16 人以下（这种划分方式同上述 1991
年 7 月 18 日签署的第 406 号法令中的规定一样）；按固定资产账面值划
分，固定资产账面净值在 100 万卢布以下；按营业额划分，年营业额在
1000 万卢布以下。

　　而 1995 年 6 月颁布的《俄罗斯联邦国家支持小企业法》则缩小了对
小企业在人数方面的规定④。由该法可以发现，小企业有以下两个特点：

　　其一，小企业为私营企业。该法第三条规定，小企业为经营组织，在
其法定注册资金中，俄罗斯联邦、俄罗斯联邦主体（州、共和国一级地
区行政单位）、社会团体、宗教团体、慈善团体等的股份不得超过 25%，
属于非小企业所有人的一个或几个法人的股份不得超过 25%。据此，小
企业所有人在小企业中的股份应在 50% 以上，处于控股地位。该法还规
定，小企业主体也可以是没有创立法人的自然人。由以上的法律规定可
知，俄罗斯的小企业是私人企业或由私人控股的公私合营或集体合营的法
人企业或非法人企业。

　　其二，小企业的职工人数有一定的限制。工业、建筑业、交通运输业
中的小企业职工人数不得超过 100 人，农业为 60 人，科技行业为 60 人，

　　①　Постановление Совета Министров. СССР от 8 августа 1990 г. N.790 "О мерах по
созданию и развитию малых предприятий".

　　②　Постановление Совета Министров РФ от 18 июля 1991 г. N. 406 "О мерах по поддержке
и развитию малых предприятий в Российской Федерации".

　　③　Постановление Совета Министров – Правительства Российской Федерации от 11 мая
1993 г. N.446 "О первоочередных мерах по развитию и государственной поддержке малого
предпринимательства в Российской Федерации".

　　④　Федеральный закон "О государственной поддержке малого предпринимательства в
Российской Федерации" от 14.06.1995 г. №88 – ФЗ с последующими изменениями и
дополнениями.

批发性商业为 50 人, 零售业和居民日常生活服务业不超过 30 人。这项法
律对小企业的法定注册资金数额未加具体限制。但是 1995 年 12 月 29 日
公布的《小企业会计纳税制度简化办法法》规定, 小企业年收入不得超
过 63 亿卢布 (按 1 美元兑换 5000 卢布计算, 约为 127 万美元)。小企业
可以从事工业、农业、建筑业、交通运输业、科技、商业、外贸等行业的
经营活动①。

最近一次对"小企业"定义的修订则体现在俄国家杜马于 2007 年 7
月 6 日通过的、已于 2008 年 1 月 1 日开始生效的《俄罗斯联邦发展中小
企业法》。该法对中型、小型和微型企业的规模重新划界, 如在雇员数量
上, 100—250 人的属于中型企业, 不足 100 人的属小型企业, 其中不足
15 人的称微型企业②。该法律强调国家对小企业的融资、信息、人员培训
等方面的支持, 将对简化税收手续等条款予以立法。按照该法, 国家还要
对会计核算、财物租赁和现金、信用卡支付以及窗口监督等一系列立法进
行相应调整, 使小企业发展真正做到有法可依③。

如前文所述, 目前在俄罗斯已经有了专门的中小企业定义, 同时, 中
小企业这一称谓在俄罗斯已经比较多见, 又因为, 本书研究的时间跨度主
要集中在 1992—2004 年, 而这个时期内在国家统计部门中使用的小企业
概念与国际流行的中小企业概念比较接近, 所以本书使用"俄罗斯中小
企业"来代替先前文献中的"俄罗斯小企业"一词。故而除了特别注明
小企业主体的类型之外, "中小企业"概念的界定与 1991 年《关于在俄
联邦扶持和发展小企业的措施》或 1995 年《俄罗斯联邦国家支持小企业
法》里对"小企业"的界定相同, 尽管在行文中也常见"小企业"这一
提法。本书采用的数据, 除特别注明出处的之外, 均以俄罗斯联邦国家统
计局统计数据和相关权威统计数据为准。

另外, 俄罗斯联邦国家统计局和联邦税务局在具体的统计工作中, 把不
具备法人资格的经营者 (Предприниматель без образования юридического

---

① 李永庆:《俄罗斯小企业的发展不可忽视》,《俄罗斯中亚东欧市场》1996 年第 6 期。

② Федеральный закон "О развитии малого и среднего предпринимательства в Российской Федерации" от 24 июля 2007 года N 209 – ФЗ.

③ 李向玉:《俄罗斯小企业: 机遇与挑战并存》,《当代世界》2007 年第 8 期。

лица，缩写为 ПБОЮЛ;)、农业（农场）经济［Крестьянские（фермерские）хозяйства，缩写为 К（ф）Х］也纳入统计的范围（见附表 1 和附表 2），但这两者不同于登记注册的具有法人资格的中小企业。

第二节　俄罗斯中小企业的类型

俄罗斯学者 Л. Г. Ходов 将中小企业划分为以下五类：

第一类：小企业的主要特征是以家庭自有资金累积为基础、依赖当地资源，并且无法转移资金到其他经营领域或地区。在俄罗斯，此类企业在转型过程中已被摧毁，取而代之的是当地工厂及合作型企业。

第二类：中小企业为大型企业的下游企业，为大型企业提供零部件是其主要业务活动。它们以新的商业关系为基础逐步发展起来。此类企业在俄罗斯的发展前景看好，但要想发挥促进俄经济发展的积极作用，还需要更有效的人力资源配置机制和消费性服务的发展。

第三类：是中小型联营企业，这类企业通常并不愿意让加工业者和批发商分享其利润，它们能够稳定价格、提供就业机会、增加税收，促进当地和国家经济的发展。遗憾的是，目前此类企业在俄罗斯还较为少见。

第四类：企业出现于从计划经济向市场经济过渡的转型时期。首先出现于物资短缺时期，中小型企业向国有企业或工厂以计划价格购买商品，然后重新包装，以市场价格卖出。当今的不少俄罗斯富人当年正是通过这种方式掘得第一桶金。其次出现在私有化之后，国有企业的负责人成立的属于自己的小公司，此类小公司从事商业活动的经济目的就是将大型国有企业（或大型私人企业）的部分盈利或营业资本转移至利益集团的账户或空头公司。

第五类：小企业则存在于对中小企业实施税收优惠的国家里。此类小企业的目的不再是扩大资本再生产。俄罗斯目前也在对小企业实行优惠的税收待遇，在不久的将来此类小企业也可能在俄罗斯广泛存在①。

---

① Ходов Л. О структуре малого бизнеса и особенностях его мотивации ［J］. Вопросы экономики，2002，7：147 – 151.

当然，从不同的划分标准出发，比如行业、地区等可以得到不同的分类。但如果按其盈利能力或产品（或服务）的附加值的高低划分，会更明显地看出俄中小企业概貌的梯次性，基于这种认识，本研究认为，把俄罗斯的中小企业划分为以下四种类型更为合理：

第一种是国际型或资本技术密集型。这类企业属于"最高级"层次。它们往往为数不多、就业人数也不多。但这类中小企业依靠集成的先进技术，在开发俄罗斯市场的同时，开始向国际市场迈进。尤其是近年来，在某些高技术领域开始出现这样的企业，比如，已经成长为当今比较出名的中型企业的软件公司，像生产"1C"会计软件的 Б. Нуралиева 公司（该公司致力于法律数据库"Гарант"）和 Консультант - Плюс 公司或者反病毒软件公司——卡巴斯基实验室。如果不考虑创业者良好的商业创意的话，它们的事业几乎是从零开始的。事实上，还有一些这样的例子，它们在推动俄罗斯生物、医学和化学技术领域的小企业增长方面，取得了一些成绩。而且，这类具备极大潜力、销售额与资本化程度迅速增长的小企业很容易成长为中等规模的公司，其创办者已经不再仅仅满足于做一名小企业主了。

第二种是那些已经为数不少、竞争力较强且已经占领毗邻地区市场的小企业，它们的发展前景不能说有多乐观，但可以确定的是，其销售额逐步增长，消费者网络也在不断拓展，合作者的人数也在稳定增长，开始出现信用记录。当然，其发展前景能否得以延续，得依赖于企业在生产或提供独特的产品或服务方面能在何种程度上占有和维持一席之地。比如，出现的一些商标为"伊万和儿子"、"彼得罗夫和西德奥罗夫"之类的企业，它们通常属于那种几百年来生产的一种产品一直在消费者那里享有盛誉（尽管在不断完善）的中小企业。这延续了多数家族企业的传统，它们商标的价值并不比公司的其他资产低廉。

第三种是那些宽泛得多的小企业和微型企业，经营者的生活就是不断地为生存而斗争。在这个层次上有各种各样的小企业，各种小商店、面包店、裁缝店、理发店、旅行社以及餐馆等。它们的盈利状况取决于很多因素，比如，附近有没有类似的竞争对手、消费者需求的变化、地方行政管理机关和大量的检查机构的"照顾"等。这类小企业主的目光比较短浅，常常拘泥于日常琐事而不能自拔，比如，与供应商和员工的纠纷、永恒的纳税和租金问题等。小企业主们有时候甚至不希望企业有多少盈利。鉴于这种情况，可以想见它们在各种条件具备的情况下也能够向好的方向发展，不过也不能指望它们发展得多好。

第四种是最低级的一个层次，即所谓的自就业类小企业。像一些不大的家庭企业（丈夫和妻子、父亲和儿子）就是属于这种形式，它们为周围居民提供普通的日常服务和维修服务。其中某些自就业者被称做"不具法人资格的经营者"，它们甚至也能支付一些税金，而雇用劳动力的都是些"影子经济"中的勤快人。如果小企业主知道你以这些词汇（"不具法人资格的经营者"、"影子经济"等）来描述他们的话，他们将十分吃惊。他们忙忙碌碌只是为了养家糊口，额外挣点钱（退休金太少了），并没有考虑太多其他的①。

第三节　俄罗斯中小企业的发展阶段

在苏联经济发展过程中，中小企业部门从未起过决定性作用。相反，大量资本和人力资源均向大型企业集中。"大的是美好的"，大型企业是调控经济的主导力量。到 20 世纪 80 年代中期俄罗斯的中小企业不足万家。直到 80 年代后期伴随着非国有化经济的扩展中小企业开始迅速发展。从宏观经济政策、立法和制度变迁等视角来考察，可以把俄罗斯中小企业的发展划分为四个时期。

第一阶段（1987—1991 年）：萌芽期。苏联在 1986 年 11 月颁布并于 1987 年 5 月开始实施的《苏联个体劳动活动法》是苏联历史上第一个关于个体劳动的法律，该法允许有限制地进行一些私人劳务，即允许在家庭手工业和居民生活服务领域中进行 29 个项目的个体劳动活动。尽管该法仍然明确规定禁止个体劳动者雇工，但却是第一次以法律形式来鼓励人们创建新的小型企业。

1987 年 6 月，苏联最高苏维埃通过了《苏联国有企业（联合企业）

① Е. Ясин，А. Чепуренко，В. Буев，Шестоперов О. Малое предпринимательство в Российской Федерации：прошлое，настоящее и будущее［М］．М.：Новое изд－во，2004：10.

法》，该法第一次以法律形式明确规定，"企业是社会主义商品生产者"，这使企业在法律上从国家计划的单纯执行者变为独立经营的生产经营实体，企业经理享有一定的自主权。

1988 年 5 月，政府出台的《苏联合作社法》，则允许成立合作型企业。这是自列宁以来第一次允许成立新的私人企业和合作企业。基于该法，大量合作企业包括银行得以创建，它们实质上属于私人企业，只不过是挂了块"社会主义"招牌而已①。

上述几部法律的出台开启了私营部门的早期发展阶段。根据国家统计 1988 年当年合作企业的数量增加了 5 倍，就业人数增加了 8 倍，出口增加 3 倍。在这一时期出台的其他一些具有自由化性质的法律促进了包括中小企业在内的新的经营活动的出现。到 1991 年各种非国有经营活动，包括个体私人企业和封闭式的参股公司均获得了合法地位。不过，当时无论在法律上还是在统计上并没有把小企业、中型企业和大企业区分开来。

这个时期的经济环境也有利于中小企业的创办。首先，国有经济部门留下了大量的市场机会，无论是产品市场还是服务市场。其次，中小企业可以按照合理的条件获得银行贷款。再次，竞争性商品的进口遭到一定程度的限制，中小企业得到保护。最后，该时期俄罗斯存在的两种市场——第一种是"计划型市场"，对所有资源及商品实行统一的计划价格，而另一个则是"自由市场"，可以采取不合理的垄断性价格——使得依附于大型企业的中小企业迅速增多。这类小企业大多是大型国有企业的附属企业（子公司），它们可利用国有企业低廉的生产要素等资源生产附加值高的商品，然后以"自由市场"的价格售出②。

另外，因为国有大型企业的工资非常低，这样这些新创建的中小企业便有机会吸引那里的熟练的技术工人前来就业，这能在一定程度上弥补中小企业人力资源不足的窘况。从部门上看，这个时期中小企业的扩张主要集中在新兴市场上，比如，日常消费类商品、住房建设以及商业性服务与餐饮业等。这个阶段的中小企业充分体现了以下几个方面的变化：政治

---

① 曲文轶：《苏联所有制体制的历史沿革》，《东欧中亚研究》2000 年第 2 期。

② I. Astrakhan and A. Chepurenko, Small business in Russia: Any Prospects After a Decade? [J]. *Futures*, 2003, 35: 341 – 359.

自由化；新的非国有部门立法的实施；自发私有化；缺乏体制性支持等①。

第二阶段（1992—1994 年）：奔腾式增长期。初始的自由化立法改革大部分都在 1992 年完成，合作企业的数量开始减少，而私营企业开始蓬勃发展。主要集中在规模较小的零售店、餐饮和日常服务等领域。到 1994 年 3 月，这些领域的绝大部分小企业（这类企业大约有 10 万家）已被私有化。企业资产大部分都转移到"内部人"手里，工人集体赢得了 2/3 以上的拍卖和招标，而企业在出售之前能做清算核资的不到 10%（Lieberman and Rahuja，1995）。因为这个时期大私有化才刚刚开始（1992 年 7 月），中小企业仍是"内部人"把国有资源转移为私人控制的主要工具或渠道。1991 年以来，小企业开始受到政策、立法方面的关注。首要的措施主要集中在税收优惠方面，这极大地促进了小企业的繁荣。无论在联邦层面还是在地方层面都开始第一次系统地制定关于小企业的扶持方案、确立相关的立法目标。虽然许多尝试都失败了，政府也没有创建起扶持中小企业的体系，但是，一些中小企业扶持基金和协会却逐步发展起来了。

这个阶段的明显特征就是小企业数量的迅猛增长，最显著的增长期是在 1992—1993 年，1994 年下半年增长停滞。另外需要提及的是，在中小企业迅猛扩张的同时，宏观经济环境开始恶化。1992 年年初，新的联邦政府开始实施紧缩性的货币政策，严格预算约束、限制信贷资源。同时，包括利润税、增值税等税收在内的税收负担加重。这些直接导致了企业间拖欠现象增多、生产减少尤其是投资下降。

这种情况下，越来越多的中小企业把资源投入贸易和中介领域，因为，这些领域不需要长期投资，而且资金周转快、回报快。这一时期开始出现商业银行、商品交易所和股票市场。批发领域尤其是涉及外国商品交易（比如，计算机、食品、酒类、电子商品和其他消费品）、外汇买卖领域的中小企业发展较快。此时，俄罗斯企业经营文化仍停留在苏联时期，

---

① 学界关于俄罗斯中小企业发展阶段的划分并不尽相同，本书的划分主要考虑其数量特征而做出的，同时参考了 А. В. Виленский（1996）、V. Radaev（2001）、А. Чепуренко（2004）等人的划分方法。

很多企业经营者都是通过贿赂官员、支付保护费以获得市场占有率及企业效益。另外，小企业家并没有受到政治利益格局的直接影响，因此它们有助于俄罗斯早期市场经济的发育。

第三阶段（1995—2001 年）：停滞期。紧随 1994 年中小企业增长停滞的是，1995 年中小企业的数量和统计的平均就业人数开始减少。对比上一年，中小企业数减少了 8.8%，就业人数减少了 4.5%。实际上，这种停滞状况一直持续到 2001 年。这一时期联邦政府在继续实行经济自由化的同时，不断进行宏观调控以实现经济稳定增长。政府认为，小企业已经成为经济发展中的一股强劲力量，并且试图对之实施积极有效的管理以增加预算收入。但是，因为小企业能获得高收入的领域的明显缩小、自主经营活动可以带来无限融资机会的心理预期落空等原因使得小企业的数量急剧减少。

另外，对早在苏联时期实施的小企业登记程序的完善也影响到了小企业的数量，1995 年依据新的《民法典》对小企业进行重新登记，国家统计局的数据显示超过 1/3 的在册小企业要么没有从事经营活动，要么经营活动已经终止但未注销。针对这种情况，俄政府对小企业进行清理整顿，以规范其生产行为。还提出"宁缺毋滥"的方针，对那些注册而不经营的"挂牌"小企业，注册的经营范围为科技型、生产型却从事非科技、生产型经营以骗取国家优惠待遇的小企业一律取缔，"绝不手软"。同时，1995 年 6 月颁布的《俄罗斯联邦国家支持小企业法》缩小了对小企业所做的人数的规定（详见本书第一章），也影响到小企业在统计指标上显示的数量。尽管如此，建筑业、运输业领域的小企业分别增长了 18%、19%，投资活动也增多了，1995 年对工业的投资增长了 4 倍①。

然而，1996 年，小企业数量仍呈现急剧下滑的状态。尽管 1997 年俄政府为了扩大小企业的数量、提高其质量出台了许多关于私营小企业的"纲要"、"计划"、"法规"，比如，提出进一步放宽小企业的经营范围；对科学研究领域中的小企业实行全部免税；鼓励发展生产型小企业，逐步将商业服务领域中的小企业推入生产领域，对不同类型的小企业实行不同

---

① Виленский А. Этапы развития малого бизнеса [J]. *Вопросы экономики*, 1996，7：35.

的税收政策，对非生产型小企业实行高税收，而对生产型小企业则实行低税收或给予更多的优惠；对小企业的贷款政策明确规定，银行贷款年利率不得超过 20%，期限不得少于 3 年等措施。不过，与 1993 年的产量相比，1998 年减少了近 2/3 倍①；1997—2000 年就业于小企业的职工数量下降，平均每家公司减少了 1.25 人②。

小企业在信贷资金获取方面也遇到困难，1998 年 8 月的危机是引发小企业财务状况严重恶化的首要原因，它使得许多小企业和个人企业陆续退出合法市场；行政官僚壁垒更加苛刻，缴税负担加重。但也正是 1998 年的金融危机，使得小企业发展开始步入体制和部门结构的转变期。此时，政府发现小企业较少依赖石油、天然气、黄金、有色金属等能源部门，能够快速地从金融危机中复苏，并能有效地维持社会稳定；另外，从国际比较来看，俄罗斯中小企业发展的各项指标与美国、西欧国家差距明显（见附表 3）。因此，俄政府认为，有必要大力扶持小企业，以解决社会失业、维持社会稳定等问题。

第四阶段（2002 年至现在）：发展期。从 2000 年开始前总统普京就较为重视小企业的发展，普京于 2000 年 3 月 21 日在下诺夫哥罗德召开的俄罗斯城市会议上表示，小企业对于俄罗斯的经济发展具有特殊性地位③。随后，2001 年 12 月 19 日在普京主持的国务会议上确立了《扶持和发展小企业的国家政策构想》。此外，普京也鼓励居民创业，多次指示政府采取完善的措施，以促进小企业的发展。从 2002 年开始，小企业一改以往的预势，开始由衰落走向繁荣。自从普京上台之后，俄罗斯小企业的数量从 2000—2006 年，已从 89.2 万家增长至 103.2 万家（见表 1 - 1），对于 GDP 的贡献也达到 12.5%。

---

① Балацкий Е., Потапова А. Малый и крупный бизнес: тенденции становления и специфика функционирования [J]. Экономист, 2001, 4: 46.

② 管理者试图保留优秀员工，裁减效率低下的员工，以节省人力成本提高生产效率。参见 I. Astrakhan, and A. Chepurenko, Small businessin Russia: Any Prospects Aftera Decade? [J]. Futures, 2003, 35: 344。

③ 普京:《稳定经济是国家最主要的头等任务——在俄罗斯城市联合会会议上的讲话》，载《普京文集：文章和讲话选集》，中国社会科学出版社 2002 年版，第 31 页。

表 1 - 1 　　　　　　　　　　1999—2006 年小企业的相关数据

年份	1999	2000	2001	2002	2003	2004	2005	2006
企业数（万人）	89.2	87.6	84.2	87.9	89.0	95.2	98.4	103.2
就业人数（万人）	637.0	652.6	640.5	707.9	732.6	760.9	787.4	833.6
平均就业人数（人）	7.1	7.5	7.6	8.1	8.2	8.0	8.0	8.1

　　资料来源：笔者根据 H. B. 斯米尔诺夫《21 世纪初俄罗斯小企业发展态势分析》（莫斯科，2007 年，第 38—39 页）的相关数据换算而得。

第四节　俄罗斯中小企业在国民经济中的地位及贡献

　　查尔斯·卡德维尔（Charles Cadwell）在《转轨经济中的法律改革》一文中提到，在转型过程中人们不可能忽视那些既有大型企业的利益。涉及那些新兴的小企业的利益时，情况却并非如此，但它们对于促进经济增长而言非常重要。并指出，那种认为在转型过程中，小企业和新建企业只是在创造新的工作岗位问题上有一定作用的观点是片面的①。小企业的发展对于转轨中的俄罗斯经济具有重要意义，除了能减轻经济的就业压力，在一定程度上缓解社会的不稳定因素之外，还有许多积极作用，主要体现在以下几个方面：（1）实现了小企业范围的产权改革，为市场经济体制的建立塑造了广泛的主体。（2）活跃了消费市场，有助于流通领域经济的稳定和恢复。在转轨初期，生产连年大幅下滑的情况下，小企业的积极表现显得十分可贵。（3）促进了经济结构的优化。随着小私有化的启动和流通领域各种新型服务机构（企业）的建立，第三产业迅速发展，服务业产值在国内生产总值中的比重迅速提高，改变了苏联时期国民经济重型化、军事化，第三产业比较落后，服务业发展不足的局面。（4）有助于培养俄罗斯人的市场经济意识。计划经济到市场经济的急剧转变，同

---

　　①　参见查尔斯《转轨经济中的法律改革》，载克里斯托夫·克拉格主编《制度与经济发展》一书，法律出版社 2006 年版，第 316 页。

时也是人们思想意识尤其市场经济意识培养、确立的过程，而小企业恰恰是那些一度手足无措的俄罗斯人学习、认识市场经济规律的好场所。(5) 小企业的发展使俄罗斯中产阶级的发展壮大成为可能。建立一个广泛的中产阶级也是俄罗斯私有化的设计目标之一，与大私有化形成的"内部人控制"、追求财富的再分配而缺乏经营动力不同，那些有致富愿望的俄罗斯人，利用自己的聪明才智，通过创办、经营小企业成为先富起来的人，他们之间的竞争是中产阶级成长的基本动力和环境。

　　但是，如果把上述中小企业的积极作用都量化为具体的经济指标则会非常困难。本书试从中小企业在市场经济中的数量、对 GDP 的贡献、小企业从业人数、每千居民中间小企业的数量等指标以及中小企业发展对俄罗斯经济增长影响的长期趋势等分析中小企业在俄罗斯国民经济中的地位及贡献。

　　一　俄罗斯中小企业发展的典型指标

　　首先，俄罗斯小企业的数量。俄罗斯小企业的发展轨迹与俄罗斯总体经济发展密切相关，1992 年开始实施"小私有化"之后，小企业的数量开始迅猛增长，1994 年年底，小企业数量达到空前的高点约为 90 万家，吸纳就业人数也持续增加。然而，1995 年开始至 1997 年俄罗斯小企业数量出现急速下滑的情况，从原本约 90 万家减少到约 84.2 万家。1998 年金融危机的爆发也冲击到小企业的发展。危机之后，政府了解到小企业能够较迅速地从危机中复苏，同时具有吸纳就业维持社会稳定的作用，因此开始制定并实施扶持小企业的政策，以促进小企业的较快发展，但事与愿违，小企业数量从 1999 年开始至 2001 年，一直徘徊不前。直到 2002 年才开始出现转机，从当年的 87.9 万家增加到 2006 年的 103.2 多万家（见表 1 - 2）。

　　其次，俄罗斯小企业在经济部门中的分布结构。近一半的俄罗斯小企业集中在商业和公共餐饮业（见表 1 - 3 和附表 4），它们活跃了消费市场，促进了市场经济的发展。因为商业和公共餐饮业、运输业和其他包括批发业、通信业、金融保险业等在内的服务性行业所需要的资金少，资金周转快，能够较快实现资金积累。虽然创业容易，但成长困难，容易受到市场波动的冲击。好在小企业对市场反应比较灵活，一定程度上能够满足日益多元化、个性化的市场需求。表 1 - 3 显示，服务性部门呈现增长趋

势，1996 —2004 年，商业和公共餐饮业的数量从 35.94 万家增长至
44.12 万家，运输业从 1.75 万家增长至 2.63 万家，其他行业则从 13.73
万家增长至 20.7 万家。

表 1 - 2   注册小企业数

年份	1991	1992	1993	1994	1995	1996	1997	1998
个数（千家）	250	560	933	908	897	877	842	877
年份	1999	2000	2001	2002	2003	2004	2005	2006
个数（千家）	892	876	842	879	889	952	984	1032

资料来源：1994—1997 年数据来自 И. 叶夫谢伊娃、Т. 多尔佳比多娃、Т. 阿利莫娃、В. 布耶夫等所著《俄罗斯小企业》（莫斯科）1998 年，第 39 页；1999—2006 年数据来自 Н. В. 斯米尔诺夫所著《21 世纪初俄罗斯小企业发展态势分析》（莫斯科）2007 年，第 38—39 页；其他数据来自 Е. 亚辛、А. 切布连科、В. 布耶夫主编的《俄罗斯小企业的过去现在和将来》（莫斯科）2004 年，第 14—17 页。

　　小企业在工业部门中发展较好的是机器制造业和金属加工业、木材加工和造纸业、食品工业、轻工业。但是，俄罗斯在传统上一直是以发展重工业为主，政府认为只有重工业才是真正的工业，较为忽视制造业、轻工业等小型工业的发展；同时，与服务性行业相比，创办小型工业必须进行数额较大的先期投资，比如购买机器设备等固定资产，而一般而言，回收周期较长。所以，这个时期的投资短缺也是制约工业型小企业发展的重要因素之一①。从 1996—2004 年来看，小企业在工业领域的数量和比例都有所减少，分别从 13.19 万家、占 15.7% 降为 12.81 万家、占 13.4%。建筑业的趋势与之类似。

　　苏联解体后，俄罗斯的科技实力有所下降，虽仍是世界科技强国，但俄罗斯在科研成果转化方面却处于弱势，科技潜力尚未转化为推动经济发展的动力。虽然 1994 年国家设立了旨在促进小企业发展科技创新的"俄

———————
　　①　在肉品加工业、鞋业、纺织业对于更新生产设备及采用新技术所需投资额较大，动辄几百亿卢布。因此，大多数中小型食品制造商通常并不能和西方企业相竞争。参见 А. Орлов, Перспективы развития малого предпринимательства в России [J]. *Вопросы экономики*, 2002, 7：124 – 125。

联邦促进科技型小企业发展基金会"，但是，从小企业的部门结构中可以看出，20 世纪 90 年代后期科研领域的小企业数量和比例均呈减少趋势，也是唯一一类单调递减的部门。从 1996 年的 5.5% 减少至 2004 年的 2.2%，由此可看出俄罗斯政府对于扶持科技型小企业政策的效果并不太理想（见表 1-3）。从 2005—2007 年的数据来看，"批发与零售贸易、摩托车、汽车及日用品维修"行业的比重呈现略微下降的趋势，而运输和通信业则呈现微弱的上升趋势，但前者在销售额的比重仍然占绝对优势，2006—2007 年分别为 72.1%、71.1%，后者仅为 2.1%、2.5%（见附表）。应当注意的是，"附表 4"的各行业划分方式来源于 2005 年实行的"全俄经济活动类别分类法"（ОКВЭД）所采用的统计核算指标。

表 1-3　　　　　1996—2004 年俄罗斯各主要行业小企业数量　　　单位：千家、%

年份	工业	比例	农业	比例	建筑业	比例	运输业	比例	商业和餐饮	比例	科研	比例	其他	比例
1996	131.9	15.7	10.9	1.3	138.0	16.4	17.5	2.1	359.4	42.7	46.7	5.5	137.3	16.3
1997	134.8	15.6	11.9	1.4	142.1	16.5	18.6	2.2	372.8	43.3	43.9	5.1	137.0	15.9
1998	136.1	15.7	13.8	1.6	137.5	15.8	18.6	2.1	386.1	44.5	38.8	4.5	137.1	15.8
1999	136.2	15.3	13.5	1.5	135.9	15.3	21.0	2.4	399.7	44.9	37.1	4.2	147.2	16.5
2000	134.2	15.3	14.4	1.6	126.8	14.4	19.5	2.2	407.5	46.3	30.9	3.5	146.0	16.6
2001	125.1	14.8	13.4	1.6	121.9	14.5	18.8	2.2	388.1	46.0	28.5	3.4	147.2	17.5
2002	121.0	13.7	15.6	1.8	113.0	12.8	20.2	2.3	422.4	47.9	22.7	2.6	167.4	19.0
2003	119.0	13.3	17.9	2.0	117.1	13.1	21.9	2.5	417.3	46.7	22.2	2.5	177.6	19.9
2004	128.1	13.4	19.3	2.0	121.3	12.7	26.3	2.8	441.2	46.3	20.7	2.2	196.2	20.6

注：表中小企业的比例，因四舍五入的原因，所以，比例之和不等于 100。

资料来源：Малое предпринимательство в России. 2001, 2005：Статистический сборник. Госкомстат РФ, М., : 2001 г.；2005г。

最后，俄罗斯小企业的地区分布结构。俄罗斯的地方政府为了促进地区小企业的发展，几乎都制订有本地区的扶持小企业发展计划。截至 2004 年，小企业大部分集中于俄罗斯的中央联邦区（34.6%）、伏尔加联邦区（16.6%）、西北联邦区（16.1%）。几乎 1/3 的小企业聚集在俄罗斯的两大城市莫斯科市和圣彼得堡市，分别占了 20.6% 和 11.1%。此外，俄罗斯南部联邦区的小企业份额为 11.2%，西伯利亚联邦区为 11.0%，乌拉尔联邦区为 6.4%，远东联邦区为 4.1%（见表 1-4）。

表1-4　　　　　　　　　俄罗斯各联邦区小企业数量　　　　单位：千家、%

年份	中央	比例	西北	比例	南部	比例	伏尔加	比例	乌拉尔	比例	西伯利亚	比例	远东	比例
1997	290.3	33.7	142.7	16.6	102.1	11.9	115.3	14.4	83.6	9.7	91.4	10.6	35.7	4.1
1998	292.3	33.7	159.2	18.3	97.8	11.3	125.0	14.4	64.1	7.4	94.5	10.9	35.1	4.0
1999	304.3	34.2	157.7	17.7	91.9	10.3	136.2	15.3	65.8	7.4	96.5	10.8	38.2	4.3
2000	308.2	35.0	156.3	17.8	82.2	9.4	131.4	14.9	56.2	6.4	103.8	11.8	41.2	4.7
2001	309.6	36.7	122.3	14.5	81.8	9.7	131.9	15.6	56.3	6.7	100.7	12.0	40.4	4.8
2002	331.3	37.5	132.5	15.0	85.5	9.8	148.2	16.6	56.6	6.4	92.1	10.5	35.5	4.0
2003	322.2	36.1	136.1	15.2	96.4	10.8	148.3	16.6	57.8	6.5	98.9	11.1	33.2	3.7
2004	330.0	34.6	153.9	16.1	106.9	11.2	157.7	16.6	60.6	6.4	105.1	11.0	39.0	4.1

注：表中小企业的比例，因四舍五入的原因，所以，比例之和不等于100。

资料来源：Малое предпринимательство в России. 2001，2005：Статистический сборник. Госкомстат РФ, М, : 2001 г.；2005г。

　　从中央联邦区、伏尔加联邦区、西北联邦区来看，各区中心城市的带动作用十分明显。以莫斯科为中心的中央联邦区也是全俄经济发展最为突出的地区。莫斯科市是全国最大的城市，也是全国政治、经济、文化、科学、教育等各个领域的集中地。在改革过程中始终走在最前沿，强调按自己的方式建立资本主义；在私有化进程中，有效地出售国有资产，而不像其他地区那样廉价售出；尤其注重城市在金融、服务、贸易、商业等新领域的发展和居民生活水平的提高。因此，莫斯科市政府为了促进经济发展，提高居民的生活水平，制定了很多专门促进莫斯科小企业发展的法律法规①，成立了扶持小企业发展局和莫斯科扶持小企业基金，同时还创建有协助莫斯科小企业发展的莫斯科工商局、莫斯科租赁公司和莫斯科企业发展代表处等。由于莫斯科市政府积极促进小企业发展，全俄近1/4的小企业集中在莫斯科市，莫斯科城市的职能正在从生产型向消费型转变，工业已逐渐失去在城市中的支柱性作用②。

---

　　①　莫斯科市政府制定专门的莫斯科小企业的法规《有关莫斯科小企业基本原则》、注册程序、许可证、税收制度等。至今，莫斯科市政府已通过了5项莫斯科扶持小企业发展的计划（1994—1995年、1996—1997年、1998—2000年、2001—2002年、2003—2009年）。
　　②　2001年莫斯科市的商品零售业、服务业等服务型部门占了莫斯科市所有小企业46.6%，而工业部门占8.3%。到2004年服务型部门的比率则上升至54.8%，工业部门则下跌至7.5%。

　　下诺夫哥罗德是伏尔加联邦区的中心城市，位于伏尔加河沿岸，紧邻经济最发达的中央联邦区且距离莫斯科市不远，是仅次于莫斯科和圣彼得堡的俄罗斯第三大城市。由于地理位置优越，一直是俄罗斯大商业和文化中心，在经济转型时期被列为改革的重点城市，完全依照西方模式推行，企业私有化程度较高。在这种制度背景下小企业获得了较为充分的发展。另外，伏尔加联邦区中的萨拉托夫州政府也制定了许多扶持小企业发展的措施，包括建立保障基金、促进信贷合作社的发展等。由于该地区政府为地方小企业提供了良好的发展条件，小企业在整个地区经济发展中所占的比重不断增加。

　　圣彼得堡市是西北联邦区的中心城市，也是俄罗斯的第二大城市，同时还是全俄最大的港口城市。圣彼得堡市政府同样为了促进小企业的发展，制定了一系列政策。然而，学者 Alessandro Kihlgren（2002）认为，圣彼得堡的经济政策计划经济色彩较浓，即政府拟定的许多草案方法从未执行过。他的研究显示，虽然圣彼得堡位居第二大城市，但政府对小企业支持的程度，并不如莫斯科市政府积极[①]。从该市中小企业部门分布来看，因为，圣彼得堡为俄罗斯主要观光旅游城市，所以，旅行业、餐饮业等服务型部门的中小企业在圣彼得堡地区发展迅速，且在经济发展的过程中中产阶级的队伍正在逐步壮大，这有利于该地区消费类中小企业的市场拓展和迅速成长。

　　联邦及地方各类组织或机构借由政府不同层级的预算不断给小企业的发展以资助，例如，在莫斯科超过 20 个组织提供这类资助。当然客观上各地区经济发展差距较大，主观上则是各地区政府行政首脑对小企业的重视程度不同，少数偏远地区的地方政府甚至拒绝接受中央政府倡导的推动扶持小企业发展的法令，因而导致各地区小企业发展水平相差较大。此外，远东联邦区、乌拉尔联邦区和西伯利亚联邦区的气候特别寒冷，不利于中小企业资源的开发，交通运输条件也十分薄弱，经济发展的障碍重重。俄罗斯各地区小企业发展并不平衡[②]。

---

　　①　Alessandro Kihlgren, "Small Business in Russia: A Case Study of St. Petersburg", William Davidson Working Paper Number 439, January 2002, p. 2.

　　②　详见本书的第五章对俄罗斯各地区中小企业发展不平衡性的实证分析。

从全俄及各地的工业、服务业、零售贸易、批发贸易、建筑分包等领域的中小企业对国内生产总值的贡献以及固定资产投资额度及其比重来看（以 2000 年例），各部门中小企业差别较大。通常，批发贸易、建筑分包和零售贸易分占前三名。只有莫斯科稍有不同，前三位的依次是批发贸易、零售贸易和建筑分包（见表 1 - 5）。

表 1 - 5a　　　　　　小企业对地区经济的贡献（2000 年）　　　　单位：千卢布

	工业	服务业	零售贸易	批发贸易	建筑分包	固定资产投资
全俄	184082.1	69011.5	447373.3	1735151.5	147600.0	54200.0
中央区	53472.3	48573.1	284994.7	581881.0	35224.1	20505.5
西北区	43044.8	3732.0	26861.5	213851.6	21838.8	6925.4
南方区	13718.9	3268.7	39836.3	138711.4	16028.5	4627.4
伏尔加区	27031.8	4537.6	38873.6	307320.1	28692.5	9797.4
乌拉尔区	14952.9	2859.4	18107.6	202731.6	25837.7	4577.3
西伯利亚区	17763.8	4005.6	28581.8	247127.1	14570.2	5665.3
远东区	14097.6	2035.0	10117.9	43528.6	5424.8	2101.5

注：表中各地区之和因四舍五入，不等于全俄总和。

表 1 - 5b　　　　小企业对地区经济的贡献占所在地区总量的比重　　　　单位：%

	工业	服务业	零售贸易	批发贸易	建筑分包	固定资产投资
全俄	3.9	11.2	19.4	63.7	27.8	4.7
中央区	6.5	19.1	28.9	42.9	24.5	6.9
西北区	8.9	6.4	12.6	77.4	42.3	6.0
南方区	5.7	4.8	18.7	96.1	30.6	3.6
伏尔加区	2.7	5.3	10.2	95.7	30.6	5.1
乌拉尔区	1.9	6.2	10.9	—	26.2	1.7
西伯利亚区	3.2	6.0	11.3	79.8	27.0	6.1
远东区	6.0	5.6	10.8	82.7	23.2	4.2

注：表中比重因四舍五入，所以，比重之和不等于100。

资料来源：Е. Ясин，А. Чепуренко，В. Буев，Шестоперов О. Малое предпринимательство в Российской Федерации: прошлое, настоящее и будущее ［М］. М.: Новое изд - во, 2004: 27.

二　俄罗斯中小企业对国民经济的贡献

1992 年开始实施私有化之后，俄罗斯小企业发展迅猛，开始逐渐成为市场上比较活跃的经济主体，在给居民提供就业机会的同时，加速了转型后新商业环境的形成。据俄联邦国家统计局统计，2004 年小企业对于GDP 的贡献达到 8.5%，总生产额则达到 22296 亿卢布（见表 1-6）。截至 2004 年年底，就业人数已达到 866.72 万人，平均一家小企业雇用 9.2 位员工[①]，雇用员工数量最多的部门集中在建筑业和工业领域，雇用员工数量最少则是在金融保险业、不动产业和公共餐饮业。近年来，就业人数继续保持增长势头，2005 年、2006 年就业人数分别增至 893.4 万人和946.7 万人。

表 1-6　　　　　　　　俄罗斯小企业发展的相关指标

年份	占 GDP 比重(%)	总产值(亿卢布)	成长率(%)	就业人数(千人)	占总就业比重(%)
1997	8.0	3030.5	—	8639.2	12.0
1998	6.5	2619.0	-13.6	7401.4	12.1
1999	6.2	4237.1	61.8	7543.4	12.7
2000	5.9	6136.5	44.8	7621.1	12.9
2001	5.6	8527.0	38.9	7435.8	12.8
2002	6.8	11608.3	36.1	7976.1	
2003	8.1	16860.0	45.2	8254.8	15.0
2004	8.5	22296.0	32.2	8667.2	15.9

资料来源：Малое предпринимательство в России. 2001，2005：Статистический сборник. Госкомстат РФ, М.：2001 г.；2005г。

正如本节开头指出的那样，俄罗斯小企业的重要作用不仅仅体现在经济领域，诸如对 GDP 的贡献、对产业结构调整的促进作用、对平衡地区差距的贡献、有利于缩小贫富差距、实现经济的平衡增长、优化企业竞争环境等；还体现在对整个国家科技创新能力的影响，如技术密集型小企业的发展壮大，等等。此外，尤其值得一提的是，小企业的发展，对俄罗斯

[①]　包含全职员工及兼职员工（含临时员工）。

的社会阶层结构也产生了积极的影响，它的发展必将为俄罗斯公民社会的形成和发展奠定坚实的基础。因为，与俄罗斯中小企业的发展相伴的是一个中产阶级的不断成长。当然，所谓的俄罗斯中产阶级及其发展不仅仅与中小企业发展相关。与西方社会不同的是，俄罗斯中产阶级的建立是作为政治上的战略性任务自上而下提出来的。因为，在俄罗斯激进改革的初期，为了使改革不可逆转，秉持自由主义的政治精英们，通过私有化等方式，快速分配原来全体国民共有的财产，以迅速建立起以中产阶级为代表的新政治制度的社会基础。它开始于通过《苏联合作社法》的时期，接下来是颁布《关于私有化法令》的阶段。如果说对于苏联社会的中产阶级、意识形态的价值体系和宗旨具有迫切的重要意义，那么开放的竞争能力、运用所有权和财产的能力、资本的合理运作能力则是苏联时期中产阶级的基本特征[①]。当然，两者之间并没有明显的内在的承继性关系，苏联中产阶级中只有具备适应能力和相应条件的一部分人在改革时代较好地完成了自身的转化，而很多人却丧失了原有的地位落入社会底层（包括大量的知识分子）。

　　今天构成中产阶级核心的是中小企业家、管理人员、个体经营者等，他们是顺应新的社会发展需要而产生的群体。尤其是那些依靠自身能力、富有开拓精神和进取心的企业家。其中许多人受过高等教育，他们拥有私人财产，关心政治的稳定和法制的健全，关心市场经济中遵守"游戏规则"的公平性与公正性，作为改革的受益者，他们成为俄罗斯社会稳定发展的重要基石。中产阶级中的专业技术人员由知识分子中最有活动能力、最能适应新形势的那些人组成，他们的人数虽不及企业家众多，但却对中产阶级群体的构成和发展具有相当重要的意义。因为这些富于创造性和专业知识技能的知识分子，被视为引领当代社会发展的新生力量和源泉，他们受到研究者的广泛关注并被定义为"新中产阶级"[②]。但是，由于俄罗斯中产阶级形成的上述初始条件，不仅与西欧国家相差甚远，而且

---

　　① Здравомыслов А. Несколько замечаний по поводу дискуссии о среднем классе［А］. см. под ред. М. Горшкова, Н. Тихоновой, А. Чепуренко, Средний класс в современном российском обществе［М］. М., РНИСиНП, 1999：33.
　　② 周晓虹：《全球中产阶级报告》，社会科学文献出版社2005年版，第336页。

也不同于中欧和东欧各国。因此，直到今天，俄罗斯中产阶级的主体仍然是以中小企业家为主的"老中产阶级"。"新中产阶级"无论是从人数还是构成上都明显不足，具有专业知识和技能的专家、学者、教师、艺术家等在改革进程中受到了剧烈的冲击，除了部分得到专业技术人员和企业家的地位，跻身中产阶级队伍之外，更多的人却失去了原有的社会地位和经济地位，成为下层大众的一分子。显然，这样的中产阶级结构不具有广泛的社会基础和代表性。

本书之所以关注中产阶级，是因为该阶层在民主政治条件下是最为重要的公共选择力量。他们的结构、素质和偏好，对改善俄罗斯中小企业发展的制度环境具有巨大的影响。但未来俄罗斯中产阶级的政策影响力和社会稳定器作用的发挥，还要取决于以下两方面的因素：一方面来自于克服小企业发展的阻碍因素，包括资金不足、税收繁多、产业结构调整、产业升级等问题，进一步壮大企业家群；另一方面则在于调整目前"新中产阶级"的畸形结构，更加广泛地吸收专业技术知识分子，尤其是科学、教育、文化工作者的增加。一个名副其实、有社会影响力的中产阶级的形成将取决于国家政策的调整、经济发展的程度以及社会发展的前瞻性规划。在此前提下，才会有《俄罗斯发展前景预测——2015 年最佳方案》一书作者所预计的变化出现，2001—2008 年，"中产阶层——这里所使用的'中产阶层'一词与'中产阶级'具有相同的内涵，仅为表述上的区别——的人数将显著增多，其作用和意义将显著增强"，其增长"不仅来自中小企业家，而且来自高等技能专家、国家官员、大公司高层经理人员"①。从另一个角度看，第一方面的阻碍的因素的克服恰恰是最符合中产阶级成长需要的，随着他们参与国家政治决策能力的增强，代表中小企业群体的中产阶级将会把自己的意志更加充分地以政策、法律等正式制度的形式表达出来。而且中产阶级队伍的壮大、素质的提高本身又能为中小企业的发展注入活力。

三　俄罗斯中小企业对经济增长影响的预测

H. B. 斯米尔诺夫在其著作《21 世纪初俄罗斯小企业发展态势分析》

---

① ［俄］阿巴尔金：《俄罗斯发展前景预测——2015 年最佳方案》，社会科学文献出版社 2001 年版，第 230 页。

中，根据 1999—2006 年各年的小企业数、就业人数的季度数据，构造了
若干回归模型①，对 2007—2009 年的各年的每个季度的数据进行预测，
预测结果如表 1 - 7 所示。

表 1 - 7   2007—2009 年各季度小企业相关数据的预测值

年份	季度	企业数（千家）	就业人数（千人）	每家平均就业数
2007	第一季度	1064. 60	8326. 20	7. 8
	第二季度	1062. 20	8562. 80	8. 1
	第三季度	1063. 30	8698. 30	8. 2
	第四季度	1061. 20	8778. 80	8. 3
2008	第一季度	1103. 80	8636. 30	7. 8
	第二季度	1100. 90	8878. 70	8. 1
	第三季度	1101. 60	9016. 40	8. 2
	第四季度	1099. 20	9096. 90	8. 3
2009	第一季度	1142. 90	8946. 40	7. 9
	第二季度	1139. 60	9194. 70	8. 1
	第三季度	1140. 00	9334. 40	8. 2
	第四季度	1137. 10	9415. 00	8. 3

资料来源：Смирнов Н. В. Анализ общей динамики развития малого предпринимательства в
России в начале 21 века ［М］. М., 2007：34 - 39。

从运算软件输出的各项检验或显著性参数来看，模型的预测结果良
好。在这里，本书不打算就模型构建本身进行评价，只是通过这组预测
值，得到小企业整体向好发展的认识，透过该预测反观俄罗斯有关中小企
业的制度环境的改善对经济增长可持续的影响。为了说明这种改善如何影
响经济增长，这里借鉴国内学者的研究②，引入了一个简化模型即"俄罗

---

① Смирнов Н. В. Анализ общей динамики развития малого предпринимательства в России
в начале 21 века ［М］. М., 2007：33 - 38.

② 樊纲：《论体制转轨的动态过程——非国有部门的成长与国有部门的改革》，《经济研
究》2000 年第 1 期。

斯经济体制结构动态模型"。

模型的基本思想：要保持俄罗斯经济增长的势头，必须着力发展有竞争力的经济形式。经济持续增长的关键，在于具有竞争优势的部门在整个国民经济中比重的变化是趋大还是趋小。

与国有企业（用 SG 表示该部门的产值）和在国际市场上具有比较优势的能源部门（用 SE 表示该部门的产值）相比，这种具有竞争优势的部门主要集中在非国有部门，包括大企业（用 NG 表示该部门的产值）和中小企业（用 NS 表示该部门的产值）两大类。

模型包括了 3 个假定、4 个定义和 7 个公式。围绕基本思想的逻辑展开如下假设及讨论。

假定 1：影响俄罗斯经济体制结构变化的外部因素变化不大，内部因素趋好。

假定 2：部门之间的效率存在差别，在长期内表现为各部门增长率的差别。

定义 1：将上述部门创造的总产值之间的比重，定义为"俄罗斯经济体制结构"，用 $J(t)$ 表示，即：

$$J(t) = \frac{SE(t) + SG(t)}{NG(t) + NS(t)} (t 趋向无穷大) \tag{1.1}$$

这里，t 代表时间；另外，用 $S(t)$ 替换 $[SE(t) + SG(t)]$，之所以做此处理，是因为俄罗斯部分能源部门的控制权仍牢牢地掌控在国家手中，当然也就属于国有企业。

定义 2：$g_s(t)$ 为能源部门和国有部门的增长率，$g_{NG}(t)$ 为非国有大企业部门的增长率，$g_{NS}(t)$ 非国有中小企业部门的增长率，即：

$$J(t) = \frac{S_0(1 + g_s)^t}{NG_0(1 + g_{NG})^t + NS_0(1 + g_{NS})^t} \tag{1.2}$$

为了使表达的关系更加直观，在此引入假定 3，即：

假定 3：大公司的增长率比较稳定，取恒定值为 $\bar{g}$。

用则公式（1.2）变为：

$$J(t) = \frac{S_0[1 + g_s(t)]}{NG_0(1 + \bar{g})^t + NS_0[1 + g_{NS}(t)]} (t 趋向无穷大) \tag{1.3}$$

为了把影响中小企业发展的实际因素，比如过高的税负水平、监管部门的敲诈勒索和黑社会保护费等因素也考虑进来，这里引入了"额外综合税负率"的概念。首先看什么是"额外综合税负"，即：

定义 3：我们用 $D(i)$ 代表小企业各种形式 $(i = 1, 2, 3, 4, \cdots)$ 的额外综合税负，之所以称其为"额外"，因它是在支付了与国有部门和大型公司同等水平的用于社会支出（包括政府必要支出）的税收之后额外支出的部分；而这里的"综合"，指的是：它不仅包含了一部分严格含义上的"税"，而且包含着其他各种方式的支出，比如，支付给腐败的行政监管者的额外费用、黑社会保护费等。

由此，得"额外综合税负率"的概念，即：

定义 4：d 为小企业部门的"额外综合税负率"：

$$d = \frac{\sum D(i)}{NS} \qquad (1.4)$$

把（1.4）式代入公式（1.3），得：

$$J(t) = \frac{S_0 [1 + g_S(t)]}{NG_0 (1 + \bar{g})^t + NS_0 [1 + g_{NS}(t) - d]} (t \text{ 趋向无穷大}) \quad (1.5)$$

注意：d 不出现在公式的分子中，因为对那些腐败行为和黑社会来说，d 只是被浪费掉了，并不构成增长的源泉。

公式（1.5）所反映的收入转移和资源配置关系，最终也会影响到公式（1.2）所反映的产出与增长的关系。这是因为：收入既是企业经济增长的动机，也是经济增长的源泉，因为较高的收入是较高的投资率的源泉。因此，经济增长率 g 事实上是 d 的函数，特别地，可以认为是前期 d 的函数，即：

$$g_{NS}(d) = f(d(t), d(t-1), d(t-2), \cdots) \qquad (1.6)$$

于是公式（1.5）进一步简化：

$$J(t) = \frac{S_0 [1 + g_S(t)]}{NG_0 (1 + \bar{g})^t + NS_0 [1 + g_{NS}(d)]^t} (t \text{ 趋向无穷大}) \quad (1.7)$$

由以上分析，我们可以判断俄罗斯经济今后能否持续增长或者经济是否会在将来陷入危机、增长停止，将取决于公式（1.7）所表达的 $J(t)$ 的变动速率。也就是说，$J(t)$ 若趋小，则经济增长将会持续下去。根据前文所述，中小企业在 2002 年以来的数量、吸纳就业人口以及固定资产投资上，显示出了较高的增速。更重要的是，俄政府在对中小企业的财税支持和相关制度构建上，已经较为稳健务实。即 d 值将逐步趋小，也即 g_{NS}（d）值将稳步提升。

　　如果放松假定 3，则会得到更为乐观的结果。可以放松该假定的原因在于，俄罗斯的公司治理尤其是大公司治理的总体水平，目前还处在一个较低的稳定状态上，还有一个相当漫长的优化过程[1]。也就是说，g_{NG} 也将稳步提升。而国有部门总体缺乏效率的状况，仍然不见改观。也就是说，公式（1.7）的分母将趋大，而分子却不变或趋小。总之，在不考虑其他突发性经济因素如国际原油价格大幅波动等影响的条件下，J' 值将会趋小[2]。

　　总之，俄罗斯现有的经济是垄断性很强的经济。对这种经济结构而言，中小企业部门的成长意味着经济结构的优化。而中小企业潜力[3]的释放速度，主要取决于由政府的财税政策、法制、市场制度基础等决定的中小企业生存、成长环境改善的快慢。重要的是，由本书对俄中小企业发展阶段的观察分析，已经发现俄罗斯的市场、制度环境正在朝着一个有利于中小企业成长的方向转变。今后宏观增长的微观基础日趋坚实。

---

　　① 林双林、李建民：《中国与俄罗斯经济改革比较》，中国金融出版社 2007 年版，第 113—121 页。

　　② 需要说明的是，这里的简化模型只是为了便于发现 J 值的大致趋势而提出，并不追求每个 J 值本身的精确化。

　　③ 与发达国家中小企业指标相比，俄罗斯小企业的增长空间巨大：小企业占主要发达国家 GDP 的比重，美国为 40%，欧盟为 70%，日本为 61%，占全部从业人员的比例相应为 54%，72% 和 78%。参见 А. Г. Аганбегян，Социально - экономическоеразвитиеРоссии ［М］. М.，2004：174。

第二章　俄罗斯中小企业发展的影响因素：一般性考察

前文在对俄罗斯中小企业的概念、类型界定的基础上，将俄罗斯中小企业的发展划分为萌芽期、奔腾式增长期、停滞期和发展期四个阶段，并简单地分析了各发展阶段的一些典型特征及直接相关的因素。进而分析了俄罗斯中小企业在俄国民经济社会发展中的地位、贡献及其对俄经济长期增长趋势的影响。但是，目前中小企业对国民经济的贡献，无论是与其他国家相比，还是与本国政府的期望目标相比，都相去甚远①，那么，制约俄罗斯中小企业发展的深层次因素又是什么呢？接下来的分析便围绕该问题展开。

一般而言，一国中小企业的发展与本国的发展历史密切相关，比如发展道路、经营传统以及意识形态等因素，这些因素的影响是潜移默化的且具有长期性，因此，对它们的影响予以分析是十分必要的。按照新制度经济学的观点，上述影响因素可归为非正式制度的范畴。而就短期而言，中小企业面临的市场环境、制度环境显得尤为重要，因为这些因素与其交易成本的高低、收益的多寡直接相关。

俄罗斯发展中小企业的根本目的就是要弥补本国"重工业过重"的缺陷，提高企业的竞争水平，增强本国资本的盈利能力。而在开放经济条件下，消费者需求的满足，要么是由国外厂家提供，要么是由国内厂家提供。这样，在忽略外国竞争者和消费需求市场本身变动的情况下，在某种程度上说，俄罗斯中小企业受市场需求牵引的影响短期内不会轻易改变，也就是说，市场需求因素对中小企业发展影响的显著性程度短期内不会有

---

① 俄罗斯政府希望中小企业成为俄罗斯经济振兴的发动机，长远目标是使俄罗斯中小企业的产值达到国内生产总值的 50% 以上。

太大改变。这样，对影响中小企业产品或服务供给成本的因素展开分析显得极为必要。这些因素主要集中在两大领域：一是要素市场领域，比如土地、劳动力、电力、资金等；二是制度环境领域，比如税收、行政壁垒、法律制度、国家的扶持措施等。按照新制度经济学的观点，上述因素可归为正式制度的范畴。因此，本章的分析将分两部分，分别从影响俄罗斯中小企业发展的非正式制度因素和正式制度因素展开。

第一节　俄罗斯中小企业发展的路径依赖

任何一个国家的中小企业发展必然受其历史发展道路的影响，同时，在社会经济发展过程中，经营传统、意识形态、文化和宗教的影响也是十分明显的。上述所考虑的因素构成了一个国家中小企业发展的所谓路径依赖特征的必要组成部分。

一　俄罗斯发展道路的影响

俄罗斯经济发展的方向是由其基本的历史和地理特征决定的。这要求我们在研究转型经济条件下俄罗斯中小企业问题时，需要注意其发展的路径依赖特性，以便更加深刻地理解目前俄罗斯中小企业所具特征的根源。对文献的梳理发现，人们普遍认为，沙皇时期俄国的发展从来就没有遵循西欧大多数国家的道路，这主要可由地理因素来解释。也就是说，俄罗斯和许多其他苏联国家之间的贸易和内部联系从来没有像其他欧洲工业发达国家间那样产生紧密的联系。要知道，在十月革命时期，俄罗斯在很大程度上还属于传统的农业国家。微型企业从来没有过类似美国、英国、德国和其他发达国家那样的发展。

1917 年之后，俄罗斯开始努力追求创建社会主义社会，微型企业无论是在理论上还是在实践上都未得到重视。从马克思主义的理论角度出发，对私人所有制的资本主义条件下的小资产阶级的分析，使得人们在整个新经济政策时期对微型企业产生了系统性的错误认识。实用主义哲学也影响到列宁对工业国家发展道路的分析。列宁批评的不仅仅是日益扩大的工业化规模，还有其组织类型和所有制结构。重要的是，列宁认为，大企业比小企业重要。此论断是基于对比较发达的西方经济体如德国和美国的发展趋势和理论层面的分析而得出的[①]。

　　图2-1和图2-2可以说明，19世纪末期德国和俄罗斯企业规模分布状况的差异。直到苏联戈尔巴乔夫改革开始之前，无论是微型企业的数量还是其吸纳的就业人数，都可以观察到这种不同。因此，在俄罗斯进行的不是普通的后苏维埃经济的改革，而且还需要创建小企业部门。但事实上小企业在整个俄罗斯的历史上从来没有真正存在过。

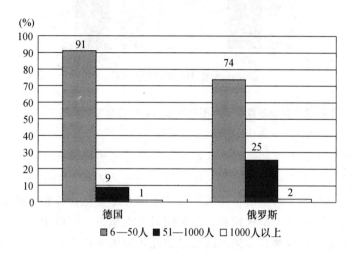

图2-1　就业人数不同的企业数对比

注：图中百分比之和因四舍五入的原因，不等于100%。

资料来源：Троцкий Л. Д. 1905［М］. М., 1922：257-269。

　　在经历了苏联时代对小企业漫长的压制之后的一段时期内，现代俄罗斯居民对苏联时期的小私营企业除了影子经济之外几乎都没有任何记忆。在这种背景下，也就不难理解理论和实践上出现的一些误区和混乱，比如对处在经济转型期的苏联国家而言中小企业具体如何发挥作用的理解等。即使存在大量描述其他国家创建中小企业的有效措施的相关宣传和报告也不能扭转这一局面。

---

　　①　列宁的经典论述，如"几万个最大的企业就是一切，数百万个小企业算不了什么"。参见《帝国主义是资本主义的最高阶段》，《列宁全集》第27卷，人民出版社1990年版，第332页。

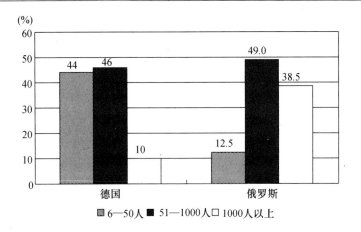

图 2 - 2 就业总数在吸纳不同就业人数的企业组之间的分布比较

资料来源：Троцкий Л. Д. 1905 ［М］. М., 1922：257 - 269。

俄罗斯工业发展的结构，从革命前、经过苏维埃时代到现在一直存在着继承关系，无论是沙俄时代，还是苏维埃政权时期。托洛茨基（1936）在分析俄罗斯革命时指出，在俄罗斯从来没有工业化，其农业基础在革命后的很长一段时间内都保留着，尽管同时有人指出，可以用经济活动统计指标的变化，来解释在苏维埃政权最初几年的俄罗斯工业规模不断增长的状况。

在苏联的早期由于既有的私营企业遭到破坏，改革进展缓慢。如图 2 -3 所表示，在工业领域改革 10 年之后，没有发生任何实质性的结构重组。这和当前的形势有着惊人的相似之处。改革的第一个 10 年结束之后，中小企业部门并没有出现令人期待的复苏。但是，如果判定历史会在相反方向上重复的话，那么当前的经济结构将在下一个 10 年存在重大机会。用苏联的社会主义原则改变人们的看法和经济结构花费了不止一代人的时间，相反的过程恐怕也得费些工夫。

由于苏维埃经济体系中生产组织关系的独特性，将苏维埃经济和西方市场经济体系中的企业规模相比较的话，将会有种"苹果和橘子"相比的感觉。不过，平均规模却具有相对独立性，在 20 世纪 80 年代的苏联，典型的工业企业实际上已经在自身的规模上超过了西欧和西方市场经济国家的平均企业规模。考虑到这一事实，俄罗斯工业在企业规模上重组的起

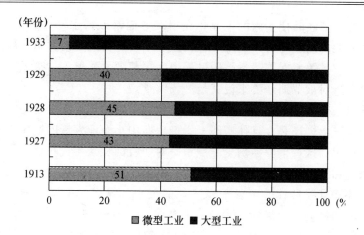

图 2 - 3 十月革命前的俄罗斯和苏联早期小型和大型工业的比例关系

资料来源：G. Nutter, *The Growth of Industrial Production in The Soviet Union*［M］. Princeton N. J. : Princeton University Press, 1962：66.

点可以由图 2 - 4 来观察。1970—1988 年，企业的平均规模从 640 名工人增加到 813 名工人[①]。

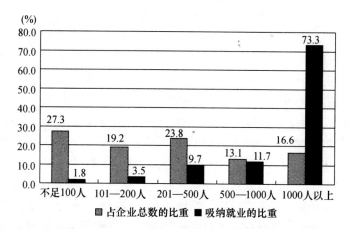

图 2 - 4 1988 年苏联不同规模企业的数量及其吸纳的就业人数的比较

资料来源：IMF, World Bank, OECD and EBRD, A Study of the Soviet Economy［R］. 1991：255。

---

① На основе данных из：IMF, World Bank, OECD and EBRD, A Study of the Soviet Economy. 1991：240 - 265.

当然，苏联时期实施的工业化在很多方面都取得了巨大成就，同时，经互会框架内的贸易关系的发展也创建了一个庞大的贸易体系。然而，这些牢固的贸易关系在苏联解体的过程中大多都随之瓦解了。毫无疑问，在短期内，这对俄罗斯经济来说就是一场灾难。

从以上对俄罗斯发展道路的分析，我们可以发现，无论是在国家层面的理论指导上，还是在具体实践上，俄罗斯中小企业发展问题始终没有得到充分重视。这种俄罗斯历史发展道路对 20 世纪 90 年代转轨后的各级政府、居民和既有的企业主阶层都产生了很大的影响。比如：目前除了仍存在"中小企业是纯粹的'影子经济'的天堂。纵容它的发展，无异于把整个经济和社会推向深渊"等错误看法外，还存在其他许多误解，比如："国家正面临着非工业化的威胁，而中小企业对国家经济的贡献是微乎其微的，甚至可以忽略不计。应该拯救大企业。"可以想见，作出这种判断的人对经济中的因果关系缺乏理性认识。要知道，中小企业之所以在原地打转而没有发展起来，就是因为并没有得到国家的实质性支持。处于繁重的税收压制、检查机关无休止的勒索下的中小企业发展步履维艰。在这种情况下，中小企业自然不能成为经济增长的真正动力。在发达国家比如英国、德国和美国，以及中东欧的斯洛文尼亚或匈牙利、捷克和爱沙尼亚等国，中小企业却是国家经济名副其实的发动机。在面对新时期非工业化的浪潮时，我们发现一些国家在最近半个世纪以来一直保持稳定的增长态势。正如战后的德国或意大利等国的经验证明的，由于为中小企业的发展创造了规范化的制度环境和条件，经济增长才得以启动和保持。在此基础上，才构建起了加速发展大型工业的机制。但是在俄罗斯，鉴于促使中小企业发展的激励性制度环境建设的长期性，类似上述的错误认识将会长期存在。

二　俄罗斯经营传统对中小企业发展的影响

多年以来，人们经常将俄罗斯转轨过程中出现的各种问题归咎于俄罗斯缺乏支持市场经济发展的完善制度。与此对应，人们所希望的是，一旦法律、财政制度以及政府的角色发生转变，那么经营者就会积极地做出支持性反应，市场经济就会出现。但现实是，俄罗斯经营者或经理人员作经营决策的习惯却深深地根植于俄罗斯的企业经营传统。也就是说，在 20 世纪 90 年代叶利钦政府推行的自上而下的市场经济改革，由于没有考虑到改革所涉及的传统和人民的思维方式，结果只能导致一种经济体制在没有任何有效的、可行的替代体制的保证下瓦解。在 20 世纪 90 年代甚至当前俄罗斯的企业环境中，企业经营者和政府官员之间的关系，对经营者如何办企业、如何减小风险、如何进行内部企业决策等领域起着支配性作用。在俄罗斯社会已经存在至少 70 年，甚至可以说是上百年的企业传统，既不会轻易消失，也不会被简单地消化。当然，它们也不会强大到足以占据上风。

的文献综述部分谈到的制度环境和政府扶持中小企业的效率问题以及本书第三章第三节部分将要提到的国家制度能力弱化、正式制度失灵的情况下作为一种替代或补充而出现的小企业关系网络问题或影子经济问题等，均与影响深远的企业经营传统有关。同时，这种传统也深深地扎根于下文将要提到的村社主义和宗教信仰等传统之中。但与后两者相比，俄罗斯的企业经营传统对 20 世纪 90 年代以来俄罗斯中小企业发展、企业家成长有着更加密切的关系。

一般来说，经营观念是历代企业家的见识和经验通过社会世代传承的结果。几百年来，俄罗斯已经形成了独特的经营理念或企业文化，并在一定范围内延续至今，仍然影响着当代的俄罗斯经理人及其对市场改革的反应。诺斯（1990 年）曾断言，民间规则或民间文化的持续影响——假如举国上下均认为其与强制推行的改革对立的话——将会产生针对改革尝试的冲突和限制。正是这个原因，使得俄罗斯的经理人或潜在的经营者在面对业已形成的经营环境的时候无不感受到这种影响的存在，并受其制约。只有适应这种环境，才能生存和发展。这一系列决策过程本身又不断地与变化的环境相结合衍生出新的非正式的制度。那么，在俄罗斯这种经营传统是什么呢？这仍然需要从历史的角度予以考察。

考察俄罗斯走向市场经济漫漫长路的早期步伐，可追溯到 16 世纪俄国首任沙皇伊凡四世时期，历经 1917 年十月革命，直到标志着苏维埃时期结束的 1991 年苏联解体。俄罗斯在这几百年历史中所展现的某些环境特色，对于俄罗斯的企业文化观念、价值观念以及企业结构等都有着深远的影响。对苏维埃之前的四百年而言，沙皇身为上帝的代表独揽大权的角色成为始终不变的旋律。作为沙皇的权力机构，政府始终认为，全俄人民及其一切活动都必须服从政府的需要。无论是商人还是企业主，或者是后来的工业家，谁都不能确定何时要把辛辛苦苦积累的资产和财富奉还给国家。正是这种不安全感，致使俄罗斯商人缺乏革新意识，拒绝接受变革，不愿意对有利于国家发展的基础项目投资。又由于绝大多数人口是农奴和农庄成员——生活在奴役状态、身无分文、迁徙自由受到限制，没有能力参与发生在城镇地区的工业化进程，从而大大减少了潜在的消费者、产业工人和潜在的经营者的数量。

另外，对于农奴和农庄成员来说，公社或农庄就是他们的世界，离开了它，就等于离开了世界。他们在公社或农庄中寻求保护和帮助，他们的物质和精神生活，他们的一切都与公社或农庄息息相关①。这些占绝大多数人口的村民并没有个人的权利，没有进行房地产交易的权利，在迁徙自由和获取资金方面受到限制，因此也就普遍妨碍了业主精神的形成②。

无论是城市还是农村逐渐形成了只求生存、不求发展的心理，始终处于专制的家族制度的奴役之下。俄罗斯的经营文化就是在这种无所不在的专制统治和政府的强大干预下演变而来的。

1917 年的十月革命，标志着布尔什维克接掌政权的开始，也是沙皇时代俄罗斯经营者向苏维埃经营者转化的起点，但是，此后一段时期并没有完全摆脱苏维埃时代企业模式和规则的约束。直到 1985 年"新思维"改革开始的时候，俄罗斯人才公开讨论苏联企业和苏联经济的表现如何致使苏联被西方和亚洲的新兴经济才甩得越来越远。几十年以来，表面上，苏联的企业体制非常正规，似乎严格受控于来自莫斯科中央政府的命令，莫斯科则希望通过把每一个人的步伐和错综复杂的经济计划联系到一起。但实际上，所有的经理人都已经意识到，他们面对的体制是一种永远不会平稳运行的体制。通常，明明是体制出了问题，却要经理人为其导致的生产水平下降承担责任。尤其是在斯大林时代，经理人一旦完不成生产任务，即使就他的能力而言，责难于他毫无道理，但他同样有可能丢掉官职甚至性命。于是，苏维埃经理人很快发现，单纯按照政府的章程办事，再卖力气也是危险的，因此，他们开始通过一系列民间的个人关系网进行非正规交易，有时甚至会求助于贿赂手段来达到自己的目的。虽然经理人在

① 曹维安：《俄国史新论：影响俄国历史发展的基本问题》，中国社会科学出版社 2002 年版，第 257—258 页。

② ［美］琳达·兰黛尔：《不情愿的资本家》，新华出版社 2004 年版，第 16 页。

企业经营中无视法律的存在，但他在表面上总是顺从政府的愿望。也就是说，个人关系网及与政府的非正式关系，作为一种在不确定的企业环境中的生存策略再度浮出水面。此刻，这种具有企业文化形态外壳的个人关系和过去一样，会为苏维埃经理人提供一定程度的安全感和成就感。

在整个苏联时期，经理人面对的是政府永无休止的命令，这些命令有时是粗暴的；有时又是合法的，却都能导致他们失去企业管理权。所有的官方决策和官方行为都是出于政府的需要，没有必要考虑是否会给企业带来好处。在所有的企业活动中，政府一直处于中心位置。在这种计划体制下生存的苏维埃经理人，逐渐适应和发展了许多这样或那样的官方规则和民间规则①。这种规则的演变对转轨开始后的俄罗斯经营环境产生了直接的重大影响。那些想白手起家的潜在的经营者，与那些善于构建各种关系的苏联经理人相比，要想获得厂房、设备等必要的生产、经营资源则变得非常困难。

普京上台后努力改善包括简化注册登记程序在内的中小企业发展的制度环境，但这种，经营传统的影响仍然存在。当人们看到以下研究报告的时候，就不难体会这种企业经营传统的根深蒂固性："创办企业时面临的进入市场（注册、获得许可等）的行政壁垒已经不是创业者面临的显著困难。不过，在经营业务开始之后，有没有能力利用行政资源疏解来自监督、检查部门的压力，却是创业成功与否的关键因素。因此，俄罗斯当前的成功企业家首先应善于和权力机关搞好关系，善于与'关键人物'建立关系，而不是研究物流、市场和人员管理。因此，在简化规则和程序的同时（当然，这个也很重要），进入市场的壁垒无论降低了多少，但如果权力机关和行政上的随意性没有被遏制的话，经营者队伍的扩大将会继续受到制约。"②

三　意识形态、文化传统、宗教信仰与中小企业发展

与经营文化传统相比，一个国家或地区的意识形态、文化传统、宗教

---

①　对俄罗斯经营传统形成及其影响的一个详尽描述，参见琳达《不情愿的资本家》，新华出版社2004年版，第13—64页。

②　Е. Ясин，А. Чепуренко，В. Буев，Шестоперов О. Малое предпринимательство в Российской Федерации: прошлое, настоящее и будущее［M］. М.：Новое изд - во，2004：53.

信仰对该国家或地区中小企业发展甚至整个国家企业间关系的建构都有重要影响。在俄罗斯这种影响从来没有消失过，无论是叶利钦时代还是普京时代。与法律等正式制度相对应，意识形态、文化传统、伦理道德规范、价值观念、习俗习惯等对人们行为产生非正式的约束作用，借此人们对其他人的行为方式形成比较稳定的预期，这种预期不是基于正式制度，而是来源于社会共同知识或者青木昌彦（2001）所谓的"共有信念"。文化传统是其主要来源。分析俄罗斯的中小企业发展问题，可以发现，俄罗斯社会特有的历史文化传统，如村社精神、依赖心理、平均主义思想等在俄罗斯中小企业发展过程中的重要影响。

意识形态被定义为关于世界的一套信念，它们倾向于从道德上判定劳动分工、收入分配和社会现行制度结构。新制度经济学家更看重的是意识形态的经济功能，并将之归纳为三个方面：第一，它是个人与其环境达成"协议"的一种节约费用的工具，它以世界观的形式出现从而简化决策过程，降低交易费用。第二，意识形态中有关公平、公正等伦理观念有助于人们在相互对立的方案之间作出非此即彼的选择，节约选择的时间，降低成本并有效地克服"搭便车"现象。第三，当人们的经验与意识形态不一致时，新的意识形态的产生有助于节约人们认识世界和处理相互关系的成本①。在苏联中央高度集权的计划经济体制下的意识形态中"集体主义"占据重要位置，它不仅仅是作为节约制度成本的工具，更为特殊的是，这种共产主义政权主导下的集体主义与俄罗斯的传统文化即村社主义有着密切的历史关联。即使苏联解体、俄罗斯实施全面的自由化改革，这种村社主义文化传统对俄罗斯的影响至今依然存在。村社以及后来的集体主义化的农庄普遍地妨碍了业主精神的形成②。长期的村社集体主义精神熏陶造就了俄罗斯人缺乏商品经济意识和不擅经营的特殊品质。"经年累月的集体劳动、财产公有、自给自足、自我封闭，使得商品交换、市场经济被视若异端。俄罗斯人主张公平普济、道德内省，这使他们历来就藐视在市场上拿着秤杆、口中斤斤计较的'瓦兰人'③。重集体轻个体、重伦

---

① ［美］诺斯：《经济史中的结构与变迁》，上海三联书店 1991 年版，第 53—59 页。
② ［美］琳达·兰黛尔：《不情愿的资本家》，新华出版社 2004 年版，第 16 页。
③ 指古代波罗的海沿岸的德意志人。

理轻思辨的传统，经由斯拉夫派、民粹派乃至形形色色继承者的理论加工，外化为对整个西方世界的藐视与对立。"[1]

　　十月革命后的俄国，农村人口占总人口的80%以上，即使是城市工人，许多人也只是换上了工人服不久的农民。全国近70%的人是文盲。即使在布尔什维克党内，直到1923年，受过中等教育的也只有6.3%，大学毕业的仅占0.6%[2]。这说明老百姓的文化水平和素养还很低，村社主义还有一定的影响。这使人们习惯于服从来自上级的指令。村社的平均意识、轻商抑商传统与"不与私有化共谋"的民族理念，使俄国人常以鄙视的态度看待经商者，认为那只不过是"贪婪的犹太人的营生"，在民族认同中有普遍的仇富心理和反西方传统，他们认为，富人都是恶棍，财富是腐蚀人类灵魂的东西，内心深处向往一种贫穷和朴实无华的社会模式[3]。

　　作为一种社会历史文化现象的宗教，对经济发展影响巨大，其本质是一种社会意识，是对支配人们生活的外部力量的幻想的一种反映，它虽有虚幻的一面，却能对世俗经济社会产生深远的影响[4]。俄罗斯是一个正统的东正教国家。自988年罗斯受洗算起，东正教在俄罗斯已有一千余年的发展历史。东正教已成为俄罗斯文明的核心组成部分，同时也是俄罗斯民族的精神支柱。俄国思想家别尔嘉耶夫在谈及俄罗斯民族虔诚的宗教信仰时，曾说过："俄罗斯民族——就其类型和就其精神结构而言是一个信仰宗教的民族。宗教的困扰是不信教的人所固有的。俄罗斯的无神论、虚无主义、唯物主义都带有宗教色彩。出身平民和劳动阶层的俄罗斯人甚至在他们脱离了东正教的时候也在继续寻找上帝和上帝的真理，探索生命的意义。"[5] 俄罗斯文化是在东正教思想的哺育下成长起来的，它是一种宗教文化。这种文化更加关注的不是现世，而是天堂；不是人与人之间的关系，而是"人神关系"。俄罗斯人的精神支柱是上帝的感召、耶稣的教诲

---

　　① 冯绍雷：《制度变迁与对外关系——1992年以来的俄罗斯》，上海人民出版社1997年版，第1—4页。

　　② 张养志、王娟熔：《从文化滞后看苏联解体》，《21世纪》1999年第4期。

　　③ 金雁：《俄罗斯村社文化及其民族特性》，《人文杂志》2006年第4期。

　　④ 王文贵：《互动与耦合：非正式制度与经济发展》，中国社会科学出版社2007年版，第278页。

　　⑤ ［俄］尼·别尔嘉耶夫：《俄罗斯思想》，生活·读书·新知三联书店1995年版，第245—246页。

和天国的存在，他们所追求的是理想的、"应有的"生活①。俄罗斯民族就是这么一个富于幻想、看重理想和精神享受的民族，与以物质利益为中心的西方实用主义文化的反差异常明显。这反映在经济上则表现为俄罗斯人的商业理念的淡薄。

虽然由于苏共和苏维埃政府一直坚持和倡导无神论，从20世纪40—80年代俄罗斯东正教会活动都处于低潮，比如，神职人员受到排挤，尤其在政治上无法享受平等待遇；大批教堂被改做他用，甚至被炸。但因为宗教观念、宗教思维已经深入俄罗斯人的灵魂之中，当局也不得不考虑这一现实。早在苏联戈尔巴乔夫时期，政府就逐步对教会和宗教采取宽容的政策。1988年，俄罗斯东正教会举行盛大仪式庆祝罗斯受洗1000年，许多国家领导人出席了庆典。戈尔巴乔夫接见牧首皮缅时承认20世纪30年代及其以后几十年苏联政府对教会和教徒所做的一切都是错误的。自1989年起大批神职人士开始进入各级人民代表大会，政治地位的提高促进了东正教的复兴。尤其是苏联解体后，东正教在俄罗斯得到了迅速复兴。

特别值得一提的是，东正教伦理与村社精神在一定层面上有共同之处，这就是："东正教的伦理严厉谴责追逐暴利的企图，甚至谴责财富本身；东正教倡导大公无私、仁慈善良、造福大众、彼此信赖和自我牺牲"②。更何况，村社精神与东正教的一些伦理观念相融合，也能迸发出反西方的力量。"俄国的下层一直保持和发扬集体主义和平均主义的思想传统，而上层则顽强地表现着专制主义的传统。下层的集体主义传统与东正教的普济主义、救贫思想相结合，成为抵御西方资本主义和'工具理性'主义的有力武器。"③宗教信仰就是这样潜移默化地影响着人们对经营活动的基本看法，以至于那些有条件创业的年轻人竟因思想信仰的原因而不能付诸实际行动。

总之，平均主义、村社精神以及东正教信仰对俄罗斯人产生的潜移默

① 安启念：《俄罗斯向何处去：苏联解体后的俄罗斯哲学》，中国人民大学出版社2003年版，第9页。
② [俄]罗伊·麦德维杰夫：《俄罗斯往何处去：俄罗斯能搞资本主义吗》，新华出版社2000年版，第44页。
③ 关于意识形态、文化传统和宗教信仰的论述，参见焦一强《"休克疗法"为何在俄罗斯失败?》，《俄罗斯研究》2006年第3期；王跃生《文化、传统与经济制度变迁》，《北京大学学报》1997年第2期。

化的影响，给俄罗斯人的民族心理留下了深深的烙印，尤其是这种分散化决策的自主经营对传统官僚体系庇护下谋求资源垄断的某些利益群体产生冲击时，这种影响常常被这些既得利益者们所利用。比如，在改革初期，人们对中小企业主常常表现出蔑视与不屑一顾的态度，某些权势人物利用这种"民众情绪"鼓吹"推动俄罗斯小企业的发展是十分困难的，因为居民并不认可'这些唯利是图的小贩'"。这种观点如此符合那些官僚的胃口，当他们需要围剿那种有益于社会但却威胁到其"福利"的想法时，没有比"我们赞成，但是人民不接受"更有力的论据了。事实上，俄罗斯公民对经营活动抱有的态度，正在悄悄地发生转变，甚至可以说是相当积极的（见图2－5），而且居民开始对经营活动充满敬意，"这些人为自己做事、安排商业活动还为别人创造了工作岗位"[①]。

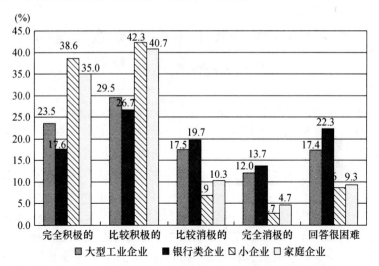

图2－5　您对私营企业的个人态度（占总受访人数的百分比）

注：因为此比例为重复选择题，所以图中比例总和大于100%。

资料来源：отчет РНИСиНП об исследовании по гранту Московского общественного научного фонда 016/1－02。

---

① Приводимые в таблице данные основаны на результатах опроса взрослого населения России в феврале － марте 2002 г., проведенного Российским независимым институтом социальных и национальных проблем на средства гранта МОНФ 016/ 1－02 (см.: http//: www. nisse. ru, http//: www. ecsoc. ru).

　　重要的是对经营活动尤其是小企业和家庭企业的态度或看法并不像宗教教义般抽象：受访者中有 2/3 是经营人员的熟人，有 42% 是最为亲近的朋友，有 1/4 是远房亲戚，而 22% 是关系比较近的亲属。也就是说，部分俄罗斯居民对企业家的看法，较之以前的文化传统的影响，已经开始变化，不再建立在先前那种空想和理想化的愿景基础上，而是基于他们对新的经营阶层的规范行为、价值观和生活方式的实际观察。因此，在计划经济（那时候"经营者"这个词本身，是被禁止的）统治了 70 年之后，社会各界开始对经营活动持有赞许的态度了①。只不过需要注意的是，对俄罗斯而言，内生于资本主义市场经济的有利于市场经济发展的意识形态、文化、道德甚至信仰的生成、发育和成熟之路仍然是漫长的。

第二节　俄罗斯中小企业发展的基本问题及政府扶持措施

　　前文的分析，着眼于影响俄罗斯中小企业的历史发展道路和经营传统、意识形态等非正式制度原因。那么，政府主导下的影响俄罗斯中小企业的所谓正式制度因素又会产生怎样的影响呢？它们对俄罗斯中小企业发展会产生哪些阻碍和激励作用呢？虽然早在 1996 年 2 月，俄罗斯小企业第 一 届 代 表 大 会 （ Всероссийский съезд представителей малых предприятий）就围绕贷款、投资、科技信息、管理人员培训等问题讨论通过了若干维护自身权益的方案，广大小企业主期望进一步明确地方政府与小企业的关系，强调政府执行机构和立法机关"不要干扰"小企业的生产经营②。但是，实际上这种干扰问题一直存在（见图 2 - 6）。接下来，将围绕中小企业面临的税收问题、行政壁垒、法律制度、融资和基础设施等几个方面的问题以及政府的相关应对措施展开分析。

①　Е. Ясин，А. Чепуренко，В. Буев，Шестоперов О. Малое предпринимательство в Российской Федерации：прошлое，настоящее и будущее［М］. М.：Новое изд - во，2004：8.
②　［俄］《俄罗斯小企业家第一届代表大会文献》（莫斯科），1996 年，第 34 页。

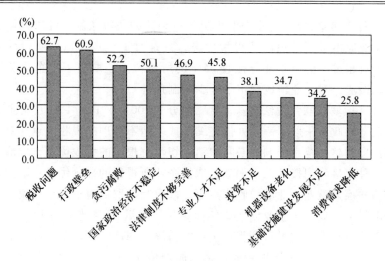

图 2 - 6　阻碍俄罗斯中小企业发展的因素

注：因为此比例为重复选择题，所以图中比例总和大于 100%。

资料来源：Горфинкель В. Я.，Швандар В. А. Малый Бизнес：Организация，Экономика，Управление［M］. Москва：ЮНИТИ - ДАНА，2007：467。

一　税收

由于中小企业在资金积累上的先天不足等原因，它们对税收的缴纳问题比较敏感。1992 年以来，税收问题一度是制约中小企业发展的重要因素之一。1994 年，俄颁布《关于税收和结算法》后，小企业的赋税额增加了 1.5—2 倍。企业除了缴纳所得税之外，还要缴增值税、消费税、保险基金、养老基金、退伍老兵基金等。上述税款相加，占企业利润的40% 左右，严重挫伤了小企业的生产积极性。1995 年 12 月 29 日起，为了简化税收制度，与大型企业集团不同的是小企业必须支付增值税，这也影响了小企业的竞争力，使消费者购买力下降。另外，根据 1995 年的税法，各地方政府有权自主确立税率，结果造成各地区的企业税负差别甚大。同样的商店在相邻的两个城市纳税额就要差 3—4 倍。1996 年，俄记者对西伯利亚市和别尔茨克市共 300 家小企业进行过调查，在问及什么是小企业发展的最大障碍时，65% 的人回答：税收太高[1]。1997 年通过的俄

———————

① 　邱莉莉：《俄罗斯小企业在市场经济中的发展》，《世界经济与政治》1998 年第 2 期。

罗斯《税法典草案》，对小企业规定了更刻薄的税收条款。税法典取消了对小企业原本微不足道的所得税优惠，只是对 1 亿卢布以内所得税征收 23%，对超过 1 亿卢布部分征收 35% 的所得税。还取消了小企业免缴增值税的做法，对企业留成规定了不少限制条件①。

自《俄罗斯联邦税法典》（第二部分）2001 年 1 月 1 日开始生效以来，俄罗斯政府采取了一系列措施缩减或取消不合理的税收优惠并对部分税率作出调整，普京强调，必须取消一切没有根据的税收优惠，取消对企业的各种直接和间接补贴。例如，取消企业所得税的部分优惠，减少对小企业和残疾人就业企业的税收优惠等。政府当局取消对中小企业税收优惠的理由是，原规定小企业创业 2 年内免税，以后 3—4 年内减税，结果出现优惠期一过即关门另行开张以逃税的情况，因此，新税制予以取消。

2001 年 3 月，在莫斯科举行第二届全俄中小企业主代表大会，会议围绕"文明的企业和审慎的监管"这一主题展开。大会指出，繁重的税收不仅阻碍了小企业的发展，也迫使小企业不得不遁入影子经济②。会议形成的报告材料引起了当局的重视，为了真正地给中小企业减轻赋税，2002 年 4 月初，俄罗斯政府召开专门会议讨论小企业发展的问题，提出了进一步减轻小企业税负的方案。普京提出，俄罗斯政府必须对小企业实行更加优惠的课税制度，即减轻税收负担和简化核算、报表制度。俄国家杜马 2002 年 7 月也召开会议专门研究如何加强对小企业的支持，并且，通过了简化小企业纳税方法和降低小企业税负的法律，该法于 2003 年 1 月 1 日起开始实施。该法规定对小企业实行五税合一，将利润税、销售税、财产税、统一社会税和增值税合并为一个税种即"小企业统一税"。而且，小企业可以自己选择纳税方式：按营业额的 6% 或按利润额的 15% 缴纳，小企业可以自主选择两者之一。到 2005 年 1 月 1 日将全部按净收入缴纳税金。据俄财政部估计，改为小企业统一税后，小企业的税收负担减轻 50%—80%，而且简化了税收方式，约束了地方政府随意确定缴税

① 尹柳营：《他山之石——中小企业发展的经验与案例》，清华大学出版社 2005 年版，第 278 页。

② В. Я. Горфинкель，В. А. Швандар，Малый Бизнес：Организация，Экономика，Управление［M］. Москва：ЮНИТИ－ДАНА，2007：457.

比率的权力。适用于这一新税法的中小企业包括在 2003 年年底前 9 个月的营业额少于 1100 万卢布、职工人数不超过 100 人的小企业[①]。

目前，80% 的小企业选用了上述纳税办法，国家也因此获利。2004—2005 年，小企业纳税额增长了 1 倍，2004 年征缴额为 410 亿卢布，2005 年增加到 820 亿卢布。但在税收方面影响小企业发展的因素仍然存在。比如，从 2006 年起，对收入定额税制度进行修改后，又将确定税率的职能移交给了城镇税务机关，各地区根据本地实际情况确定税率，有些地区遂将其提高了 8 倍。

二　行政壁垒

行政壁垒问题的产生，一方面源自行政机构本身的重叠和无效率，另一方面来自行政管理机构的腐败。后者带给中小企业的过高交易成本、预期的不确定性等严重阻碍了既有中小企业的发展，并"吓阻"了潜在的创业者。分析行政腐败对中小企业发展的影响，首先得考察中小企业发展过程中涉及的行政因素，包括企业注册程序、许可证管理制度、行政监察、商品和服务许可证制度、监督性收银技术的使用等。涉及如此多的环节，如果任凭腐败风气蔓延，后果不堪设想。过度的官僚主义、繁杂的申请程序，以及申请营业执照时间过长且申请费用过高等[②]，已经阻碍了中小企业的发展。要知道，和大型企业相比，腐败对中小企业的消极影响更为严重，因为后者没有足够的资源去"收买"政府官员。作为经济改革的一部分，俄罗斯前总统普京曾宣称："腐败和臃肿重叠的官僚机构正在窒息小企业的发展，我们希望小企业将成为改革的引擎，将在经济中占有适当的地位，但这种希望还没有实现。"

贿赂是严重影响企业活动的主要因素之一。由于俄罗斯国家公务人员的薪资不高，因此，常常凭借其能够管制企业活动的权能来收取贿赂。频繁的贿赂经常出现在苏联的旧权贵身上。尤其是在转型期政府规制失序的条件下，贪污受贿严重干扰了正常的市场秩序的创设，给经济发展带来严重的负面影响。恰如有研究指出的那样，贪污受贿不但会使得国内外投资

---

①　郭连成：《俄罗斯经济转轨与转轨时期经济论》，商务印书馆 2005 年版，第 287 页。

②　成立企业必须向银行开户和向市政当局、税务统计局及社会福利基金会（退休金、医疗保险、社会保险、就业）登记注册，在俄罗斯办理执照是一个复杂且花费相当高的程序。

减少，还会遏制经济增长率。贪污受贿越严重，对税收方面造成不利的影响越大。2003—2005 年，俄罗斯反贪局的调查显示，2003—2005 年间贪污受贿的情况增长了 11 倍，特别是在莫斯科市、莫斯科州、圣彼得堡、克拉斯诺亚尔斯克边疆区，这些地区的贪污受贿情况很严重①。普京将此问题归咎于政府，尤其是那些发放执照的机构，如检查和监管机关，因为它们在中小企业的各个发展阶段都在不断勒索，严重阻碍了中小企业的发展。

即使在整个普京时期，腐败现象都没有得到彻底改观。俄著名民调中心列瓦达调查中心于 2008 年 3 月 14—17 日对俄总统普京执政 8 年政绩所做的调查显示，俄民众对于普京总统在这执政 8 年取得的经济成就表示满意，但认为普京在反贪污腐败、犯罪和限制寡头权力方面未能取得成功。此次调查共有 1603 人参加，误差率为 3%。如今的俄罗斯，贪污腐败已经严重到阻碍经济发展的地步。俄公众已经把警察、政客与公务员列在所谓"最接近犯罪的职业"中的前三位，而真正的小偷、毒品贩子和恐怖分子反倒列在了后面。普京在任的 8 年里曾试图用不断加强的中央集权遏制腐败的蔓延，然而政治集权也会带来国家机器的进一步官僚化，腐败程度也因此变得更加严重②。

新当选总统梅德韦杰夫针对俄工商界对腐败、高额税收和过度监管妨碍小企业发展的抱怨，对腐败行为提出了严厉的批评，他指出，卫生、消防、警察等执法监管部门官员随意检查小企业，经常是出于勒索钱财的目的。必须禁止这种不当行为。他建议监管部门不得无故进入小企业，除非得到法院或检察部门指示。他说，这一建议断绝了那些官员的不当财路，可能会让他们"心胆俱裂"。梅德韦杰夫还要求政府修订相关法律，确保小企业不被政府官员强行要求签署利益输送的"可疑合同"。他指出，"这显然是一种法律掩盖下的贿赂，以前是把贿赂装在信封里，现在披上了一层合法外衣"③。由此可见，围绕中小企业的行政腐败问题的根本解

① В. Я. Горфинкель，Швандар В. А. Малый Бизнес：Организация，Экономика，Управление［M］. Москва：ЮНИТИ－ДАНА，2007：466.

② 《俄民众不满普京未能控制贪污腐败和贫富分化》（http：//world. huanqiu. com/roll/2008－03/79033. html）.

③ 梅德韦杰夫：《"反贪"护驾小企业》（http：//news. xinhuanet. com/newscenter/2008－03/29/content_ 7873164. htm）.

决仍须俄罗斯政府的不懈努力。

三　法律制度

转型过程中的俄罗斯，法律得不到尊重是国家制度能力弱化的恶果之一。尤其是在叶利钦时代，由于国家决策部门之间缺乏协调，比如，总统与议会之间经常意见相左，又因为政府掌控的资源极为有限，很难提供激励引导经济主体严格依法办事等原因致使法律间互相冲突、矛盾的现象时有发生，加之法律本身规定烦琐不清，法律条款经常变更及政府随意地行政干预等，使得企业经营活动不能顺利开展。同时，利益集团为了阻止新竞争者的出现，也极力阻碍通过、实施明确的立法和税收制度。

在这种背景下，为了促进小企业的发展及创造良好的经营环境，俄罗斯联邦政府先后通过一系列专门扶持小企业的法律。1991 年 7 月 18 日俄罗斯联邦政府第 406 号法令第一次明确了小企业范畴，规定了组成原则和条件①，提出了支持小企业的计划或纲要、纲领。同时，通过立法的形式直接规定小企业发展的内容并赋予法律效力。1993 年 5 月 11 日通过俄罗斯联邦法令《关于在俄联邦发展和扶持小企业的优先措施》。法令指出，重大经济改革的方向之一应扶持小企业发展，此外也指出，应优先发展小企业。1995 年 6 月 14 日，俄罗斯联邦政府颁布了《俄罗斯联邦国家支持小企业法》，以立法的形式确立了小企业的法律地位，并规定了扶持小企业发展的主要方向②：（1）建立扶持小企业发展的基础措施；（2）为小企业提供政府财政援助、信息支持、技术辅导及技术研发扶持，并创造一个良好的环境；（3）简化小企业申请活动中的许可证、产品认证、提交财务报表等登记手续；（4）扶持小企业对外出口；（5）为小企业提供管理、培训，以及提升干部素质的技术。

虽然俄政府想建立一个完善且有利于小企业发展的法制环境，推出了系列扶持小企业发展的联邦计划，但由于联邦中央缺乏资金，经常导致联邦计划无法顺利实施；尽管通过了许多新条文，但拨款费用并未全额拨付

---

① Постановление Совета Министров РФ от 18 июля 1991г. N. 406 "О мерах по поддержке и развитию малых предприятий в Российской Федерации".

② Федеральный закон "О Государственной Поддержке Малого Предпринимательства в Российской Федерации" (Москва: Издательство "Омега – Л", 2007 г. с. 3 – 13.

到位，且因政府的法律执行力不够，许多条文并未落实。自 1994 年制订《1994—1995 年联邦政府扶持小企业计划》以来，到 2002 年政府已经制订了 5 个发展计划，但由于国家财力极度匮乏，每个计划几乎都流于形式，只能完成其中很少的一部分，由此还造成了法律间缺乏一致性的情况①。

另外，在中小企业的雇员权益保障方面，相关法律仍有待进一步完善。苏联解体以后，原有的社会保障体系遭到破坏，工人随时都有被解雇的危险。然而，立法机构并没有制定专门维护小企业雇员权益的法律法规，小企业对职工的权益保护方面仍遵循 1992 年修订的《俄罗斯联邦劳动法典》。但该法的很多规定至今都已经过时，比如，该法只规定员工人数达到 100 人以上的公司和组织必须承担保护员工生命安全的责任，因此，对于大多数雇员在 100 人以下的小企业的员工来说，当从事较危险的工作时，并没有任何权益保障。2006 年 6 月 30 日总统批准了新的《俄罗斯联邦劳动法典》，依照新法小企业主将承担劳动保护的责任，以维护职员的正当权益。但现实情况常常是因为法律制度不够完善，在想极力降低劳动成本支出、逃避缴纳税收的小企业主和宁愿获得更高的工资且不必纳税的雇员之间，达成一种共识，已经促成了一种比较灵活、隐蔽和易于解除的劳动雇用关系。无疑，这造成了事实上的中小企业雇员利益无法获得保障的问题。

普京执政以来，强化国家秩序和宏观调控能力，积极推进法制建设，规范与中小企业主体有关的法律行为。2001 年 8 月通过了《在国家监督控管之下，保护企业法人的权利及个体企业》、《关于活动种类许可证》、《关于国家注册法》等联邦法律的目的就在于，消除行政壁垒，消除阻碍或限制企业的活动，简化涉及活动种类许可证的数量，简化申请许可证的程序，以及简化注册条件，缩短申请注册期限②。同年 12 月 19 日在普京主持的国务会议上确立了《扶持和发展小企业国家政策构想》，此构想制

---

① 81 项拟定措施中真正彻底执行的只有 53%，执行至一半的措施有 25%，尚未执行的措施有 22%。参见 В. Я. Горфинкель，Швандар В. А. МалыйБизнес：Организация，Экономика，Управление［М］．Москва：ЮНИТИ – ДАНА，2007：440 – 441。

② В. Я. Горфинкель，В. А. Швандар，Малый Бизнес：Организация，Экономика，Управление［М］．Москва：ЮНИТИ – ДАНА，2007：439 – 440.

定了 8 项措施①：（1）完善小企业立法；（2）简化和减少税收；（3）提供
财务信贷支持；（4）对于使用国家和地方的不动产给予优惠；（5）提供信
息支持；（6）加强人才培训；（7）确保避免不正当的竞争；（8）政府机关
提供有效支持。俄罗斯政府还于 2003 年通过了反垄断和扶持小企业部门提
出的支持小企业的一系列措施，其中包括降低对于小企业的税务行政管理。
俄罗斯国家杜马也于 2003 年一审通过了关于国家对小企业扶持的联邦法
案②。除了以上政府所颁布的联邦法律之外，在叶利钦时期和普京时期，
政府也制定且宣布了许多促进俄罗斯小企业发展的目标及措施。

　　一些重要法律得以重新修订，比如《税法典》、《国家注册法》、《国
家采购法》等，但也造成了原来有关支持小企业的法律无论是对小企业
还是对政府支持小企业而言都已不再适用的情况。2007 年 7 月，普京签
署了《俄罗斯中小企业发展法》，重新确定了企业的分类标准，重新划分
了联邦中央和地方政府对小企业发展方面的职能。但该法律只是框架性
的，地方政府将结合本地区情况制定地方性法规。该法的实施效果还有待
于进一步考察。

　　四　融资

　　转型期中小企业融资问题一直受到各界广泛关注，中小企业获取资金
的制约因素，一方面来自自身，因为中小企业天然的规模较小、缺乏信用
记录、市场小、风险高；另一方面，来自金融机构的创新不足，俄罗斯整
个金融体系被大型垄断型工业集团和能源出口部门所主导，银行在运用现
代贷款技术以及设计适合小企业贷款的产品和管理贷款的投资组合方面缺
乏动力。对于提供贷款给小企业，银行是非常谨慎的，尤其是对被认为充
满风险的新创办的小企业③。出现这种情况的部分责任应归咎于政府，一

① Заседание Государственного совета №5 . О поддержке и развитии малого и среднего
бизнеса，" Концепция Государственной Политики Поддержки и Развития Малого
Предпринимательства в Российской Федерация（Проект）"，http：//www. kremlin. ru/text/stcdocs/
2001/12/30892. shtml.

② 该法案将以联邦法律补充条款的形式体现，根据这一法案，允许银行对于小企业的发展
提供贷款，数额控制在 30 万卢布以内，以现款形式支付，不计入结算账户。参见靳会新《俄罗
斯小企业探析》，《西伯利亚研究》2005 年第 6 期。

③ Vincent Edwards, Gennady Polonsky & Avgust Polonsky，*The Russian Province After Commu-
nism：Enterprise Continuity and Change*［M］. New York：St. Martin's Press, 2000：115.

是因为政府鼓励银行投资公债的做法挤占了银行对包括中小企业在内的生产领域的投资。二是政府企图发展小企业的国家计划，往往因为预算原因未被严格执行，如此多的未落实的部分，足以使人怀疑政府促进小企业发展的意图的真实性。三是扶持小企业的联邦基金所分配的有限资源大多被各级政府滥用。四是政府在推动建设灵活富有效率的金融体系上不作为，无论是在中小企业直接融资市场体系的建设，还是间接融资体系的建设上都是如此。

由于银行体系沿袭苏联解体之前的旧体制，缺乏足够的资金提供给私有部门。与政府及国有企业在国内贷款比例中占有非常高的比例不同，小企业贷款在大部分银行债务中占的比例非常小，例如，在奥尔格莱斯银行（Оргрэсбанк），中小企业任务，只占其银行债务中5%的比例；在阿万格拉德银行（Авангра），中小企业债务比重不到0.5%；小企业贷款比例较明显的只出现于工业商业银行（Пробизнесбанк），占到了20%。小额贷款在一定程度上对银行来说，并不具较高的盈利，例如，工业商业银行（Пробизнесбанк）提供小额贷款的每笔最高限额为1万美元，投资开发银行（БИН-банк）和阿万格拉德银行（Авангра）为2万美元，奥尔格莱斯银行（Оргрэсбанк）为10万美元。KMB银行（КМБ-банк）① 提供最小额的贷款金额为1500卢布。虽然俄罗斯银行给予小企业不多的贷款，但贷款的利率却比贷给大型企业资金的利率高很多，例如，KMB银行（КМБ-банк）贷款1000美元的利率为24%，3万卢布的利率为36%，如果贷款金额越多的话，利率可降低至15%—28%之间②，但仍然偏高。

虽然成熟的抵押市场或者担保市场，也是有效解决信贷问题的重要渠道，但俄罗斯在这方面正处在起步阶段，尚不能发挥重要作用。由于小企业获取资金困难，直接影响到了投资问题，从1997年起至2001年，小企业对于固定资本的投资从5.4%降低至2.9%，尽管自2002年以来开始增长，也只是由2.8%增至2006年的3.7%而已。1997—2004年，工业、建

① 欧洲复兴开发银行（ЕБРР）的子公司，专门承办给予中小企业贷款业务。
② В. Я. Горфинкель , В. А. Швандар, Малый Бизнес: Организация, Экономика, Управление ［М］. Москва: ЮНИТИ－ДАНА, 2007: 348.

筑业等部门的增长情况曾出现几多反复，但是，除了商业和餐饮业部门的固定资本投资从 15.1% 增加至 23.6% 之外，其他的如工业固定资本投资则从 25.6% 降至 23.4%；建筑业部门则从 40.9% 降至 26.9%（见表2－1）。

表 2－1　　　　　　　俄罗斯小企业固定资产投资　　　　　单位：亿卢布、%

年份	固定资产投资额	占总量比重	工业	建筑业	商业、餐饮	其他
1997	221.0	5.4	25.6	40.9	15.1	18.4
1998	192.7	5.5	19.0	31.8	29.1	20.1
1999	178.9	2.7	31.2	34.3	18.0	16.5
2000	297.7	2.6	38.9	23.9	16.9	20.3
2001	434.6	2.9	25.7	22.6	29.0	22.7
2002	510.0	2.8	28.7	26.0	20.5	24.8
2003	673.0	3.1	22.5	31.3	18.4	27.8
2004	992.3	3.6	23.4	26.9	23.6	26.1

资料来源：Малое предпринимательство в России. 2001, 2005: Статистический сборник. Госкомстат РФ, М.：2001 г.．；2005г。

俄罗斯政府为帮助小企业通过银行融资，采取了一些措施，其中包括 2004 年政府对总额为 30 亿卢布的"俄罗斯发展银行"的贷款提供国家担保。小企业利用这一机制获得贷款 2400 笔，其中 63% 是两年期、年利率为 16.8% 的贷款，低于对小企业放贷的市场利率。从 2005 年 12 月起，实施《促进地区和城镇建立小企业担保基金的联邦纲要》；开始建立对小企业贷款的政府担保机制。尤其值得一提的是，2005 年联邦预算多年来首次划出 15 亿卢布，用于支持小企业的发展。为了用联邦预算资金吸引地方预算资金、使对中小企业更具信息优势的地方政府的决策更加符合中小企业的需求，促进地方政府制定新的更有效率的支持小企业发展的纲要，2005 年 4 月，俄政府第 249 号决议提出，用于支持小企业发展的联邦预算将提供给联邦主体，由联邦主体再根据地区经济发展情况，从本级预算拿出部分资金，对小企业发展项目共同提供资金支持。具体的融资程序为，俄经济发展和贸易部在与地方政府签订协议后，将补助款划拨到联邦主体账户上，但规定只有在联邦主体批准了本地区预算拨款数额后，联邦预算划拨的资金才可被使用。

另外，2005 年针对小企业信贷融资，政府启动了微型金融业发展纲要，目的在于降低数额为 3000—30 万卢布的小额贷款成本，通过补贴银行贷款利息，为小企业合作社提供信贷，合作社再将银行贷款提供给合作社会员。2005 年，19 个联邦主体启动了这一纲要，联邦预算和地方预算拨款总额达 5830 万卢布，可对 9.5 亿卢布的贷款提供利息补贴，对 1.5 万个信贷合作社会员提供支持（关于俄罗斯中小企业融资情况的详细分析，详见本书的第四章）。

五　基础设施

首先，在享有不动产设施方面，俄罗斯中小企业仍面临很大障碍。俄罗斯平均只有 15%—32% 的小企业拥有自己的办公场所，仅有 1/4 的小企业与国家或地方政府签有办公场所租赁合同。同时，因为信息不对称问题，使得很多处于闲置状态的非民用房屋，尤其是国家所有和市政所有的不动产得不到有效配置。另外，根据法律规定，2009 年前出租给小企业的房产可能将被私有化，一些小企业可能因此失去办公场所。为此，俄罗斯政府于 2003 年 2 月 27 日修改了《俄联邦国有及市政资产私有化法》，对小企业租赁国有或城镇所有房产的期限作出修改，规定已购房产的小企业可延期 3 年付款、减少房产私有化范围等。目前有人倡议国家和市政当局通过建设旨在租赁或出售给小企业的不动产主体的方式，或能为中小企业提供资产扶持。但是，从长期来看，这又会滋生腐败，不利于经营环境的改善。

其次，在生产用地方面。在目前的土地市场上。国家处于垄断地位的情况下，权力机关的权限伸缩性很大，导致它们只对租赁权和不透明的、复杂的建筑用地的批复程序感兴趣，尤其是在与经营者打交道的过程中，逐渐形成了独具特色的"影子经济"和私下交易市场。这无形中提高了中小企业的经营成本，经营风险提高。这类问题的解决只能寄希望于私有化改革的深化，在引入竞争机制的基础上把国家和市政所有的地块出售给自然人和法人，以提高建筑用地的使用效率。

再次，在享用公用设施和电网方面，中小企业普遍受到不同程度的限制，尤其是偏高的电价费用，极不利于那些生产加工型企业的发展。俄罗斯的电价分为市场价和国家调控价两部分，对小企业用电执行的是过高的市场价，这使得小企业的生产成本过高，产品的价格优势受到影响。而且，开通电网还得一次性缴纳数额不菲的开网费，这无疑又增加了中小企业的启动成本，抬高了创办企业的门槛。以莫斯科为例，如果想开家规模不大的饭店，开通电网就要交 400 万卢布，这还不包括增值税；若想在俄罗斯南部地区开家小厂，开通电网甚至要交 3000 万卢布。即便如此，2007 年，俄罗斯新开业的中小企业要求开通电网的申请还有 60% 被拒绝。目前，俄政府通过推进科技园区、创新技术中心、科学城、技术推广型经济特区等项目的建设，局部改善了这方面的紧张局面，但进入这类"特殊优惠"项目的小企业毕竟是少数。

最后，信息基础设施的构建。对于小企业来说，非常重要的是商业、法律、咨询和其他方面的信息支持，特别是在企业的创建和最初运作阶段，尤其需要包括法律援助和信息服务中心等在内的信息支持设施[①]。在这个全球化日益加深的时代，这类信息对那些出口加工型中小企业而言颇为重要。为了使小企业不致因信息闭塞而坐失良机，需要充分利用互联网，在开展传统商务电子化的同时，开展电子化商务，以促进信息类中小企业的稳步发展。根据 2000 年对圣彼得堡 200 家小企业的调查，利用互联网的小企业比例还是比较小的，其中，51—100 个雇员的中小企业利用互联网的比重为 50%，规模为 31—50 人、11—30 人、6—10 人的小企业，利用互联网的比重依次为 32%、30%、27%。按照行业来看，除了科学和科技服务类中小企业利用互联网的比重较大为 78% 之外，工业和建筑业比较低，分别为 42%、40%。比例如此之低的一个重要原因就是财务上的制约。另外，很大一部分的中小企业经营者不知道如何将自己的业务和电子商务结合起来[②]。普京上台后试图尽快改变这一面貌。2001 年3 月俄罗斯推出了一份向信息化社会过渡的纲要《至 2010 年俄罗斯信息

　　① 中华人民共和国商务部欧洲司、中国社会科学院俄罗斯东欧中亚研究所联合课题组编：《俄罗斯联邦社会经济发展中期纲要》（2003—2005），载《俄罗斯经济发展规划文件汇编》，世界知识出版社 2005 年版，第 28 页。

　　② Российское обозрение малых и средних предприятий 2001 ［R］. Ресурсный центр малого предпринимательства. Тасис СМЕРУС 9803.（Программа Технического содействия СНГ；совет министров Европейского союза）Москва, 2002：227 - 228.

化发展联邦目标纲要》，该纲要提出的宏观目标之一就是为公民和组织提
供综合信息产品和服务。总体来看，虽然与国内其他产业相比，俄罗斯信
息通信产业发展较快，但在实现信息化方面仍明显落后于西方发达国家。
全国范围内的网络基础设施尚处建设、完善的过程中，通信网落后于西欧
10—15 年，社会应用程度尚未得到深化和大范围普及。要改变这种状况
必须集众部门之合力，俄罗斯经济发展部、俄罗斯联邦反垄断政策部、扶
持小企业联邦基金会及其他政府机构，应当联合俄罗斯工商局等部门借鉴
国际经验，在俄罗斯及其他独联体国家设立一个在线咨询系统，以便于中
小企业了解市场行情；同时，为了保护国内食品业及轻工业，必须建立一
个可信赖的信息咨询机制，比如，编辑产品规格目录、提供标准化信息以
及进行环境监控等；建构一个公开的和其他政府制度具有一致性的制度，
此制度目前已成为联邦重点计划"电子化俄罗斯"中的一部分。

第三章　叶利钦时代的俄罗斯中小企业发展

前文分析了影响俄罗斯中小企业发展的一般性制度因素，那么，出现这些因素的转型背景是什么，其对中小企业发展的影响又将怎样演化，对这些问题的解答是正确判断俄罗斯中小企业发展的必要条件。对作为典型的转型国家的俄罗斯而言，上述答案的探寻必须与其具体的经济政治转型进程结合起来。换言之，俄罗斯中小企业发展问题，面临的最大约束条件就是俄罗斯经济政治的转型。

从叶利钦时期到普京时期，俄罗斯的转型进程呈现出迥然相异的特色。从完全信奉"华盛顿共识"而选择"休克疗法"、逐步修正宏观调控政策，到普京上台后的重塑国家权威、重新调整国家企业间关系、重新重视产业政策以强化国家经济调控能力再到混合经济模式的推行。可以说，仍然在演变中的俄罗斯转型的每一步都对中小企业的发展产生了极大的影响。

正是基于上述考虑，接下来将分两章在前文分析的基础上分别探讨叶利钦时代和普京时代俄罗斯中小企业的发展问题，以使对中小企业发展阶段及其未来趋势的分析更加深入。肇始于苏联后期自发私有化的俄罗斯中小企业，在叶利钦时代的发展经历了短暂的奔腾式增长之后便是漫长的停滞。叶利钦时代是俄罗斯经济政治转型的初始时期，后来的转型过程路径依赖于该关键时期。探索分析这一重要时期与俄罗斯中小企业发展之间的逻辑关联是十分必要的，这能使我们更好地了解俄罗斯中小企业早期的发展问题以及之后的演变路径。

第一节 自发私有化、小私有化
与中小企业发展

俄罗斯小企业的形成和发展，与私有化的进程有密切的关联。俄罗斯的私有化大体上可分为自发私有化、小私有化和大私有化，小企业正是在自发私有化和小私有化的过程中产生并得到发展的。所谓自发私有化是指苏联后期一些企业领导人利用 1987 年苏联政府批准的《苏联国有企业法》给予企业经理的自主权和 1988 年通过的《苏联合作社法》的有关条款，将国家资产转变为私人财产的历史现象。他们的通常做法是，一些人利用不同经济成分之间的产品价格差进行套购、走私而发财；另一些人利用苏联晚期的混乱局面，肆无忌惮地侵吞国家资产，另行创建和发展个人所有的企业或以亲友名义开办私人企业。到 1991 年年底，俄罗斯已经建立了大约 25 万个小型私人企业，其中包括法律允许的合作社企业。到 1992 年 2 月，企业经理和职工共租赁 9451 家企业，在其中工作的工人占全国工人总数的 8%[①]。所谓小私有化（1992 年 1 月—1993 年 12 月）是指商业、服务业企业及小型工业、运输和建筑业企业的私有化。小私有化从 1992 年年初开始，于 1993 年年底基本结束。小私有化的目的是把有关领域的小型企业转归个人所有。小私有化的方式主要是赎买租赁的财产、投标、拍卖和建立股份制企业。

一 产权改革的直接影响

在苏联解体之前的几十年时间里，带有明显私有性质的小企业活动被界定成一种违法犯罪行为。就是在这种不利环境下，所谓的"地下经营活动"开始出现。事实上，在戈尔巴乔夫改革时期已经开始通过租赁、个体劳动活动和组建新型合作社等方式，允许私人开展经营活动的尝试。1987 年 5 月《苏联个体劳动活动法》开始实施。有了这部法律，才使得经营活动在"劳动"一词的伪装下合法化。紧接着，1987 年 6 月 30 日颁布的《苏联国有企业（联合企业）法》，对租赁关系的发展起到了重要的

---

① 冯舜华：《俄罗斯的股份制和公司治理》，《世界经济》2001 年第 11 期。

推动作用，这是苏联第一部有关企业管理的法律，它规定企业由以前国家计划的执行者变成独立的生产者，允许企业内部自治，推行完全的经济核算。1988年7月《苏联合作社法》开始生效①，该法则进一步推动了经营活动的发展。正是因为这部法律的通过，在建筑、商品生产、大众饮食和日常服务领域里出现的合作社的数量在1988年增长了10倍，就业人数也增长了10倍，商品和服务的总额则增长了近20倍。从合作社成员数目的增长可见一斑②（见图3-1）。同年8月，国家允许集体农庄和国营农场将土地出租给家庭和个人，租期为50年，并且允许土地承租者在农忙时使用雇用劳动。苏联的对外经贸活动也开始出现自由趋势。与此同时，一些旨在保护经营活动的措施也开始实施。上述法律的通过，引起了各阶层居民对经营活动的积极响应。仅从1988—1989年，从事个体劳动活动的居民就从42.9万人增长为72.3万人，增长了69%。

　　小企业经营由非法、半合法、半地下性质到真正合法化的转变是由小私有化开始的，产权归私人所有的激励效应真正得以体现，这一改革实现了小企业范围的产权变革，为市场经济体制的建立塑造了最基本的主体力量。

　　从小私有化后形成的小企业的所有制结构来看，在1995年，约90万个小企业中国有制企业占2%，社会组织所有制企业占1%，混合所有制企业占19%，私人所有制占85%③。1997年，私人所有制企业占到89%。到2000年，私营企业占到90%以上。也就是说，90%以上的小企业已经实现了产权从非排他性状态向排他性状态的转变，这为小企业经营活动的效率提供了最基本的制度保证。明晰的产权以及与之相联系的利益激励，把成千上万的"经济人"推上竞争性市场，开始为自己的利益最大化而努

---

　　①　自1985—1989年年底，苏联先后通过了三部具有代表性的推动所有制改革的单行法律，即1987年的《苏联个体劳动活动法》和《苏联国有企业（联合企业）法》以及1988年的《苏联合作社法》，从理论上取消了多年来坚持的国家所有权的统一性和唯一性，并在保持国家所有制占有主导地位的前提下，提出各种所有制形式相互平等的原则。改革的初步结果使自然人和法人从原来的无权地位转变为相对独立的权利主体。裴敬梅：《俄罗斯物权体系的恢复与重建》，《法制日报》2005年8月4日（http://www.npc.gov.cn/npc/oldarchives/zht/zgrdw/common/zw.jsp@label=wxzlk&id=340132&pdmc=1502.htm）。

　　②　在改革之初，"合作社"这一说法开始被当做部分私营部门的掩护名称使用。在某些情况下，它意味着私营合伙方式；在其他情况下，它指的是一群雇用雇员的私人所有者。

　　③　许新：《叶利钦时代的俄罗斯》经济卷，人民出版社2001年版，第147页。

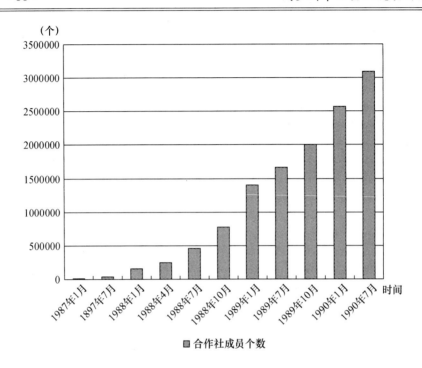

图 3 - 1　苏联所谓"合作社部门"的增长

资料来源：［匈］雅诺什·科尔奈：《社会主义体制——共产主义政治经济学》，中央编译出版社 2007 年版，第 411 页。

力。如果再继续以往的生活方式将使得业已下降的生活质量更加恶化，甚至生存都会成为问题。这是传统的计划经济体制下绝对不会产生的社会经济现象。当然，作为私有化整体步骤的第一个阶段的小私有化，对中小企业的影响不仅仅体现在产权的私有化上，还体现在"小"上。因为，虽然这些中小企业几乎完全是私有的，但当对其微观经济效率进行考察时会发现，与大公司相比它们的效率优势还源于其较小的企业规模，而并不完全起因于中小企业的私人所有。如果说私有部门的另一个组成部分，即刚刚被非国有化的大企业效率较为低下的话，那么这种效率上的差别与以下多种因素有关：大企业复杂的结构；在大单位实施竞争性管理的困难；大公司需要比中小企业更为复杂的制度环境等。相比之下，中小企业则更容易建立竞争基础，并且对市场信号的反应更加灵活①。

二　小私有化方式及其影响

小私有化的方式主要有赎买租赁的财产、投标、拍卖和建立股份制企业四种。

1992年上半年，重点是在以前签订的租赁合同的基础上，在具备赎买条件的情况下，对商业、饮食业和服务行业领域的小企业进行私有化改造。赎买租赁财产具体是指将国有企业的资产租赁给企业劳动集体，劳动集体以获得的利润赎买租赁的资产，变为集体所有制。而租赁承包则发端于戈尔巴乔夫时期，集中体现于1989年11月当时的苏联立法机构通过的《关于租赁的原则》。该法令规定的租赁制实施过程是，一开始企业先改为租赁，一般由原职工集体承包或租赁。租赁后，租赁人有权赎买企业的固定资产，将企业变成股份公司，职工成为股东。例如，莫斯科水晶玻璃厂于1989年改为租赁制，1992年变成股份公司，职工和厂领导成为股东。1991年前，苏联企业中有14%实行了租赁制②。苏联解体后，这种方式成为小企业私有化的基本方式之一。以这种方式实现私有化的小企业在1992—1994年间各年私有化的小企业总数中占的比重分别是32.1%、56.2%、31.7%。

1992年下半年和1993年主要是通过拍卖和招标的途径出售小企业。招标（即商业投标）指规定购买者必须履行一定的投资和社会义务，在此条件下将私有化对象出售给报价最高者的私有化方式。以这种方式实现私有化的小企业在1992—1994年间各年私有化的小企业总数中占的比重分别是45.2%、35.3%、52.2%。

拍卖是指在出售私有化对象时不附带任何条件，只按报价高低选择购买者的私有化方式。以拍卖的方式实现私有化的小企业所占的比重并不大，它在各年私有化的小企业总数中占的比重分别是：1992年占19.2%，1993年占4.6%，1994年占0.9%。股份制是指企业劳动者出资认股，使国有小企业变为股份合作制企业。以这种方式实现私有化的小企业所占比

---

① ［波兰］格泽戈尔兹·科勒德克：《向市场和企业家精神的转变——系统因素与政策选择》，《经济社会体制比较》2000年第3期。

② 张树华：《私有化：是福？是祸？》，经济科学出版社1998年版，第132页。

重也不大。它在各年私有化的小企业总数中占的比重分别是 1992 年，3.4%；1993 年，3.9%；1994 年，15.4%①。在以上四种小私有化方式中，以赎买租赁财产和商业投标的方式私有化的企业分别占小私有化企业总数的 43.7% 和 41.4%。

小私有化的实施，表面看来十分成功，比如，中小企业数量激增，市场短缺得到一定程度的缓解，中小企业部门从业者数量大增等。但长期来看却不利于中小企业的可持续发展，从占主导地位的小私有化方式来看，这只不过是当局对苏联戈尔巴乔夫时期已经启动的改革尝试的"追认"，是一种"存量"意义上的改革，并且主要集中在商业、饮食业和服务业，这些领域的中小企业满足于追求眼前利益，无暇顾及长远投资，偏好短期行为。而"增量"意义上的私有化方式，即有利于加工类制造类中小企业生存和成长的私有化方式，如建立股份制企业等却被当局忽视。

三　"非货币化"的影响

"休克疗法"的第一个步骤就是放开物价，这也是实施"休克疗法"的重头戏。与玻利维亚的"休克疗法"很快就抑制了通货膨胀不同，俄罗斯的"休克疗法"导致了通货膨胀的恶性发展。仅在 1992 年就出现 4 次涨价高潮，结果全年通货膨胀率高达 2680%。这直接导致了俄罗斯经济非货币化的蔓延。

俄罗斯政府规定，从 1992 年 1 月 2 日起，放开 90% 的消费品价格和 80% 的生产资料价格。与此同时，取消对收入增长的限制，公职人员工资提高 90%，退休人员补助金提高到每月 900 卢布，家庭补助、失业救济金也随之水涨船高。物价放开头三个月，收效似乎十分明显，购物长队不见了，货架上的商品琳琅满目，习惯了凭票排长队购物的俄罗斯人，仿佛看到了改革带来的实惠。可没过多久，物价开始失去控制，到 4 月份，消费品价格比上年 12 月份上涨 6.5 倍。政府原想通过国营商店平抑物价，不想黑市商贩与国营商店职工结成利益同谋，将商品转手倒卖，牟取暴利，政府预期落空，市场秩序极其混乱。由于燃料、原料价格过早放开，企业生产成本骤增，到 6 月份，工业品批发价格上涨 14 倍，如此高价令买主望而生畏，消费市场持续低迷，需求不旺反过来抑制了供给，企业纷

① 张聪明：《俄罗斯企业制度变迁》，甘肃人民出版社 2003 年版，第 224—225 页。

纷压缩生产，市场供求进入恶性循环。

伴随着价格的进一步放开和大量财政赤字的出现，俄罗斯持续发生"奔腾式"或高位通货膨胀。1992—1996年消费价格指数（%）分别为2680、1008、312、231和121.8。其中主要指标，如食品分别为2816、738、335、223和120；非食品分别为2246、841、257、216和120；服务分别为2652、1110、575、332和150。工业批发价格指数（%），1992—1995年依次为6164、1124、335和275。1999年的消费物价指数上涨32%，2000年又上涨20%多。

对此，俄政府似乎早有准备，迈出"休克疗法"的第二步，即开始实施财政、货币"双紧"政策。财政紧缩主要是开源节流、增收节支。税收优惠统统取消，所有商品一律缴纳28%的增值税，同时加征进口商品消费税。与增收措施配套，政府削减了公共投资、军费和办公费用，将预算外基金纳入联邦预算，限制地方政府用银行贷款弥补赤字。紧缩的货币政策，包括提高央行贷款利率、建立存款准备金制度、实行贷款限额管理等，欲以此控制货币流量，从源头上抑制通货膨胀。可是，实际发生的情况与预想的完全两样。

由于税负过重，企业生产进一步萎缩，失业人数激增，政府不得不加大救济补贴和直接投资，财政赤字不降反升。紧缩信贷造成企业流动资金严重短缺，企业间相互拖欠，"三角债"日益严重。政府被迫放松银根，1992年增发货币18万亿卢布，是1991年发行量的20倍。这也标志着财政货币紧缩政策的失败。由于，俄罗斯的这种通货膨胀属于短缺型通货膨胀（许新，2001），结果是货币越紧缩，生产越滑坡，货币的根基越不稳，通货膨胀压力越大，经济的非货币化压力也越来越大。反之，非货币化的蔓延使得通货膨胀越发不可控制，卢布的交易、价值储藏等货币功能几近丧失，这严重影响了市场交易行为的扩展，经济行为主体根本无法形成长远的市场预期，生产性投资激励极弱。然而，就在这种短期行为泛滥、易货贸易盛行的条件下，却产生了两个"意外"的结果：

第一，商业、中介服务领域的中小企业如雨后春笋般涌现，数量激增。这些领域的中小企业一般无须大额投资，资金周转快，反应灵活，并且，它们的业务大多集中于现货市场，易货贸易虽然提高了交易成本，但影响有限，大量的套利机会足以支持其生存。原因在于，价格自由化等政策和其他一些因素，比如战时工业综合体的停产、东欧市场以及其他一些市场的丧失等影响，之前形成的生产者、供应者之间的联系被完全隔断等因素为中小企业活动开辟了一块宽阔的天地。

第二，中小企业之间的商业关系网络开始生成和发展。在易货贸易盛行、经济非货币化程度加深的情况下，基于私人关系和个人信用的商业网络，在一定程度上弥补了外部制度支持的不足。但这也进一步促使经济的影子成分扩大，而且这种小范围的交易或商业网络的扩展同时也受到信用程度低、不稳定、难以迅速复制等不利因素的制约，这使得上述部门的中小企业很难摆脱地方化的束缚。（关于 20 世纪 90 年代中小企业间非正式商业网络的较为详细的分析，参见本章第三节）

第二节　大私有化与中小企业发展

与转型初期的小私有化相比大私有化属于更加深入的私有化改革，是对之前对国民生产有主要贡献的企业进行的私有化。当局的期望就是先瓜分蛋糕，然后再迅速把蛋糕做大。但是，这个过程是在国家政治权力极为不稳定的情况下进行的，强势利益集团绑架政府为自身利益服务的做法，使得大私有化过程变成了强势人物攫取俄罗斯优质资产的过程，这反而阻碍了市场制度的迅速重建，延缓了蛋糕的做大，严重损害了国家利益。中小企业成为第一批牺牲品。

一　大私有化的发展阶段

俄罗斯的大私有化是针对大中型企业而言的，即职工人数在 1000 人以上、至 1992 年 1 月 1 日企业的固定资产账面净值在 5000 万卢布以上的大型企业。政府的做法主要是对这些企业实行股份化，即先将其改造成开放型的股份公司，然后通过出售股份来实现私有化。这一过程是通过证券私有化、货币私有化以及个案私有化三个阶段进行的。历时两年的证券私有化（1992 年 7 月—1994 年 6 月）是一次大规模的群众性私有化运动，其特点是国家通过无偿发放私有化证券来转让国有资产。俄罗斯公民每人可获得面值 1 万卢布的私有化证券，他们在政府规定的若干私有化证券使用方式中有自由选择的权利。企业职工可以按优惠条件用私有化证券购买所在企业的股票，也可以在专门的拍卖市场上购买任何企业的股票。公民也可将私有化证券存入投资基金会或出售私有化证券以获得现金。

证券私有化是"休克疗法"在所有制改革中的充分体现，是改革者在快速私有化的政治要求与俄罗斯居民缺乏支付能力的客观现实之间做出妥协的结果。它符合盖达尔的所谓全民的财产应该全部归还人民的改革主张，其无偿性有力地推动了私有化的快速进行，从根本上改变了俄罗斯的所有制结构。但是，证券私有化过程没有同投资过程结合起来，所以不能保证企业进行改造时所必需的资金，从而无法引进资本、技术和先进的管理经验。

现金私有化（1994年7月—1996年12月）是指以市场价格出售国有企业的股票，有偿地转让国有资产。与证券私有化相比，第二阶段私有化的主要目标是从追求政治目的转向注重经济效益和刺激生产性投资。也就是说，现金私有化要符合俄罗斯政府在《1995—1997年经济改革和发展规划》中所规定的三个前提条件：（1）能保证形成真正负责任的能有效经营管理的所有者。（2）现金私有化要有利于促进对企业的投资。（3）要积极寻找对无效率企业感兴趣的投资者，以盘活部分优质资产。

为了实现上述目标，政府采取了一系列新的不同于证券私有化时期的政策措施。从这些措施的内容来看，有以下几个方面的特点：（1）现金私有化的重点转向了对私有化企业的改造，并力图使其正常运转起来。为此，最大限度地吸引国内外投资资金、利用这些资金更新和改造私有化企业的技术设备从而使私有化企业的效益得以提高，是这一阶段的重要任务。（2）私有化的范围进一步扩大，把以前禁止私有化的一些企业和部门纳入私有化范围。私有化的范围已扩展到燃料、动力部门、新闻和出版部门，其中在军工企业中除了30%的企业禁止私有化之外，其他的企业都将参加私有化。另外，证券私有化时期不能随同企业资产一起出售的不动产，也可以进行私有化。（3）利益集团及其影响力发生变化，新生的金融寡头取代工业企业管理层在新的私有化过程中获得了更多的好处。在证券私有化阶段，企业的劳动集体，尤其是企业的领导人即所谓的"红色经理"借助于优惠认购方案取得了对多数私有化企业的合法控制权。现金私有化开始后，随着更多更具吸引力的战略性大企业的股份公开出售，新生的金融资本家同"红色经理"争夺经济控制权的斗争也拉开了序幕。最终以波塔宁为代表的金融财团取得了多数企业的实际控制权,这标志着俄罗斯的经济权力开始由原国有企业的厂长经理们向新生的金融寡头手中转移。也就是说,俄罗斯的金融工业寡头全部是在私有化方式由"全民均分"转向"双方交易",亦即由证券私有化转为"现金私有化"之后形成的。形成的途径并不是私有化证券的买卖和集中,而是在民主政治转为"新权威主义"的背景下,包括上层官僚在内的利益共同体利用国家权力把那些当局不愿"分"给老百姓的资产通过权钱交易直接转入权贵手中的。其具体形式有全权委托银行制、抵押拍卖、国有股份委托经营制等。这几种途径都与"证券私有化"没有什么逻辑联系,倒是与权力集中、难以监督的旧传统密不可分。本书第二章分析的俄罗斯企业经营传统的影响力似乎再度以不同于既往的形式浮出水面。又因为当局宣布组建金融工业集团的目的是形成俄国自己的经济巨人以抗衡西方,故而以这种方式进行的国有资产改制既不向外资开放,也不面向分散的国内民间资本,这挤压了中小资本的发展空间,使俄罗斯民间中小企业难有长足发展[1]。

现金私有化使俄罗斯大私有化开始步入股份制的规范化轨道,长期来看,当然有利于增加投资、改善经营、增加预算收入,但总的来说进展并不顺利。主要原因在于俄罗斯经济本身存在的短期内无法克服的几对矛盾[2]:(1)庞大的国有资产与微弱的居民存款之间的矛盾。俄罗斯经济体制转轨以来,恶性通货膨胀接连不断,居民的原有存款基本化为乌有,现有收入因连年实际工资下降而无法形成存款。人们可用于购买企业股票的资金十分有限,影响了私有化的进程。(2)高通胀率与固定资产评估之间的矛盾。这一矛盾贯穿私有化的始终,在现金私有化阶段尤为突出。在这一矛盾的作用下,许多企业以低价出售,造成国有资产大量流失。(3)国家短期债券与企业股票争夺资金的矛盾。国家一方面要推动私有化,鼓励居民购买股票;另一方面为弥补预算赤字,抑制通货膨胀,又要发行国家短期债券。由于目标客户都是居民,这就不可避免地发生国家短期债券

---

① 金雁、秦晖:《十年沧桑:东欧诸国的经济社会转轨与思想变迁》,上海三联书店2004年版,第232、236页。

② 许新:《叶利钦时代的俄罗斯》经济卷,人民出版社2001年版,第149—151页。

同企业股票争夺资金的矛盾，使现金私有化受阻。（4）私有化的巨大社会经济代价与广大居民有限承受能力之间的矛盾。俄罗斯的私有化并没有像其设计者所宣称的那样，"形成庞大的私有者阶层，振兴经济，明显地改变广大人民群众的社会经济地位"，反而使昔日的主人变成了俄罗斯社会的"第三等级"，使俄罗斯人民的生活趋于恶化，为数众多的俄罗斯人对私有化产生较为强烈的抵触情绪在所难免。（5）政局动荡与政府职能弱化之间的矛盾。转轨以来，俄罗斯的政局长期处于动荡状态，各党派之间的斗争不断升级，与此同时，国家不能很好地发挥其职能。在这种情况下，许多人都想趁机捞取好处，贪污、受贿、化公为私、诈骗、勒索等现象使正常的私有化改革无法顺利推行。（关于政府职能弱化的分析，参见本章第三节）

　　1997年，俄罗斯政府开始实施切尔诺梅尔金政府制定的《1997—2000年结构改造和经济增长的中期纲要》（以下简称《中期纲要》）。《中期纲要》明确提出，随着市场经济体制框架的初步确立，前一阶段的改革任务基本完成，经济改革将进入一个新的阶段——结构改革阶段，这一阶段的主要任务是恢复经济增长，提高经济效率。政府决定从1997年起停止大规模的私有化运动，转为有选择地、个别地进行私有化，即转入"个案私有化"阶段。

　　《中期纲要》规定了私有化新阶段的政策措施，主要包括，停止大规模私有化，转为按"点状方案"有选择地个别地进行国有企业的私有化；加强国家对私有化过程的监督和对国有资产的管理；私有化的目的是增加投资和提高企业生产效率，而不再是补充政府财政收入；企业实行私有化时，不再向本企业职工和领导提供优惠；私有化企业的资产评估要按市场价格进行。这些政策措施的出台和实施表明俄罗斯的私有化开始向纵深发展，即一方面继续对原国有大中型企业进行以建立开放型股份公司为主的股份化改造；另一方面则以商业投标、拍卖等方式公开出售已改造成股份公司的国有企业的股票，这是私有化第三阶段的一个显著特点。

　　出售的数量和起始价格由国家私有化纲要规定，出售的方式主要以专门拍卖的形式进行，如果出售法定资本50%以上的股票则以带有投资和社会条件的商业投标的方式进行；同时还将部分股票出售给本公司的工作人员，以及有权购买这种股票的有价证券的持有者。在此之后，股票可进入二级市场交易。但实际执行的结果是私有化变成了没有中小资本参加的各大财团之间的利益争夺①。

二　大私有化、利益集团对中小企业发展的影响

自现金私有化阶段开始，也就是在1994年，中小企业数量及其就业人数的增长速度急剧放缓，中小企业的增长略高于1%。在中小企业的就业人数也在减少。这种急剧的停滞是人们事先所无法预料的。究其原因，与现金私有化阶段（1994年7月—1996年12月）追求的主要目标有关，从前期追求政治目的转向注重经济效益和刺激生产投资。配合该目标出台的一些税收政策，对中小企业尤其是流通领域的中小企业而言是十分苛刻的。同时，恶性通货膨胀也迫使政府在1994年开始不得不加大紧缩性政策的实施力度，这使得经济中的货币资金开始明显变得昂贵起来。

另外，现金私有化开始后，随着更多战略性大企业的控制股的公开出售，俄罗斯经济开始出现一种资本和经营活动的集聚趋势，前文提到的金融工业寡头也正是在这个时期形成的。那些最富盈利能力的中小企业成了这种兼并的第一批牺牲品。很多中小企业也因竞争不过那些大型企业，不得不收缩自己的业务。可以说，1996年是一个转折点，如果说1996年以前，俄罗斯私人资本的发展是以资本的积累为特征的话，那么，1996年以后，则是资本的集中过程，竞争空前残酷，一大批新生的中小私人企业被挤垮、吞并。

1995年是中小企业数量和统计的平均就业人数开始减少的一年。与1994年相比，中小企业数减少了8.8%，就业人数减少了4.5%。实际上，这种停滞状况一直持续到2001年。从小企业部门分布结构上看，在某些部门开始出现负增长。在贸易中介领域的中小企业比重下降的情况下，一般性商业活动的绝对数减少了18.7%；同时，在考察1997—2002年小企业在各部门的增长速度时发现，科学和科技服务领域，一直呈现负

---

① 例如，在1997年，俄罗斯举行了几场数额巨大的国有企业股份竞卖活动：秋明石油公司拍卖10%的股票，成交价为8.1亿美元；俄最大的铝厂克拉斯诺亚尔斯克制铝公司竞卖47%的股票，以2亿美元成交；占俄镍产量90%的诺里尔斯克制镍公司38%的股份以2.36亿美元的价格出售给俄联合进出口银行；最大的拍卖是7月25日进行的通信投资公司拍卖，该公司把25%的股份以18.5亿美元的价格卖给了俄联合进出口银行。

数，依次为 -11.6%、-4.4%、-16.7%、-7.8%、-20.4%①。之前，人们寄予知识密集型和创新型中小企业的美好愿望正在落空。中小企业的就业人数与总就业人口的比重大约增长了 1.5%。但是在排除了兼职人员后，中小企业合同工的比例却减少了。中小企业在整个国家的商品生产和市场服务方面的比重也在持续减少，从 1997 年的 8%，减少到 2000 年的 5.9%。甚至固定资产投资也在减少，从 1997 年的 5.4% 减少到 2000 年的 2.6%。

　　1998 年的金融危机对中小企业的状况也产生了消极影响。比如，急剧下降的居民购买力使得中小企业营业额陡降，收入水平的下滑甚至威胁到了自身生存，尤其是零售贸易和日常服务领域的中小企业。不过，与大型企业相比，中小企业的业务收缩幅度要小得多，其经营积极性也更快地恢复到了危机前水平。同时，在这个阶段为了生存而挣扎的中小企业也逐渐适应了复杂多变的市场环境。比如，为了提高自己的生存能力，自 20世纪 90 年代中期开始，很多中小企业开始进行多元化经营和投资。另外，大量的中小企业已经掌握了较高风险条件下的运营、自负盈亏、自我管理的技能。与商业活动相关的原则、人员配置、薪酬体系以及与市场体系相协调的经营方法等已经逐步定型。经济增长的微观基础——企业竞争力——在这一时期反而被历经市场洗礼而生存下来的中小企业所夯实。

　　这个阶段全社会的失业压力比较繁重，按照"失业人口调查"的资料，1995 年的失业人口猛增至 671.2 万人，要知道在 1992 年的数据仅为387.7 万人，1999 年又增加至 909.4 万人②。同期，虽然注册登记的中小企业数量仍处于"停滞"阶段，但其吸纳的就业人数的总量仍颇为可观，如 1996 年就业于小企业的人口达 630 万，占国家经济部门劳工总数的10%。可以说，在经济陷入严重危机的情况下，中小企业在某种程度上，担负起了减轻社会压力、保障居民生活的重要职能。

　　总体而言，20 世纪 90 年代前期和中期，虽然俄罗斯当局对于创建金

---

　　① Е. Ясин, А. Чепуренко, В. Буев, Шестоперов О. Малое предпринимательство в Российской Федерации: прошлое, настоящее и будущее [М]. М.: Новое изд-во, 2004: 20-30.

　　② 唐朱昌：《从叶利钦到普京：俄罗斯经济转型启示》，复旦大学出版社 2007 年版。

融工业集团曾经寄予振兴大工业的厚望，但是其负面作用也是十分明显的，学术界的讨论主要集中在三个方面：一是金融工业集团依靠官商勾结，甚至与黑社会勾结，非法或在"合法"外衣的保护下敛财，使经济在市场与专制的"双轨制"甚至"无轨制"条件下运行，严重扰乱了市场经济的制度建设。二是金融工业集团的发展使俄罗斯经济从"官商垄断"走向"私商垄断"，不利于市场竞争和经济效率的提高；三是金融工业集团掠夺式地攫取国家和他人财产，使俄罗斯社会陷入极端的分配不平衡，造成严重的社会矛盾①。总之，这个时期的俄罗斯金融工业集团因为过多地专注于自身私利而没有将更广泛的群众和中小企业利益纳入具有帕累托改进性质的利益相容框架中来，最终导致国家利益的损失。可以说，俄罗斯金融工业集团对俄罗斯的垄断严重地阻碍了市场经济的发展，严重地损害了国家利益、中小企业利益和人民群众利益（邢广程，2004）。

　　而这些金融工业集团对中小企业的影响，更多是通过它们对制度环境的破坏、扭曲政府政策而带来的。它们通过俘获正式制度的供给者、阻碍市场关系的发展、减缓对正式法律的需求等渠道以阻碍正式制度的发展②。为了继续垄断市场，金融工业集团往往实施强强联合的战略，极力排斥中小企业的进入，这使得各类企业间的差距进一步扩大。垄断还损害了消费者的利益，严重扰乱了市场秩序。一些金融工业集团凭借垄断地位无节制地提高产品和服务价格，从而推动了一轮又一轮的通货膨胀并加剧了生产危机。作为一个影响巨大的既得利益集团，金融工业集团在俄罗斯步步为营、盘根错节，对进一步推进市场经济改革但有可能"冒犯"其利益的说法与做法会本能地加以抵触。重要的是，它们手中拥有巨大的资源，能对各种不利于自己的政策措施尽力阻挠。比如，1996 年总统选举之后，俄罗斯政府为了加强自己对国家政治经济生活的控制能力，对财政税收制度进行了进一步改革，从增加国家活动资源的角度出发，加强了打

---

① 冯舜华：《俄罗斯经济"追赶型"发展的战略目标和途径研究》，《世界经济与政治》2004 年第 12 期。

② 林文杰：《转轨进程中的俄罗斯金融工业集团研究》，博士学位论文，辽宁大学，2008年，第 132—138 页。

击逃避纳税的执法行动，甚至成立了国家税务警察局。但这些强力措施只对中小企业有效，面对金融工业集团的逃税或者拒绝履行应税义务的做法，政府只能与它们协商解决，甚至需要做出很大的妥协与让步，从而导致国家的政治与法律尊严得不到维护[①]。而法治的缺乏不仅导致经济转型中经济主体的经济预期的不确定性增加、交易成本提高，而且为俄罗斯官员提供了滋生腐败的温床，进而造成基础性的法律制度不健全、司法和行政执法效率低下、腐败和官僚主义泛滥。在这样的制度环境中，中小企业的发展步履维艰，因为，只有大资本才能够抵制国家权力的过分干预[②]。

　　也正是在这一时期，俄影子经济发展迅速[③]。1997 年规模已是于国内生产总值的 35% 左右，年增长速度高达 10%。表面上看，影子经济的产生应归咎于监管部门的官僚化办事作风、司法机关的腐败和黑社会的勒索，深层原因则在于"休克疗法"造成的制度供给不足，政府能力弱化、几近被强势利益集团俘获。而前文提到的过重的税负则是直接诱发因素。在这种情况下，许多小企业开始纷纷加入"影子经济"队伍，有的甚至从事地下生产。

第三节　休克疗法、制度缺失与中小企业发展

　　虽然"休克疗法"使得"总和不确定性"下的转型不可逆转，但却造成了与私有化产权具有互补性关系的配套制度的缺位，而之前的运转制度又失去效能。和大企业相比，这种混乱的甚至原始的市场经济给弱小的市场经济主体造成沉重打击。投机盛行、短期行为泛滥。这种情况下，自发产生并得以发展的中小企业商业关系网络起到了对某些正式制度的替代

---

　　① 徐坡岭：《俄罗斯经济转型轨迹研究：论俄罗斯经济转型的经济政治过程》，经济科学出版社 2002 年版，第 200 页。

　　② 张春萍：《转型时期的俄罗斯金融工业集团——形成、发展与绩效分析》，博士学位论文，吉林大学，2007 年，第 68、123 页。

　　③ 西方学者一般将非法贩卖武器、毒品等所有违法的经济活动都包括在影子经济的范围内。但俄罗斯的学者一般倾向于认为，不缴纳税款的企业和没有注册的公司从事并不违法的经营活动，才属于影子经济的范畴。

性作用，并且孕育了俄罗斯的现代市场精神和企业家文化。不过这种契约关系主要是依靠个人信用维系的，这制约了中小企业的进一步发展。

一　"休克疗法"的影响

所谓"休克疗法"是指采取一步到位的激进方式实现从计划经济向市场经济的过渡。最早被美国哈佛大学教授 J. 萨克斯（J. Sachs）设计出来，用于遏制 1985 年玻利维亚的超级通货膨胀。后来成为某些前计划经济国家实现向市场经济过渡的主要方式，俄罗斯 1992 年开始的经济转轨采取的正是"休克疗法"方式。"休克疗法"的指导思想是所谓的"华盛顿共识"（以下简称"共识"），但就理论渊源来看，"休克疗法"的理论依据是以货币主义为核心的新自由主义学说。"共识"认为，转型有三大重要支柱，第一是价格自由化，第二是私有化，第三是宏观经济稳定化，也就是萨克斯概括的"三化"，自由化、私有化和稳定化。上文谈到的价格自由化、小私有化和大私有化以及为了宏观经济稳定而出台的紧缩性的货币财政政策均位列其中。按照美国学者约瑟夫·斯蒂格利茨的概括，"华盛顿共识"的教条"主张政府的角色最小化、快速私有化和广泛自由化"。"共识"的支持者认为，"一旦转型引进市场改革，就可以立刻有所收获，效率就可以提高。因此，转型应该是大爆炸式的、激进的、休克式的"[1]。俄罗斯在走向市场经济之初，叶利钦和盖达尔等人就曾认为，一旦俄推行经济和市场自由化，为经济提供充分竞争的条件，俄经济就能走出危机。因此，那种强调体制间各元素互补的重要性而导出"大爆炸式的激进改革的路径"，即要全面的、各个要素和领域不分先后、同时进行改革的观点非常流行。但是，俄社会当时尚存的计划经济的体制"遗产"表明，俄罗斯缺乏市场交易的制度基础及其市场经济所必须遵循的规则。政策设计者们忽略的西方经济学的一个基本假设——"市场是充分竞争的和市场制度是完善的"，但这个假设在俄罗斯并不存在。当时的俄罗斯只是一个"发展中的市场"。

"政府角色最小化"的主张使得俄政府主动削弱甚至放弃了国家对经

---

[1]　［比］热若尔·罗兰：《转型与经济学：政治、市场与企业》，载吴敬琏主编《比较》第 3 辑，中信出版社 2003 年版，第 36 页。

济的调控职能，导致国家制度供给能力①严重弱化、宏观经济调控效能几乎消失殆尽。结果是，实物交易盛行，企业趁机逃税；影子经济发展迅速，它们不纳税；还因为前面提到的要实现宏观经济"稳定化"、财政平衡等政策性目标的原因，政府一度提高税率，造成企业税负太重，逃税行为增多。同时，原国有企业上缴财政的利税随着私有化的推进，较之私有化之前大大减少，因为，国家原则上不再承担企业的投资拨款，所以企业也不再将利润的绝大部分上缴财政。这样一来，造成国家主要靠税收的统一预算收入往往只能完成原计划的50%—60%，从而导致国家财力集中程度越来越低。具体表现在：（1）国家汲取能力变弱②，进而调控能力变弱、市场秩序混乱。在俄罗斯中央政府失去号召力、不能贯彻经济活动中的政策与法规的时候，它就使用其强制执行手段来让经济主体听从其安排，但是，这种情况只有当国家拥有奖赏遵守法规的组织、惩罚违规组织的资源时才会发生。而俄罗斯政府由于财政收入匮乏且债务重重，已经不具备必要的资金来激励那些适应改革方向的公司和经营者。（2）犯罪活动猖獗，进而影子经济泛滥。这一点，散见于前文的有关叙述在此不再赘述。

　　上述两点对中小企业的发展极为不利，具体表现在以下两个方面：首先，国家制定的扶持中小企业的政策没有资金保障，大多流于形式。比如自1994年制订《扶持小企业联邦计划：1994—1995年》以来，到2002年政府已经制订了5个发展计划，但由于国家财力极度匮乏，每个计划几乎都流于形式，只能完成其中很少的一部分。其次，影子经济中的中小企业受到犯罪活动、行政腐败的不断骚扰，交易成本提高，使本来就微薄的利润毫无保障，创业热情剧减。大公司能够担负得起这类私人武装的保护而小公司则担负不起。那些有意创业的潜在经营者也因此却步，这对正处

---

① 国家制度能力包括制度选择、制度实施、制度监督、制度裁决的能力。国家通常通过制订和执行"游戏规则"来维持社会秩序，实现其统治目的。在制度分析的视野之下，制度能力提供了我们理解国家能力的一个角度。可以将国家制度能力定义为国家在与社会的博弈条件下的制度供给能力，其关键是对政府权力的运用和控制。

② 国家能力是指国家（中央政府）将自己的意志、目标转化为现实的能力。国家能力包括汲取财政能力、宏观调控能力、合法化能力以及强制能力四种。其中国家汲取能力是最主要的国家能力，也是其他国家能力的基础。参见王绍光、胡鞍钢《中国国家能力报告》，辽宁人民出版社1993年版，第3页。

于资本主义发展初期阶段的俄罗斯来说极为不利。比如，一位学者于1992 年下海经商，开设了一家石油咨询事务所。直到 1994 年，他承认自己始终未介入石油贸易，因为那太危险了。他说自己并未做广告，而且尽量保持低调，并未在市中心开设引人注目的办公室，以避免引起政府内部或"在野"的犯罪集团的注意①。

　　国家调控能力弱化对中小企业产生的较为直接的影响，除了上述两点之外，还有两个方面值得注意，首先是负责国家小企业政策实施的组织架构是如此之混乱和不稳定（俄罗斯中小企业的扶持机构，见附表6）；其次，也是更重要的，与实施这些政策相关的一系列机关或机构的负责人和领导人更换过于频繁，这在各种配套制度不健全的社会条件下会产生更为恶性的后果。

　　对于前者而言，1991 年年底创建的"小企业委员会"，几个月之后便被取消了。在 1992—1994 年这段时间内的管理架构比较松散，一个是作为领导和协调者的国家反垄断委员会；再就是作为小企业领域政策的制定者和实施者的其他国家机关，比如，经济部、财政部等。此外，俄罗斯国家反垄断政策委员会还于 1994 年建立了"扶持小企业和发展竞争的联邦基金"。在作为负责国家预算资金的联邦基金的参与下，俄罗斯主管经济的部门还制定了包括《1994—1995 年支持小企业联邦纲领》、《俄罗斯联邦小企业国家扶持法》等在内的计划或法规。但在 1995 年国家政策又发生变化：专门的"发展和扶持小企业委员会"于 1995 年 6 月成立。其主要职能是，协调主管小企业发展的部和主管部门的工作；就制定并推行联邦一级、联邦主体和城市发展小企业的国家政策提出建议并采取必要措施；该委员会还负责制定并执行国家支持小企业的联邦纲领，同其他部和主管部门一起制定并按照规定程序向政府提交国家支持小企业的法律与法规草案。与此同时，小企业扶持项目的国家订货人职能仍归"小企业和发展竞争的联邦基金"，只不过其已更名为"小企业联邦扶持基金"。这种情况下，两个国家部门之间难免存在利益冲突，进而导致一些工作上的混乱，这也是联邦层面的一些有关小企业的国家政策不能以应有的形式实施的重要原因之一。1998 年 8 月基里年科政府倒台之后，扶持小企业的

---

　　① ［美］理查德·莱亚德、约翰·帕克：《俄罗斯重振雄风》，中央编译出版社 1997 年版，第 164 页。

职能又重新划归反垄断政策部。后来，该部在2004年政府重组之后被取消了，所有重担都落在了经济发展和贸易部的头上，而该部将发展企业经营活动的任务分配给了下属一个不大的部门，该部门除了负责扶持小企业事务外，还负责宣传、反垄断调节以及减少行政性壁垒等事务。

对于后者而言，一个十分明显的例子就是，上文提到的联邦基金：其主要负责人在1993—2002年间共计更换了9位，伴随着每位负责人的到来，基金的工作计划、工作机制甚至工作方式都会发生变化。这种情况无法保证政策实施的稳定性，更枉谈好的效果。进一步来说，那些错误的甚至相互矛盾的构想还会致使扶持小企业的方案变得十分脆弱。特别是在市场化改革的第一阶段（1992—1994年），与部长们组成的内阁里占统治地位的自由思想相反，在对待小企业政策方面那种国家应当代表社会指导小企业的发展的思想却占据上风。这种干预的方式在联邦扶持小企业的国家项目的第一阶段（1994—1995年）和第二阶段（1996—1997年）始终具有优先性。这种干预方式也被地方所效仿，其典型方式就是向小企业提供优惠信贷。结果却暴露了小企业扶持基金制度的很多弊端，比如，大量信贷缺乏担保、腐败的盛行等。而且，大量基金的资金基础都遭到削弱甚至破坏。与在负责小企业政策的机构层面盛行的上述逻辑相反，为所有市场主体创建公平条件的自由主义思想在负责总体财政和经济政策的部——经济部、财政部和国有资产部——的最高层那里，却占有主导地位，那种专门扶持小企业的想法从来没有得到它们的认可和支持。比如，第一个扶持小企业的国家规划的草案早在1991年9月，也就是挫败"8·19"国家政变之后不久，就被俄罗斯反垄断委员会制订出来，但是盖达尔（1992年6—12月任政府总理）一上台就把注意力集中在重大的宏观经济问题上了，对小企业根本就没有兴趣。甚至在1992年实施的私有化方案，自由化政府也没有制定出任何措施，以把大型国有企业私有化同支持小企业创建的措施结合起来。显然，到1993年年底，专门的小企业政策的确有其必要性的思想重新抬头的时候，两年前制定的规划已经过时了①。

---

① E. Ясин，A. Чепуренко，B. Буев，Шестоперов O. Малое предпринимательство в Российской Федерации：прошлое，настоящее и будущее［M］. M.：Новое изд – во，2004：112 – 114.

最后，作为"休克疗法"的重点内容之一的对外贸易自由化对俄罗斯中小企业的影响也颇为显著。早在1991年11月叶利钦总统签署的自由贸易法令，取消了很多方面的限制。这在短期内造成了许多负面影响，比如，加快了原料、燃料等低附加值商品的出口，而制成品和高科技产品出口的比重则持续下降，这种不合理的出口结构，强化了俄罗斯经济增长方式的粗放性。同时，国外消费品开始涌入俄罗斯市场，这对生产日用消费品的本国中小企业造成一定程度的冲击，使得本国加工制造类日用类中小企业的成长更加困难。很快，国内消费品市场被外国商品侵蚀的现象开始受到当局的关注，遂启动了一些保护措施，如叶利钦在1992年6月宣布要对大部分进口商品征收进口关税；对外经济联络部部长阿文宣布要把绝大部分外国商品的进口税提高两倍，以保护俄国内工业等。尽管短期内俄罗斯仍受制于自身要素禀赋优势和国际分工限制，国内市场不断被外国货侵蚀的现象仍然很难改观，不过，这反而成全了充分利用地域优势而发展起来的贸易类和服务类中小企业。

二　制度缺失与制度替代：小企业商业关系网络的作用

Leonid Polishchuk（2003）认为，在20世纪90年代前半期，俄罗斯对于基于规则的市场经济的需求并不强烈，无论由寡头所控制的新兴大公司、传统的前国有制造企业，抑或新诞生的小企业，都不积极要求和支持保障私有产权、第三方合同实施、保护投资者权益以及其他类似的发达市场经济的制度准则。他对小企业对产权保护等制度需求并不强烈的解释是，在俄罗斯经济转轨的初期，小企业主要集中于服务业和贸易部门，这些部门对于制度环境相对而言并不敏感。小企业的运营最初基本上集中于现货市场，并不需要大量的生产资料所有权保护。合同和商业活动的简化限制了小企业对于产权保护和第三方合约实施的要求。经济自由化之后，即使缺乏强化市场型制度，大量的市场空间和套利机会也能使小企业生存和发展。换言之，尽管制度缺位，俄罗斯的小企业在20世纪90年代初期的发展仍然十分迅速。小企业要求政府改善政策的动力并不足[①]。但是，笔者认为，这种解释过于简化，事实上，内生于中小企业发展的非正式制

---

① ［俄］波里什丘克·列昂纳德：《转轨经济中的制度需求演进》，载吴敬琏主编《比较》第九辑，中信出版社2003年版，第95—97页。

度，作为对正式制度的某种程度的替代具有重要作用，尤其是在 20 世纪
90 年代。

　　诺斯是新制度经济学家中研究非正式制度最多的学者①，他在《制
度、制度变迁与经济绩效》一书中，将非正式制度称为"非正式约束"，
并着大量笔墨予以分析。他认为，非正规制约的存在具有普遍性，从最原
始的社会到现代最发达的社会中，它都存在且发挥着作用。同时，他也承
认非正规制度是难以精确描述和研究的②。非正式制度被新制度经济学家
看做是一个民族、一个国家乃至一个利益集团共享的公共物品或人力资
源，它的功能在于降低交易费用，在于通过它本身的"遗传"机制去影
响和形成人类经济生活和交易活动的特定约束条件。诺斯在理论上说明，
非正式约束对于实际的制度变迁过程具有重要影响，实际制度变迁过程总
是正式约束变化与非正式约束变化的统一和互动的过程。从长期来说，个
人行为的非正式约束决定着正式约束的演变，即使一个经济体的正式制度
结构有了整体性的改变，其实际结果如何也要取决于新建立的正式制度同
那些只能逐渐改变的非正式行为规则之间的互动关系的变化③。总之，包
括社会规范和网络在内的非正式规约开始为新制度主义经济学家所重视。
他们的研究阐释了非正式规则或约束如何为集体行动提供了一种制度框
架，正是这一框架为游戏规则提供了除却价格机制以外的另一种强化机
制，并为经济行动者的交易提供了便利。也可以说，小企业在适应正式制
度不足的环境过程中产生并逐步巩固的一系列商业网络和纵向一体化的非
正式制度结构，是一种对成熟市场环境下的正式商业制度的一种替代。当
然，这种商业联系依靠非正式的合同以及经营者之间的个人关系来维持的
方式，也促进了影子经济的发展。因此，才有人指责中小企业是纯粹的
"影子经济"的天堂，得出纵容中小企业的发展，无异于把整个经济和社
会推向深渊的结论。其实，这属于非常片面的看法。当然，否认中小企业
为影子经济作出的"贡献"是荒谬的。但是，应当注意的是，中小企业

---

　　①　另外，对此领域作出突出贡献的学者还包括舒尔茨、威廉姆斯和拉坦等。
　　②　［美］诺斯：《制度、制度变迁与经济绩效》中译本，上海三联书店 1994 年版，第 49—
62 页。
　　③　同上书，第 15—16 页。

涉及影子经济的资金基本上还是在国内流通，这区别于那种大规模的资本外流。根据各种评价，在转轨期间，从俄罗斯流出的资金不少于 1500 亿美元，这些资金都由那些大型企业投向了不受政府管控的领域。换言之，中小企业涉及的影子资金与那些"寡头"们隐匿起来的资金相比，是极其微小的①。

根据 1992—1998 年企业战略分析和发展研究所（ИСАРП）所做的一些调查②（通过对企业家和小企业主正式的访谈形式和其他灵活的采访方式展开），笔者发现，小企业部门自发形成的联合会和商业网络发挥了重要作用，并为正式的中小企业经营者联合会的形成奠定了"组织"基础。

最初小企业因开展业务而建立的"关系"并未扩展到"网络"层次。虽然小企业对外联系的对象比较多，从业务上的相关企业、相关商业服务机构到企业扶持机构、行政机关等。但与业务上的联系受正式规则的约束和规范相比，小企业领导人与合作企业领导人之间的私人往来则更具个性化。根据小企业之间业务关系的特征，可将之划分为两类：一类是基于"历史的"、从国有企业部门改革过程中衍生出来的关系；另一类是在私有化过程中形成的新关系。在俄罗斯小企业初创时期第一种关系起到了重要作用，要知道，在 20 世纪 90 年代初期，源于国有部门的小企业得到了诸如厂房、经验丰富的管理人员、内部信息等重要资源。但不久第二种类型的企业间关系开始占主导地位。而且，企业经营者们大多都偏好灵活的而非僵化的合作形式。比如，在一份对私营企业发展情况进行监测的报告中③，在评价一体化形式的吸引力的时候，50% 的受访者表示赞成灵活的合作形式，而赞成严格或僵硬的合作机制的只有 10%。并且，小企业在大多数情况下，更倾向于和原材料供应商、产品或服务的消费者建立各式

① Е. Ясин，А. Чепуренко，В. Буев，Шестоперов О. Малое предпринимательство в Российской Федерации：прошлое，настоящее и будущее ［M］. М.：Новое изд - во，2004：3 - 4.

② Т. Г. Долгопятова，Институциональное развитие сектора малого бизнеса в российской экономике ［J］. Экономическая наука современной России，1999，3：49 - 63.

③ Мониторниг в 4 опроса по панельной выборке более 200 частных предприятий，проведенных в течение 1996 - 1997 гг. в 3 регионах России. Фактически в опросах приняло участие около 120 руководителей малый предприятий.

各样的稳定的经济关系。比如，在 1997 年春天做访谈的时候，有 40% 的受访者表示正在建立自己的经济关系网，在微型企业那里，该比例更高，为 60%。

后来，在小企业及其合同当事人之间，基于稳定的业务和私人关系开始出现新的合作形式，即新的业务网络逐渐形成，这种实际上已经超出小企业范畴的网络的建立，加速了小企业之间、小企业和其他经济主体之间的各种一体化进程。于是，小企业界形成的各式各样的垂直一体化形式逐步得到了广泛的推广，实践也证明了这种合作形式的有效性。这种合作形式的维系主要依赖个人所有权和交叉监督来实现。可将其划分为三种主要类型。

第一种类型，小企业属于某公司的子公司。通常这类组织的发起人来自大型工业企业。在转轨条件下，创建小企业是公司重组的重要手段之一。通过这种方式对合并企业进行重构，以服务于大型企业管理者的利益。在类似这样的条件下产生的小公司一般从事中介业务。大公司依靠这种一体化形式转换现金流、盘活资产。

第二种类型，以比自身规模更大公司的需求为导向而创立的小企业。这类小企业或者是新创建的，或者是"在大企业的保护下"创立的或者脱胎于那些实施转产的旧有企业。已经有不少小企业依靠这种模式实现了地区层面上的扩张或业务经营的多元化。通常，发起者只是监控小企业的部分业务活动，即与它的需求有关的那部分，其余的则留给经营者自己定夺。在竞争越来越激烈的条件下，不少小企业正是通过转换经营机制，把部分业务活动置于大企业的监督之下等形式，使自己得到了保护并生存下来。

第三种类型，一体化组织的变种——类似于有许多分支机构的"控股公司"。它们经由主导型的小公司派生出来，承接这些主导公司的部分转包业务。这些具有自然分工特征的公司大多受制于各种原因而不能发展为中型或更大规模的公司。在这种分工条件下，有的小企业的专业化程度更加深入、有的小企业先前的独立业务活动遭到分解、有的小企业在开拓新型业务和市场方面经验更加丰富。企业的分工同时也降低了主导型企业及其经营者的一系列风险，无论是来自纯粹市场方面的，还是刑事法律界、政府机构方面的。这种组织类型可以降低企业主经营失败的几率。根据同样的缘由，类似小企业的创立速度也在加剧，不过仍缺乏规范的运行机制，因此，它们又被称为"家族式"小企业。而通常情况下，那些综合性企业正是以这种小企业集团的方式存在和发展的。虽然"家族"的成员企业是独立的、其创立者各不相同，但事实上这种企业大多受控于一个所有者（自然人或一个不大的拥有共同的单一利益的自然人群体）。尤其值得注意的是，"家族"企业之间互相提供信贷支持的现象已经相当普遍，甚至能互相提供隐性补贴。

对上述几种一体化组织形式而言，尽管存在正式的调节和监督原则，但是，企业家之间、管理者之间的信任关系在这种互动联系中居基础性地位。在这种机制里面，小企业的活动是自由的，对所有者或创办人而言，也有展现自己优势业务的机会。正是在维系长期稳定的相互帮助、服务和合作关系的基础上，业务网络才逐步形成，进而作为非正式的协作性的企业网络逐步地向整个企业界扩展（也见 Радаев，1998）。表面上看，这种灵活的关系网络的重要特征在于其充满了个性化，也容易搭建，因为，在企业家确立了相互关系之后，非正式的合同决定了"游戏"的规则。但其基础性要素却在于，企业家或企业经营者之间的相互信任，企业家十分珍视的恰恰是这种值得信赖的关系、这种在业务伙伴相互信任的基础上得以确立并发展起来的信任关系。从某种意义上说，这种关系是稀缺的，并不容易获得。作为这种关系网络发展的"副产品"，网络还创建了具有灵活性游戏规则的企业家自组织的基础；同时，还为公司及其领导人声誉的形成奠定了基础；为巩固小企业的行为规范化、经营者道德奠定了基础。而且，在类似的机制框架内一些常见的利益冲突也能得以调节。比如，对私营部门发展的监测报告显示，在发生争端的情况下，通过谈判方式解决的争端数几乎是诉诸法院的 4 倍。

同时，对于企业家而言个人之间的关系、灵活的网状的业务联系也是他们解决企业内部问题的有效工具。拥有这种联系或者能够建立这种联系的能力是成功创建小企业的重要因素。根据企业发展战略分析研究所（ИСАРП）在 1994 年年底对全俄各地区 1628 个经营者的调查，选择创业的激励因素里面，来自朋友、熟人或其他企业家的支持的，占第 4—5 位，占整个被调查企业家总数的 1/5，在微型企业那里，则接近 1/4。

此外，在某种程度上，企业经营者工作经验的重要性也间接说明了灵活的"关系"的作用。从调查结果来看，能够获取相关经验也是选择加入或建设这种"关系"的一个主要动机，几乎64%的受访者着重提到了这一点。同时，对于创业者来说，创业初期阶段所遇困难的解决离不开"朋友和熟人的帮助，老的业务关系的利用"。因为如何解决初期的困难在整个经营业务链条中具有重要意义，超过60%的小企业负责人特别看重这一点。同时，新的私人小企业和微型企业通过模仿成功企业的行为模式或策略，也能因少走弯路而节省不少额外的开销（Алимова，1995）。总体上，正如对私营部门发展情况监测报告所证明的，1997年之前在解决日常问题时大约有95%的小企业会向旧有的业务关系和新的业务伙伴寻求支持，而来自行政当局、扶持小企业基金和企业家联合会的帮助在总数上仅为前者的1/6。

在企业层面上，维持这种"关系"的成本并不高，在制订融资方案时大多已经考虑到了对维系相互关系的投资。此外，还得准备着为伙伴提供相关服务、遵守业已形成的行为规范。因而，这在某种程度上会使企业家面临失去独立性的威胁，有可能由一个拥有决策权的经营者沦为一个管理者。但是，加入这种业务联系体系获得的好处通常要大于这些成本。因为，逐渐构建的经济联系减轻了小企业获取物质资源的难度，而且有助于它们获取和巩固销售市场。它们之间经常相互让价、共担风险、利用各种融资形式相互帮助，比如价格折扣、在代销情况下的延期支付等，直至以货易货。以至于在采访中有的企业家表示，"当前的一体化或者合作就是以货易货"。类似的，即使在没有正式买卖合同的情况下，依靠合作伙伴之间的信任关系也能用现金结算。这种小企业间结算和支付上的稳定关系有助于稳定它们各自的经济状况。

借助业务上的联系，小企业能够明显地缓解财务上的制约。当然，创办者的自有资金是最常见的资金来源，然后才是私人信贷——被企业吸收来的个人和私营机构资金。这些资金首先被应用于补充周转资金，有时也用于投资回收周期短的项目。采用这种融资方式的受访者人数是采取银行融资方式的2—2.5倍（不低于小企业数的1/3）。从资金获得的具体形式上看，主要是靠借款者和贷款者之间的私人关系和口头协议；从机构合作者那里获得的贷款则需要正式的合同。如果有必要的话，资金的划拨必须合乎法律规定。而业务合作者之间的产品供给合同，通常也能及时地提供财务支持，而且费用是合理的或优惠的。如两个企业之间以缴纳部分预付款的形式签订了供货合同，订货人先将资金划拨给供货人，在事先约定的时期内供货人可以自由运用这笔款子。供货合同终止后，供货人从消费者那里获得返款。这种情况下借贷利率要便宜得多。但是，现金的这种"倒手"性流动不利于私人信贷的发展。并且，随着影子经济规模的增长，这种现金信贷的规模也在增长。

在不动产市场上，企业家关系所起的作用十分特殊。企业家们租赁厂房时大部分都是和熟人商量或打听相关信息，而不是借助陌生人市场。招租者也是按照类似的逻辑行动。这样，差不多有一半的小企业是在优惠的条件下租赁的属于研究机构或国有或私有企业的厂房。借助于"关系"，在租赁业务之外，有时还带来销售或其他领域内的合作。

在信息市场上，合作者之间的各种各样的业务关系、企业家之间的私人关系是获取信息的重要渠道之一。接近2/3的小企业采用这种方式，在初创型和微型企业那里更为普遍。

私营部门发展监测报告的数据证明了"关系"的有效性。数据显示，企业家在评价各种资产对公司实际价值的贡献度时，小企业与供货商、消费者以及中间商之间的稳定关系，在重要性方面排名第2位（居第1位的是生产设备）。作为公司价值重要组成部分的"关系"，被64%的受访者着重指出来，并且有超过2/3的人认为其在相类似的非物质资产里具有第一重要性。微型企业则更看重这一点。作为比较，同属于这类非物质资产的"企业在行政机构中的影响力或威信"才占第八的位置。大多数小企业都在积极地编织各种关系和网络，依靠这些关系，它们获得了扶持并生存下来。在微型企业和处于初创期的企业那里，这种关系发展得更为迅速；很重要的一个原因在于，这些关系有助于它们克服在市场上融资的困难。

小企业部门构建起的一体化和合作机制，为其自身发展注入了一系列积极的激励因素。因为，这些机制保障了小企业能在优惠的条件下获得资金、自由的市场地位；有助于其对市场需求作出灵活反应、对地方的具体工作环境作出迅速调整。由于部分地克服了自身发展的屏障，该部门具备了扩张的可能性或能力，尤其是在那种一体化机制条件下，中等规模的资本也能得以形成。当然，在俄罗斯首都莫斯科和一些大城市的企业其资本的集中度是很高的，在这种条件下，小企业要想成长，首先得依赖于其在地方上的扩张。

上文提到的业务关系和合作制度孕育了企业家的行为规则和商业道德标准，并有助于作为市场经济主体之间相互作用之基础的相互信任的增长。这样，对小企业部门而言，公司及其领导人的声誉——一种把企业家也囊括在了业务联系系统内的巨大的非物质资本，就成了它们的重要社会资本。同时，在业务关系中十分普遍的非正式的私人信贷制度也促进和巩固了这种信任。但是，事实上的借款者和贷款人之间关系的非法性限定了小企业发展的边界，并将之拖入"影子经济"。

最后，还应看到小企业部门发展的两种消极影响：一是"关系"以及与之密切相关的市场的地区性和分割性。不过，这个因素的消极影响在20世纪90年代中期还不太明显，因为处于当前发展阶段的小企业在某种程度上追逐的只是当地市场，而非区域性或全国性的市场地位。二是创业型企业家的进入壁垒有所提高，这些人既没有上述的社会资本也没有充足的资金资源。关于小企业数量的统计资料也能间接地证明当时存在的类似壁垒，即当时新的小企业大多诞生于有经验的企业家那里，创业资本（包括物质的和非物质的）的门槛在提高。

三　小企业之间的契约关系及其影响

契约是指两人或多人之间为在相互间设定合法义务而达成的具有法律强制力的协议，而从经济学的角度理解，契约不仅包括具有法律效力的契约，也包括一些默认契约。事实上，现代经济学中的契约概念，是将所有的交易即无论是长期的还是短期的、显性的还是隐性的都看做是一种契约关系，并将此作为经济分析的基本要素。按照新制度经济学的观点，契约是一组约束当事人行为的局限条件。克莱因认为，"契约是一种通过答应合作双方从事可信赖的联合生产的努力，以减少在一个长期的商业关系中出现的行为风险或'敲竹杠'风险的设计装置"①。张五常的解释则是，契约是当事人在自愿的情况下的某些承诺。结合本研究分析的对象，后两

---

① 参见克莱因《契约与激励：契约条款在确保履约中的作用》，载［美］科斯、哈特、斯蒂格利茨等著，［瑞典］拉斯·沃因、汉斯·韦坎德编《契约经济学》中译本，经济科学出版社1999年版，第185页。

者的定义更适合。转型期的俄罗斯市场法治能力低下，尤其是在 20 世纪
90 年代，俄罗斯小企业部门之间的非正式契约极端重要，通常是口头约
定，在这种约定下，具体的交易条件往往只是通过双方口头传达。调查证
明，微型企业和处在初创期的企业更倾向于使用这种形式。这与该层面的
经营者大多不具备管理工作的经验有关。对他们而言，在打理业务和劳动
关系上消耗是非常大的。当然，他们会逐步按照正式的规则掌握相应的工
作技巧，以降低他们花费在正式契约即书面合同上的交易成本。同时，表
面上看，正式契约的签署，有助于其改善与大量的监督机关之间的相互关
系，降低与它们发生冲突的风险，提高经营安全性。但问题在于，大量书
面契约同时又演变成了掩盖交易实质的"纸制"幌子。因为，这个时期，
绝大多数交易都由两类契约组成，正式和非正式的，而且它们的内容相差
悬殊，甚至彼此矛盾。归纳来看，小企业部门的交易，通常不过是下面三
种契约关系中的一种而已。

　　(1) 缺乏正式契约，交易得以实现完全依靠双方的口头约定。当然，
这类交易在企业的其他文件中也能反映出来。类似的做法能获得下列好
处，降低了与签订合同相关的交易成本；缩短了交易完成时间，同时小企
业的灵活性还得以维持；能够在没有附加程序和成本支出的情况下有效地
解除有关交易，比如在解雇工人的时候。在这种情况下，当事人遭遇损失
的可能性与另一方信守承诺的义务遭到破坏有关，因为这时保护契约的法
律手段用不上。此外，还会产生协调契约当事人之间关系的成本、对非正
式契约的非正式保护的成本等。

　　(2) 虽然订有正式契约，但却包含着扭曲交易条件的信息，它被非
正式契约所补充，因为，后者约定的价格等交易条件才是真实的。类似的
契约形式在雇用工人、租赁厂房、部分供货交易中占绝大多数。通常在正
式契约即书面合同里面工资支付数额、租赁支付、产品和服务价格等均被
人为地过分压低了。实际上的现金流不单单依靠银行部门实现，还靠现金
周转。

　　与上一种契约形式相比，该方案降低了因为可能的违约而带来的损
失，但是也产生了一些额外的成本，如准备和签署双边合同，在核算和会
计工作中可能发生的重复行为等。总的来看，额外的好处要超过这些成
本，除了上述的违约率降低之外，还可以节省社会基金税的支出等。

（3）虽然是正式契约形式，记录的却是虚假交易，包括其他一些综合性交易方式。实际上，这类交易都是靠口头协议维系的。这类交易企图绕开国家规定，降低纳税水平，它们操控着合法经济里的影子活动。比如，在改革初期，企业应该依据基本工资缴税，当时的平均工资水平大多超过了缴费的最低限度。于是，类似的规则开始刺激小企业雇用更多的工人，用这些多出来的实际上并没有参加工作的工人，去摊薄实际参加工作的工人的工资。后来，这种税负取消（在 1995 年），小企业用登记部门统计的就业人数就减少了 11%。再比如，假设 A 公司想要出售一种产品，它就得建立一个通常情况下由 A 公司企业主的朋友或亲戚控制的关联机构。该关联机构开立一个银行账户后即可成为 A 公司和买主 B 公司的"中间人"。A 公司先把自己的产品卖给关联机构，关联机构转身再把 A 公司的产品卖给 B 公司。B 公司既可以用实物支付也可以用现金支付。关联机构拿到 B 公司的产品或现金，再用它来换取 A 公司生产产品所需要的物资。A 公司和关联机构的交易瞒过了政府，所以 A 公司成功地逃避了交易税。关联机构的特点是交易后一年之内就会关闭，甚至政府还没来得及确定发生过什么交易。就这样在很多情况下，在政府看来，关联机构根本就不存在①。小企业部门具有的非正式的契约关系可以使企业降低交易成本、灵活发展直至逃税。同时，对契约的合法性保护问题开始出现。因此，对另外的保护机制的投资是必要的，包括维持与当地政府部门的关系。于是在面临"保护者"的选择过程中，基于成本收益的考虑，对国家提供的健康的正式制度的需求开始增长。需要着重指出的是，类似上述的契约方式在大型企业的出现和蔓延加剧了其对整个经济的消极的影响。所有权的保护遭到破坏，影子经济的规模在增长。人们热衷于非正式契约的一个重要目的就是逃避所有者包括国家的监管。

在总结小企业之间业务关系网络和契约关系之前，我们必须看到在转型期小企业部门履行了一系列重要职能，它能部分地抵消转型期经济衰退的不良后果，包括增加居民的就业机会，让居民有机会获得收入以补贴家用；小企业成了培养经营者的学校；同时，它的出现促进了竞争，尤其是贸易和服务领域。还应指出的一点，在通货膨胀和经济危机的影响下，小

---

① ［美］琳达·兰黛尔：《不情愿的资本家》中译本，新华出版社 2004 年版，第 167 页。

企业的创新型活动虽然不能成功开展，但是小企业部门作为组织变革领域的创新者，有利于一系列新的经济制度的巩固。但是，也要正确评价私人关系下私人信贷等对小企业融资影响的后果。虽然隐性的融资机制部分地实现了由储蓄到投资的转化，同时促进了资金资源的利用和经济增长。但这只限于本地投资，从规模上、投资回收期、市场风险上均受到限制，不能向新的经济部门流动。另外，主要基于相互信任的商业网络等企业自组织机制开始在企业界形成；人们已经看到了经营者声誉的无形价值；维持市场关系的职业道德也开始养成。但是，法制和影子经济同时发挥作用的现象不容忽视，这会导致经营者以非国家或准犯罪的形式保护自己利益，并逃脱应承担的社会责任。影子经济的不断扩张，吸收了大量合法的资金来源，法律未得到应有的尊重。结果是，国家损失了税收收入的同时，还得不到足够的关于经济状况的真实信息。同时，本该形成的全国性市场被业已形成的、限制竞争的规则分割了。进入新的企业家市场、资本在各部门之间的流动都非常困难。包括小企业主在内的企业家为自身利益而进行的院外游说活动，缺乏公平的形式。那些有影响力的部门（出口部门、银行）的院外游说能力得到加强，该领域企业家的意见根本遇不到任何反驳。国家的经济利益置于与国家捆绑在一起的大公司的压力之下。腐败变成了保护具体的企业家利益的工具，经营活动在总体上并没有得到有效保护。总的来看，很难指望国家出台及时有效的政策，因为赖以制定的经济信息被歪曲、真正的市场信号不显著。非正式的契约关系要比市场规则和法制调节强有力得多，因此，经济主体对经济政策措施的反应也并非预想的那样。在这种情况下，直接对小企业实施扶持也将是低效的，大概只能促进腐败和地下融资的盛行①。

① Т. Г. Долгопятова, Институциональное развитие малого и среднего предпринимательства в российской экономике [J]. *Экономическая наука современной России*, 1999, 3: 59-61.

第四章　普京时代的俄罗斯中小企业发展

　　普京执政前期延续了叶利钦时代致力于建设自由市场经济的政策，以稳定和恢复经济发展为目标，并根据国内外环境的变化，在继承的基础上，对维护自由市场经济运行的各项制度进行了不同程度的修订和完善，兴利除弊，整肃包括金融寡头在内的特殊利益集团，审慎地推进经济结构优化改革，加强了国家对经济的宏观调控能力，逐步实现了宏观经济环境从混乱失序到稳定有序的转变。普京执政中期以后，对经济发展战略及政策进行了重大调整，以重建强大的经济为导向，提出在十年内实现经济总量翻番的战略目标，强化了国家对能源和原材料等战略性行业的控制，经济改革由全面的整体推进过渡到局部点的深化，强调社会与经济的平衡发展，注重优化经济结构，逐步建立起"国有经济与私有经济并存、市场调控与国家控制同在"的混合市场经济发展模式。

　　当然，普京时代出台各种政策的动机与效果仍然受俄罗斯经济发展所处阶段的制约，即俄罗斯经济当前仍处于工业化后期，尚未进入后工业化发展阶段，要想实现由恢复性增长到主要依靠科技创新实现增长还有很长的路要走。继续工业化与以现代信息技术等高技术为基础进行的再工业化，是俄罗斯经济难以回避的必经发展阶段。在上述演变过程中，传统的批发贸易类中小企业会继续保持积极的发展势头，同时，高科技类和加工制造类中小企业也将在政府的强力扶持、市场有效需求的不断增长以及企业间协作关系的完善等激励下逐步得以发展。

第一节　国家企业间关系、产权结构与中小企业发展

　　相对于叶利钦时代，普京时代，俄政府在逐步摆脱强势利益集团绑架

的同时，更加注重构建国家与经济主体之间的平等关系，并以法律形式加以制度化。这有利于提高中小企业的市场准入水平，增强整体经济的竞争力。同时，一方面，加强既有私有产权的制度保障，为属于"存量"的经济主体注入长期稳定的预期以提高固定资产投资率；另一方面，"增量"改革部分则充分体现了俄罗斯的资源禀赋优势和全球化背景下作为国家垄断载体的大型能源类公司国有属性的强化，而中小企业领域则几乎完全遵循市场化的发展思路，以充分调动经济主体的积极性，并为在高科技或制造类中小企业领域推行扶持性的产业政策奠定产权基础。

一　国家企业间关系的重构及对中小企业发展的影响

从俄罗斯中小企业的产值占 GDP 的比重来看，俄罗斯中小企业发展远远低于美国、英国、日本等发达国家甚至是一些发展中国家，原因之一就在于金融工业寡头等大型垄断性企业占据银行、石油和与出口有关的行业，使资本市场、流通与生产严重脱节，导致资源配置向投机和垄断行业倾斜，中小企业难以获得必要的资源。

另外，这些大型垄断性企业强大的院外游说能力，使得有利于中小企业发展的政策、法律得不到有效实施。

为了改善这种二元市场结构①对经济增长的不利影响，需要俄政府反思叶利钦上台以来国家企业间关系的定位，创设富有效率的制度体系，为中小企业发展创造条件。

普京上台后，通过包括有步骤地规制金融寡头等治理措施，促使俄市场经济秩序朝着正常化方向发展，寡头干预政治、操纵经济的行为和能量已经降低。普京对国家和企业间关系的认识，通过一系列讲话、政策以及法律得到充分体现。

在国家如何对待中小企业与大型企业间的关系问题上，普京认为，应该实施合理的结构政策，与其他工业发达国家一样，在俄罗斯经济中既应有工业财团、大公司的发展空间，也应有中小型企业发展的一席之地。任何对一些经济形式加以限制，而对另一些经济形式采取人为地刺激的尝

---

① 所谓二元市场结构，是指某一产业中大企业与中小企业（尤其是小企业）在生产规模、技术水平和市场力量等方面的差距。参见马蔚云《俄罗斯经济结构：现状、问题和前景》，载《俄罗斯经济结构问题学术研讨会会议论文集》，辽宁大学，2008 年 9 月，第 88 页。

试，只会阻碍俄罗斯的经济振兴。政府的政策将旨在建立这样一种结构，以保持各种经济形式的合理比例①。普京奉行所有市场主体同政权保持"等距离原则"。他认为："让市场的所有主体都能同政权保持同等距离，这一方面是所有权的保障，另一方面也是政治经济领域的一块基石。"②

普京就任总统后注重保障市场主体间平等的竞争条件：（1）大大减少了早先规定的各种优惠，直至完全取消这些优惠；（2）国家有关分配任何资源的决定都应具有透明度；（3）在组织国家采购时采取竞标方式；（4）以明确的立法方式将国家部门的管理职能与经营职能分开；（5）执行机关不干涉经济领域的竞争；（6）对没有效益的企业实行严格的破产机制，清除这方面的种种障碍。上述目标的实现，要求对自然垄断部门进行改革：（1）实行重组，以便明确区分自然垄断的经济活动和潜在竞争的经济活动；（2）各种燃料的生产者和消费者、各种运输部门的经营者和消费者纳税条件应当平等；（3）上述部门各企业的组织活动和财务应当具有完全的透明度；（4）为这些部门的逐步非垄断化创造良好的条件，应培育新的市场参与者同其竞争。"俄罗斯需要一种有竞争力的、有效益的、社会公正的、能够保证政治稳定发展的经济体制。""保证竞争条件的平等。现在，一些企业被国家置于特权地位，它们的能源费用低廉，可以不纳税，享有许多优惠。但是，按正常条件运作的另一些企业却受到歧视，实际上要为享有特权的企业付费。""在分配国家资金、许可证和配额时，必须平等对待。在实施破产程序时，必须一视同仁。"③从这里可以看出，比较叶利钦时代，虽然早在 1992 年 11 月议会就通过了《企业破产法》，但由于政府考虑到社会稳定、旧有企业职能的传统等原因，政府通过强行的预算外补贴，使得效率低下的企业仍在消耗大量的来自经营效益较好的企业的资源，这使得经济长期陷入效率低下的恶性循环。因为在这种情况下，无论是大型企业还是中小型企业都缺乏长期性投资激励，而

---

① Владимир Путин. Россия на рубеже тысячелетий ［DB/OL］. http：//www. ng. ru/ politics/1999 – 12 –30/4_ millenium. Html, 2008. 05. 12.

② 普京作为俄罗斯总统候选人于 2000 年 2 月 28 日在俄通社—塔斯社会议厅会见他信任的人时发表的讲话。

③ 邢广程：《普京与寡头的关系——影响俄罗斯社会发展进程的问题》，《国际经济评论》2004 年第 1 期。

普京上述提高俄经济效率的较为具体的方略，对硬化预算约束，激励微观经济主体进行长期投资是极其必要的。

　　同时，国家不再过多干预企业的经营活动。普京曾多次强调，国家不应该承担管理个别经济部门的职能，国家在经济领域的主要职能应是保障公民和法人最大限度的经济自由。他提出，俄罗斯的经济战略方针是，少一些行政干预，多一些经营自由、生产自由、贸易自由和投资自由。也就是说，普京不是一般性的疏远金融工业集团，而是通过规制少数金融工业寡头、创造有利于诸经济主体发挥积极性的宏观经济环境来转变政府的经济职能。普京对国家企业间关系的认识在其上台后第一份政府计划里得到充分体现：《俄罗斯联邦政府 2000—2001 年社会政策和经济现代化行动计划》（以下简称《行动计划》）认为，2001 年俄经济发展的关键问题是，改善投资环境和企业经营环境，为全国各地的所有经济主体创造平等的竞争条件。取消对无效益企业的大部分直接和间接补贴，废除不平等的国家援助，国家应逐步摆脱对经济的过分干预，从而明确确定国家调节的范围，并提高国家调节的效率。与此相关，《行动计划》中还提出发展市场基础设施、对国有财产进一步私有化、完善立法、提高生产效率和创新积极性以及实行结构改革等目标。

　　针对专门的中小企业问题，普京几次强调扶持中小企业政策的积极意义，认为中小企业对于俄罗斯经济发展具有重要而特殊的意义，中小企业能创造更多的就业机会，帮助政府解决失业问题①。

　　普京在第二任期内继续加强国家在经济中的作用，特别是国家对大企业、有战略意义的重要部门，首先是原料部门的控制，杜绝这些部门产生寡头，使大企业家在事实上成为听命于国家的雇用经纪人。其次是鼓励企业把部分利润用于社会福利，对社会担负更大的责任。普京宣称，要进一步完善经济机制、预算政策、金融市场和银行系统，促进非国有化部门，特别是中小企业的发展②。

　　总之，普京治下国家与企业间关系的调整，避免了少数大型企业对国家经济政策的进一步干预，使得包括中小企业在内的经济主体处在一个相

---

① 郭连成：《普京执政一年的俄罗斯经济》，《国际经济评论》2001 年第 3 期。
② 盛世良：《普京第二任期对内政策的调整》，《当代世界与社会主义》2004 年第 2 期。

对公平的市场环境中，在联邦层面上为中小企业的发展奠定了基础。这一时期小企业的数量出现稳步增长。与全俄固定资产投资同比增长速度相比，中小企业增幅较大（见图 4 - 1）。显然，这与中小企业主对经济环境的稳定预期直接相关。

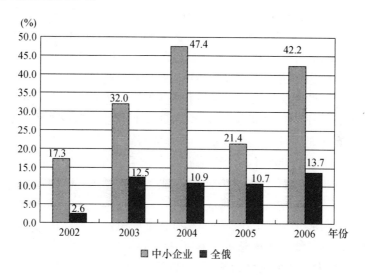

图 4 - 1　2002—2006 年固定资产投资增幅

资料来源："全俄数据"根据俄罗斯国家统计局相关统计数据编制，转引自李中海《普京八年：俄罗斯复兴之路（2000—2008）》经济卷，经济管理出版社 2008 年版，第 23 页；中小企业数据转引自 Сквозников В. Я., Немалова Е. В. Малое предпринимательство республики Коми: достижения и проблемы [J]. *Вопросы статистики.* 2007，8：57。

二　产权结构的演变对中小企业发展的影响

普京认为，私有化政策及其实施存在许多误区，但他同时也反对重新国有化。他说："今天根本谈不到，也不应该谈重新分配俄罗斯财产的问题，如果我们允许重新分配财产，遇到的问题和造成的损失可能比过去搞私有化时还要大。"1998 年 8 月危机之后上台的普京政府（1999 年 8 月 9 日—12 月 31 日）继续实行私有化方针。1999 年 9 月 9 日政府通过了关于管理国家财产和私有化的构想，提出将当时 1.3 万家国有独资公司进一步改造成股份公司或公有公司，规定重组的结果，国有独资企业最终应该不多于 1500 家。与过去有区别的是，新的私有化方针强调通过私有化调动包括俄罗斯中小企业在内的各利益群体的积极性，并注重提升企业的内部管理水平。

普京当选总统后，继续推动私有化进程。俄罗斯政府于 2001 年 12 月 21 日颁布（于 2002 年 3 月 21 日开始生效）了转轨以来的第三部私有化法①——《俄罗斯联邦国有资产和地方政府资产私有化法》对私有化范围、方式等作出了一系列新规定。2002 年 1 月 1 日，在俄罗斯全部企业（机构）中，国有企业数量（含中央和地方企业）占 10.7%，其余的则为各种形式的非国有企业，竞争性行业已全部私有化。俄罗斯国内生产总值 70% 以上由国有企业生产，一般认为国有经济所占份额大约为 1/3。2002 年 4 月，政府决定出售国家控股的 19 家大型企业的股份，并列出准备私有化的另外 700 家企业的名单。2003 年 8 月，政府提出 2004 年对 1063 家国有企业进行私有化改造，出售政府在一批公司中所持有的少于 25% 的全部股份；2005 年出售政府在另一批公司中所持 50% 以下的全部股份；2006 年将出售“非战略性”企业中政府所持 50% 以上的剩余股份；到 2008 年完成整个私有化进程。

但是，普京进入第二任期后，私有化进展明显放缓。每年仅有为数不多的企业进行了私有化改造或出售了国家股权。2005 年上半年，计划进行私有化的 1453 家企业只完成了 20 多家，1493 家原计划出售国有股份的公司只有 114 家出售了国有股份。国有或国家控股企业通过兼并重组等方式，积极并购同类或具有产业关联性的企业，形成了所谓的“重新国有化”趋势②（见表 4 – 1）。

不过，按照既有的法律和私有化政策，在中小企业领域并不存在上述所谓“重新国有化”问题。根据欧洲复兴与开发银行出版的《转轨国家报告》对包括小企业私有化在内的主要制度设施进行的评分可知，小企业私有化的得分是最高的（见表 4 – 2）。在该表中，每一项制度的评价标准都从 1—4⁺。1 表示还完全没有开始从计划经济向市场经济过渡，4⁺ 表示达到了成熟市场国家水平。

---

① 第一部私有化法于 1991 年 12 月颁布，1992 年修改的《俄罗斯国有和市有企业私有化纲领基本原则》；第二部私有化法是 1997 年 7 月颁布的《俄罗斯联邦国有资产私有化和市政资产私有化原则法》。

② 李中海：《普京八年：俄罗斯复兴之路（2000—2008）》经济卷，经济管理出版社 2008 年版，第 284—286 页。

表 4 - 1　　　　　2004 年以来股份公司法定资本中国有成分的变动　　　　单位:%

股份公司中的国有成分	占股份公司的比例（期初）				
	2004 年	2005 年	2006 年	2007 年	2008 年
占企业法定资本 100% 的企业	4	10	30	45	54
占法定资本 50%—100% 的企业	15	13	12	10	7
低于法定资本 50% 的企业	81	77	58	45	39

资料来源：Федеральное агентство по управлению федеральным имуществом РФ, Отчет о приватизации федерального имущества в 2007 году. http：// www. rosim. ru/ pressa/events/ 200802192206 - 7148. htm。

表 4 - 2　　　　　1992—2004 年间俄罗斯主要制度设施建设的得分

指标 ＼ 年份	1992	1993	1994	1995	1996	1997	1998	1999	2000	2001	2002	2003	2004
价格自由化	3	3	3	3	3	3	3$^+$	3$^+$	4	4	4	4	4
贸易货币自由化	3	3	3	4	4	4	2$^+$	2$^+$	2$^+$	3$^-$	3	3$^+$	3$^+$
小企业私有化	2	3	4	4	4	4	4	4	4	4	4	4	4
大企业私有化	2	3	3	3	3	3	3$^+$	3$^+$	3$^+$	3$^+$	3$^+$	3$^+$	3$^+$
企业形成	1	1	2$^-$	2	2	2	2	2$^-$	2	2$^+$	2$^+$	2$^+$	2$^+$
反垄断政策	2	2	2	2	2$^+$	2$^+$	2$^+$	2	2$^+$	2$^+$	2$^+$	2$^+$	2$^+$
基础设施建设	—	1$^+$	2$^-$	2$^-$	2	2	2	2	2$^+$	2$^+$	2$^+$	2$^+$	3$^-$
电力	—	—	—	—	—	—	2	2	2	2	2$^+$	2	3$^-$
铁路	—	—	—	—	—	—	2$^+$	2$^+$	2$^+$	2$^+$	2$^+$	2$^+$	3
公路	—	—	—	—	—	—	2	2	2	2	2$^+$	2$^+$	2$^+$
通信	—	—	—	—	—	—	2	2	2	2	2	2	2
供水	—	—	—	—	—	—	2	2$^+$	2$^+$	2$^+$	2$^+$	2$^+$	2$^+$
银行体系	1	1	2	2	2	2	2$^+$	2	2	2$^+$	2	2	2
非银行类金融机构	1	2$^-$	2$^-$	2	3	3	2$^-$	2	2$^+$	2$^+$	2$^+$	2$^+$	3$^-$

资料来源：欧洲复兴与开发银行网站。

普京并不是一般性的继续推行以往的私有化政策，而是综合考虑到了以下因素的影响：（1）全球化背景下，大型公司的国际竞争在不断加剧；（2）俄罗斯当前参与国际分工的能源禀赋优势；（3）国际能源市场高企

的价位；（4）培育国内消费市场、改善投资环境；（5）积极培育本国的
可持续发展因素，推动包括高科技、加工类在内的中小企业的发展。这
样，普京通过国家调控，有效地参与国际分工等途径赚取了石油等能源行
业的超额利润，进而利用石油美元补贴包括中小企业在内的弱小公司的发
展，增加居民消费水平，从而带动了国内不同规模企业的投资并培育了国
内消费市场。

　　综上所述，普京通过重构国家与企业之间的关系、调整产权结构等措
施，加强了国家宏观调控能力，汲取能力大幅提高，为出台、实施包括扶
持弱小的中小企业在内的政策、法律奠定了制度基础和物质基础。从数字
上可以看出，这个时期中小企业的一些积极变化。比如，中小企业的销售
额占社会总销售额的比重由 2002 年的 39.3% 上升到 2005 年的 46.2%，
详细数据如表 4-3 所示。从吸纳就业的角度来看，则从 2002 年的 707.9
万人猛增至 2006 年的 833.6 万人，增幅达 17.7%[①]。

表 4-3　　　　　　　　　2002 年和 2005 年中小企业的销售额　单位：10 亿卢布、%

年份	个体经营者		小企业		中型企业		大企业	
	销售额	比重	销售额	比重	销售额	比重	销售额	比重
2002	392.5	2.1	3844.7	20.8	3041.3	16.4	11227.0	60.7
2005	1319.1	3.5	9932.1	26.6	5995.3	16.0	20111.0	53.8

　　注：（1）此处中型企业的界定采用的是欧洲标准，即员工人数在 250 人以下。（2）表中比
重之和因四舍五入的原因，不等 100%。

　　资料来源：Агентство США по Международному Развитию；Ресурсный центр малого
предпринимательства России. Анализ роли и места малых и средних предприятий России［M］.
Статистическая справка. / 2002 - 2005 /. M., 2006：34。

三　金融工业集团对中小企业发展的影响
　　上文在分析国家企业间关系的重构时提到的大企业已经含有作为大型

---

　　① Агентство США по Международному Развитию；Ресурсный центр малого предпринимательства
России. Анализ роли и места малых и средних предприятий России ［M］. Статистическая
справка. /2002 - 2005/M., 2006：34.

垄断性企业的金融工业集团，为了突出普京执政以来对作为强势利益集团的金融工业集团的整饬及其意义，本部分将做专门探讨如下：

叶利钦时代的金融工业集团①对阻止经济形势进一步恶化、短时间内克服金融危机的消极影响以及促使转轨不可逆转等方面发挥过积极作用，但是，为数不多的金融工业集团，总试图绑架国家利益以谋私利。正是基于金融工业集团的种种日益凸显的消极影响，才有了普京上台后对旧有金融工业集团的整饬，普京将打破寡头垄断视为"一个非常重要的问题"。普京上台不久，便在国情咨文中几次谈到"寡头参政、操纵舆论、瓜分财富"等情况，他强调，国家权力不应被少数寡头收买或私有化。之后，俄政府运用法律手段、利用各种机会和寡头之间存在的矛盾，先后查处了古辛斯基、别列佐夫斯基和霍多尔科夫斯基等人。进一步说，为克服私有化的恶性后果，打击寡头势力，不容许少数寡头操纵媒体、插手政治，俄政府甚至不惜动用安全和强力部门的力量。值得一提的是，普京总统的经济治理和政治整顿行动得到了社会多数人的认同和支持。

不过，普京对寡头在采取"打击"和"规制"政策的同时，还实行了"利用"的政策。他深知，寡头对俄罗斯政治、经济和社会仍在产生着深刻的影响。因此，普京并不是反对所有的寡头。对于那些不干政的寡头，则采取利用和安抚的政策，比如，扶持那些支持现政权的金融工业集团。近几年来，受到普京支持的军工、能源和原材料部门的寡头得到了发展。普京力图利用支持现政权的金融工业集团来振兴俄罗斯，力图将这类金融工业集团或其他大型公司等潜在的利益群体纳入有利于国家发展的利益相容的整体性框架中来。在具体方略上，除了上文提到的甚至动用武力手段之外，主要是通过加强立法和执法的力度、培养新的公共选择力量等途径实现的。这样，在改善了全国市场经济制度环境的同时，在很大程度上遏止了俄罗斯新贵们非法敛财的势头，他们开始逐渐地转向通过正常的市场经营来获取利润。这也使得学界对于俄罗斯金融工业集团的积极评价明显增加。

---

① 关于叶利钦时代金融工业集团的形成及演进本书不再赘述，一个较为深入的分析、评价，可参见徐坡岭《俄罗斯经济转型轨迹研究：论俄罗斯经济转型的经济政治过程》一书的"转型期俄罗斯非效率制度结构的演化"部分，经济科学出版社 2002 年版，第 195—200 页。

　　与此同时，人们对垄断与竞争关系的认识也在发生变化。一些经济学家认为，在垄断与竞争并存的当代市场经济条件下，垄断的经济作用具有两面性：一方面，通过"官商勾结"等途径的"寻租"活动，具有"逆效率"的效应；另一方面，利用其强势的生产要素，通过技术创新和管理创新寻求垄断利润，则是经济发展的动力。俄罗斯著名经济学家阿巴尔金的看法具有一定的代表性。他认为，已经形成的自然垄断组织在全国经济中起着决定性作用，在分析垄断组织的经济活动时不能脱离经济全球化的条件。在当今世界，跨国公司是全球经济最重要的主体。俄罗斯现有的垄断组织，如天然气工业公司、俄罗斯统一电力股份公司等，只要对它们做理智而全面的权衡就会认识到，它们不仅能将俄经济从危机中解脱出来，而且可使俄经济到21世纪进入世界先进行列。应该把俄罗斯自然垄断组织视为民族的骄傲，它们在世界经济中有许多方面是无与伦比的[①]。因此，他建议，在经济改革中不应采取简单的非垄断化措施，将它们化整为零，而是应调整国家与它们之间的关系，具有重要意义的是促进金融工业集团的发展，因为它们能够进行产品的结构性改进，提高产品在国内外市场上的竞争能力。

　　同时，因为有了普京政府对被金融工业集团破坏的制度环境的补救和完善，最近几年，俄罗斯学术界才提出借鉴美国等发达国家信息化过程的经验，强调发挥小企业的比较优势等政策建议。经济学家们认为，企业规模大型化和集团化，追求规模经济和范围经济，这是工业化时期提高经济效率的主要途径，而后工业化时代是技术和消费需求变化迅速的时期，中小企业具有大企业所不具备的优势，主要表现在其适应科技创新和消费变化能力方面。

　　总体而言，普京的上台执政是俄罗斯利益集团发展历程的一个重要转折点，开始了由"掠夺之手"到对国家的"扶持之手"的转变，开始逐步成为推动俄罗斯复兴的重要力量。虽然普京政府努力把金融工业集团等强势利益集团纳入有利于国家、民族发展的、与中小企业共同发展的利益共容框架中来，着力加强国家的权力作用，恢复、强化政治秩序；改革中

---

　　① ［俄］阿巴尔金：《俄罗斯发展前景预测——2015年最佳方案》，中译本，社会科学文献出版社2001年版，第230页。

央政府与地方利益集团的关系，通过行政改革瓦解地方割据；重建中央权威，初步实现对地方利益集团的规范化制度化管理等措施，使得金融工业集团的政治影响有所削弱，近期发展遇到许多"障碍"，但其中长期仍有很大"发展空间"。目前它仍是俄政治和经济生活中一支重要力量①。因为，一般情况下，旨在谋求私利的利益集团在一个国家的经济政治发展进程中所起作用多为消极性的。只有当不同利益集团发育成熟并且形成相互制衡的关系时，利益集团才不会有害于整个社会的福利；同时，单个利益集团的利益诉求往往与社会整体利益是相悖的。但当绝大多数居民归属于不同利益集团，且各个利益集团之间具备讨价还价的条件时，政府决策才有机会平衡并反映全社会的利益。另外，在社会中不同利益阶层发育不平衡，强势集团左右政府决策，庞大的弱势群体又因为集体行动的困境而组建不成实际的"利益集团"的情况下，如果强势利益集团利用其强势地位，追求在分配中的强势时，强势集团就可称之为特殊利益集团或"分利联盟"。这种特殊利益集团对于经济、政治与社会进程的影响均是负面的②。而上述利益集团均势的形成，首先需要先前较为弱小的公共选择力量的不断成长，这需要时间，有时候甚至非常漫长。

　　如何弥补这一"成长期"带来的缺憾呢？只能靠政府的遏制③。这也是普京"可控的民主"具有普遍性群众支持的原因所在。当然，由于各种利益集团无处不在以及它们之间力量的消长和分化等原因，使得"遏制"的具体内容与手段可能十分复杂。不过，此时所谓的"诺斯悖论"仿佛悬在选民头上的达摩克利斯之剑，一直在警醒着人们莫要忘记政府也是一个大型利益集团。在上述几种利益较量的过程中，如何培育中小企业主阶层、保障中小企业的谈判地位等问题的解决尚需一个比较漫长的过程。

---

　　①　陈柳钦：《俄罗斯金融工业集团对其经济的正负影响》，《经济导刊》2006 年第 1 期。

　　②　杨帆：《利益集团报告连载》（三）［EB/OL］（http：//www.wyzxsx.com/Article/Class16/200808/47148.html，2008.10.12）。

　　③　一般而言，在现代市场经济条件下，利益集团的存在及其对立法及政治决策过程的影响是无法消除的，但却是可以控制的。控制的方法可以概括为麦迪逊所说的"遏制与平衡"，即一是靠政府的遏制，二是靠不同利益集团之间的平衡。参见［美］诺曼·杰·奥恩斯坦、雪利·埃尔德《利益集团、院外活动和政策制定》中译本，世界知识出版社 1981 年版，第 14 页。

第二节　产业政策调整与中小企业发展

正如俄罗斯学者 B. May 所阐述的那样，后工业化时期经济结构调整的严重滞后是从苏联走来的俄罗斯面临的四个主要问题之一①。与其他三个方面的问题都不同程度地得以缓解不同的是，经过 20 世纪 90 年代的震荡，俄经济结构的症结依旧存在，而且逐步上升为制约俄罗斯经济增长与发展的主要矛盾。因此，俄罗斯决定把结构优化作为今后繁荣民族经济战略举措的重中之重。

正是基于这一背景，俄政府开始认识到发展中小企业对于结构优化的意义，即中小企业易于适应国内外市场需求结构的变化来选择和调整生产方向，从而支持整体经济快速、稳定的发展；生产型中小企业基本上属于非原材料开采企业，主要从事加工生产，能有效地弥补俄罗斯制成品、半制成品不足的缺陷；在竞争中求生存、求发展的中小企业，在吸纳先进技术和管理创新的内在动力和外在压力方面都比较强，是提高企业竞争力的一个重要的支撑点；发展中小企业有助于扩大就业，有助于居民收入的增长和拉动消费需求，有助于社会稳定②，从而把扶植中小企业的发展作为俄罗斯结构优化的五大主要措施之一。

考察俄罗斯经济结构调整，其特殊性在于自叶利钦时代开始实施转轨以来经济一直处于衰退性危机之中，结构调整不是通过各部门经济增长速度的差异，而是通过它们下降的深浅实现的。而且，结构改造与反危机既有一致性又存在着矛盾，比如，俄罗斯经济结构调整在三次产业关系上与反危机是一致的，因此，第三产业自转轨以来发展很快；而重轻结构的调整却与反危机存在着矛盾，结果适应反危机的要求，导致重轻结构更加

----

① 另外三个依次是："后共产主义"的社会、经济转型；预算赤字、奔腾式通胀等宏观经济的危机；国家的职能与作用被极大地削弱。参见 May B. Экономико - политические итоги 2001 года и перспективы устойчивого экономического роста [J]. *Вопросы экономики*, 2002：1 - 3。

② 程伟：《普京"经济翻番"评析》，《国际经济评论》2004 年第 1 期。

畸形①。因而需要我们认真考察普京上台以来的产业政策及其对中小企业发展的影响。

一 俄罗斯产业政策调整问题

产业政策也称工业政策，是国家为实现资源的优化配置、弥补市场不足而实行的对产业进行干预的政策，它是国家干预经济的重要手段。产业政策的理论基础是产业经济学，主要由三方面的理论组成：产业结构理论、产业联系理论和产业组织理论。产业政策理论的内容主要涉及以下几个方面：（1）产业结构政策，包括主导产业的选择、支柱产业的振兴政策、幼稚产业的保护和扶持政策和衰退产业的调整政策；（2）产业组织政策，包括大公司战略、中小企业政策和反垄断政策；（3）产业技术政策，包括产业技术的研究和开发政策、产业技术引进与消化政策和高新技术产业鼓励政策；（4）产业布局政策，任何一个国家的经济发展，在产业布局上都出现过非均衡发展态势，并且在不同的经济发展阶段，各地区的经济增长速度和产业结构也有差异。有效的产业政策能够促进资本、技术等资源向特定部门集中，有利于国内经济均衡较快增长。

自俄罗斯经济转型以来，俄罗斯奉行自由主义的经济政策，对产业政策持排斥态度，认为产业政策对某一个或几个特定产业提供优惠和支持，破坏了市场经济的基础，市场经济改革应将一切交给市场。虽然在切尔诺梅尔金政府时期主张以推动工业生产为核心推动改革，强调要依靠大型、国家调控的工业组织带动小型和私营企业的发展，反对经济组织细碎化、分散化。但是由于盖达尔等激进民主派的牵制、总统叶利钦的压力，以及国际货币基金组织与西方七国集团的要挟，切尔诺梅尔金的主张受到制约②。

另外，在客观条件上，即使人们认识到由于经济危机导致工业生产大幅度下降，尤其是对加工工业部门带来的严重影响，需要加快工业调整步伐，在保持能源和原材料生产部门优势的基础上大力发展加工工业等需要

---

① 对俄罗斯经济来说，第三产业的发展是件好事，就业人员向第三产业分流缓和了就业形势，中小企业的发展以及行业分布多在商业、服务领域的原因也在于此。但同时也应认识到，俄第三产业的迅速发展和比重的增大，是在第一、第二产业生产下降的情况下实现的。参见许新《叶利钦时代的俄罗斯》经济卷，人民出版社 2001 年版，第 300—301 页。

② 徐坡岭：《俄罗斯经济转型轨迹研究：论俄罗斯经济转型的经济政治过程》，经济科学出版社 2002 年版。

优先发展的行业，但是，由于经济危机和资金严重短缺等原因，并不能真正付诸实施。

20世纪90年代中期，俄罗斯试图通过发展住宅建设业、汽车和机器制造业、燃料动力综合体，以及发展进口替代生产和加快国内工业一体化等措施，在发挥现有潜力的基础上进一步启动工业生产能力，推动工业生产增长。但是，由于缺乏实施工业政策的有效机制，加之没有很好地处理行业优先发展问题的关系，又缺少必要的资金支持，这一时期的工业政策没有取得实质性进展。

20世纪90年代末普里马科夫任总理期间，制定产业政策问题被重新提出来。普里马科夫明确提出保护国内市场、支持民族工业、对进口关税进行调整的政策。但是，由于1998年的金融危机对俄罗斯经济产生的严重影响，工业政策的调整问题也基本搁置。转轨以来的政府宏观经济政策基本上是围绕反危机和稳定经济进行的，结构调整基本处于反危机政策的从属地位。因此，俄罗斯真正意义上的工业政策只有在经济稳定并有一定恢复之后，才能切实地展开。

为了解决工业结构和工业政策方面的问题，普京在《千年之交的俄罗斯》中明确提出，必须实行积极的工业政策，在考虑现有经济结构和优势产业部门的基础上，优先发展在科技进步领域处于领先地位的部门。具体的工业政策包括：刺激国内非预算拨款部门对先进的工艺和科技产品的需求，扶持出口型高科技产业的发展；扶持以满足国内需求为主的非原料部门的发展；提高燃料动力和原料部门的出口能力。在普京上台不到一年的时间里，就俄罗斯中长期发展目标提出，今后要加快经济发展、刺激经济快速增长、推行积极的工业政策、推进经济结构调整、实施合理的结构政策；建立有效的财政金融体制、取缔影子经济、打击各种经济犯罪、融入经济全球化进程、振兴农业、实行现代化农业政策等。

2003年，俄罗斯国务委员会主席团[①]建立专门小组，制定国家产业政

---

① 俄罗斯联邦国务委员会成立于2000年，是一个行政机构，主席由总统担任。国务委员会主席团负责处理日常事务，由7名成员组成，其人选由总统任命，主席团成员半年更换一次。关于其定位，普京曾表示，国务委员会应成为具有战略意义的政治机构，确定国家在关键问题上的立场，但不能代替议会和政府。

策的基础文件。此外，俄在中长期发展纲要中对工业政策调整也有明确规定。例如，在俄政府 2003 年 8 月 15 日颁布的《俄罗斯联邦 2003—2005 年社会经济发展中期纲要》中规定，国家中期工业政策的主要目标是保证工业生产的稳定高速增长，完善工业生产结构，提高工业生产效率。在这一领域采取的主要措施包括：提高本国产品的竞争力；解决生产设备无形磨损和有形磨损程度相当严重的问题；解决工业中投资积极性不高和创新积极性不足的问题。而促进创新型小企业的快速发展，包括制定和实施能够刺激创新型小企业建立的专门措施，也是执行纲要应当采取的主要措施之一①。2004 年，俄罗斯政府制定颁布的《2008 年前俄罗斯联邦政府活动基本方针》提出，为了加快社会经济发展，国家不仅要采用制度性刺激措施，也要提出国家项目的较为具体的倡议。由此可以看出，普京上台后工业政策调整的主要方向已经较为清晰。

二　产业政策对中小企业发展的影响

按照一般的逻辑，基于经济发展赶超背景的产业政策应主要集中于重要产业的大型企业，很难为中小企业发展留下成长空间，比如，主张依靠大型、国家调控的工业组织带动小型和私营企业的发展、反对经济组织细碎化的切尔诺梅尔金，就反对那种依靠小型经营组织来改善和活跃经济的倾向②。这种迎合传统重工业部门和军工部门以及大的民族资本企业家的做法，当然不利于新兴中小企业的成长。但从长期来看，对俄罗斯这种资源依赖型经济而言，要想摆脱"荷兰病"的威胁以实现经济可持续发展，必须提高经济的创新性和竞争性。在微观层面上，必须提高企业的经营效率和市场竞争能力。而从长期来看，处于传统垄断性行业的企业，效率低下，竞争力不强。因此，普京执政后，随着宏观经济状况的改善和国家财力的壮大，从调整经济结构、增强国家竞争力的角度出发，积极建立国家创新体系、促进创新型经济发展，并于 2001 年 11 月签署命令组建"俄总

---

①　其他措施如下，选择能够建立新生产部门和市场的技术方向并给予扶持；鼓励并支持能够保证市场竞争优势的创新方案；扩大产品和生产的国际认证范围；鼓励俄罗斯的工业公司参加国际性展览会，参与高技术领域的合作；促进俄罗斯工业企业做好加入世界贸易组织的准备，在世界贸易组织要求的框架内开展工作。参见俄经济发展与贸易部官方网站（http://www.economy.gov.ru/merit/267.htm）。

②　徐坡岭：《俄罗斯经济转型轨迹研究：论俄罗斯经济转型的经济政治过程》，经济科学出版社 2002 年版，第 196 页。

统科学与高技术委员会"，并相继出台了一系列政策措施。其中，很多方面直接涉及中小企业发展问题。比如，2005 年 3 月俄罗斯政府颁布实施的《俄罗斯 2010 年前科学和创新领域的战略》中把"创新型小企业数量大幅增加"作为发展创新型经济的标志性指标之一①。

为了促进创新型经济的发展，政府不断地从制度上进行突破和创新，具体包括投融资制度、人才培养制度和信息咨询制度等方面。从基础设施来看，包括创建各类科技园区、创新技术中心、经济特区等各类基础设施及信息数据库等。这些制度和措施对科技型中小企业发展的影响分析如下：

（一）在投融资制度方面，除了银行信贷、资本市场等融资渠道外，俄罗斯政府建立了各种类型的创新型发展基金

20 世纪 90 年代初，政府先后建立了"俄罗斯技术发展基金"（1992 年）、"俄罗斯促进科技型中小企业发展基金"（1994 年）和"地区科技发展基金"，它们的作用在于为企业创新活动提供优惠贷款。其中，"俄罗斯技术发展基金"主要就是为处于研发阶段的项目提供资金支持，主要扶持对象即为科研机构和小企业；而后两者主要是对处于新技术生产阶段的企业提供资金支持。

20 世纪 90 年代中后期，俄出现了很多风险投资基金。1997 年建立了俄罗斯风险投资协会，欧洲复兴与开发银行和俄相关机构共同为风险投资提供资金。2000 年 3 月，俄罗斯经济发展和贸易部建立了"风险创新基金"，到 2005 年共支出 5000 万卢布，实际投资 3000 万卢布。但是，由于拨款不足，"风险创新基金"基本未发挥作用。1994—2001 年仅对 250 个项目投出了 5800 万美元。俄罗斯风险投资项目的收益率为 16%，主要投资领域有：食品加工业 27%，电信高技术 25%，医药业 9%，包装业 5%。俄罗斯较早涉足创业和风险投资的人士、俄罗斯教育科学部现任部长福尔先科曾指出："风险投资只投向回报快的项目，为此，俄罗斯的风险基金甚至投向西方。在俄罗斯不论是对本国风险基金，还是对国外资金来说实际上更具吸引力的依旧是原料出口和金融投机，支持高技术项目和中小企业创新的风险资金却少之又少。"

---

① Стратегия РФ в области развития науки и инноваций до 2010 г［EB/OL］（http://www.mon.gov.cn, 2008.05.02）.

2002 年 10 月底，俄罗斯工业和科技部制定了《俄罗斯风险投资行业发展构想》，提出建立风险投资基金，向风险项目投资，每年计划投资 10 亿卢布；建立 10 个风险基金；增加新的投资基金，国家在其中所占份额不超过 10%—20%；在国家和国有以及其他类型的学术机构的参与下，建立技术转移机构，目的在于利用现有的科技研发机构的基金支持小型创新企业的发展；对小型创新企业提供税收优惠；建立风险投资行业跨部门协调机构；将国有知识产权转让给科技型企业；利用风险项目中的国有份额的收入，对风险项目进行再投资。

总的看来，俄罗斯小企业中创新公司所占的比例还比较小，对经济的贡献率约占到俄罗斯 GDP 的 6%，比市场经济发达国家小企业的贡献率（占 GDP 的 40%—60%）尚有明显差距。为了缩小这一差距，俄罗斯政府在 2004 年斥资 300 万美元创建"风险投资基金"，尽管数目不大，但表明了政府投资的意向并希望以此吸引国外的风险投资机构。从 2004 年起"俄罗斯促进科技型中小企业发展基金会"启动了一个新的支持科技型小公司的"起点计划"，用于支持那些尚处于起步阶段的小型创新企业，即所谓的"播种式"资助。并且，"基金会"开始逐步涉足科技型小企业的内部管理，包括以知识产权入股的形式提供支持，促使他们的经营更加文明和透明。支持创新基础设施的主要形式是为创业技术中心的发展提供资金；另一种支持方式就是培养创新型管理人才，为此，"基金会"在许多大学都开设有专业课程来培训创新型小企业管理人才。

在 2004 年春季召开的工商会议上，时任总理弗拉德科夫表示，政府"将帮扶发展"关系到经济增长质量改善的中小型企业，并说，俄联邦政府中新成立的企业家委员会今后的工作重点，将不再像以往那样只局限于大企业，而将更加重视中小企业的发展。弗拉德科夫还多次在政府工作会议上强调小企业问题，将其列入 2004 年政府五大工作要点之一。2005 年 8 月在原有的各种支持创新政策的基础上，俄罗斯政府批准了《至 2010 年俄罗斯联邦发展创新体系政策基本方向》，它既是指导俄罗斯国家创新体系建设的基本文件，也是俄罗斯国家创新体系建设的中期规划。该文件提出了俄罗斯发展国家创新体系的三大基本策略：（1）建立有利于创新活动的经济与法律环境；（2）建设创新基础设施；（3）建立知识成果产业化的国家支持系统。文件提出的落实上述政策的一系列措施中包括吸收中小企业参与国家专项计划与创新项目等。通过这一文件俄罗斯政府明确提出，到 2010 年国家 GDP 的主要部分应通过完成高科技产品来实现，知识产权成果商业转化的比重应大幅提高，创新活动的成本和风险应明显降低，并使之成为提高居民生活质量，保障社会经济稳定和维护国家安全的关键因素等，这就为科技型中小企业的发展提供了机遇。

2005 年年底，经济发展和贸易部制定了规范性法规，确定了中小企业遴选办法，以封闭型合伙制投资基金模式对其进行管理。同时，为促进地方小型科技企业基础设施的发展，政府增加了拨款。

为了加大支持力度，2006 年 8 月俄罗斯政府又进一步决定拨出 150 亿卢布正式建立国家风险投资基金，其主要投资领域恰恰是非政府风险投资基金所不愿涉足的高技术项目和中小企业创新。计划通过建立 10—12 项基金，向高技术研发机构投资 12 亿美元。资金总额的 49% 来自政府预算，其余的来自私人投资者。2007 年建立 3 项风险基金，总额为 80 亿卢布（3 亿美元），并计划再建 7 项新基金，总额为 300 亿卢布。此外，俄罗斯发展银行和投资基金的建立也将拓宽创新型经济的融资渠道。随着国家经济的总体好转、财政收入的增加以及对创新支持力度的加大，俄罗斯的科技型中小企业正迎来了一个全新的发展时期①。

（二）在基础设施建设方面，政府建立了科技园区、创新技术中心、科学城、技术推广型经济特区

首先考察科技园区的情况。自 1990 年在托木斯克创办第一个作为创新基础设施的科技园区开始，到 2005 年，俄罗斯登记注册的科技园已近百家，有些已经开始为本地区带来经济与社会效益，如莫斯科、圣彼得堡、绿城、托木斯克等城市的科技园发展较快。另外，作为支持创新体系的重要补充，除科技园外，俄还在全国先后建立了约 80 个技术转移中心。2006 年 3 月 10 日，根据普京总统关于"将专业领域的高技术转化成推动经济发展的动力"的要求，俄罗斯政府又批准了一项新的《在俄罗斯联邦组建高技术科技园计划》。根据该计划，俄罗斯将在 2006—2010 年在莫斯科、圣彼得堡、新西伯利亚、下新城、卡卢加州、秋明州和鞑靼斯坦共和国建立 7 个科技园，并确定这些科技园将以开发纳米技术、生物技术和

---

① 龚惠平：《俄罗斯国家创新体系的新发展》，《全球科技经济瞭望》2006 年第 12 期。

信息技术为基本侧重点。国家提供预算资金支持上述科技园的建设，如科技园的基础设施全部由联邦预算出资建设，初步预计，到 2010 年俄罗斯将投入政府资金达 1000 亿卢布；政府部门也参与管理，从而使之成为俄罗斯的第一批国家级科技园①。

　　其次，建立创新技术中心。1997 年 3 月，俄罗斯实施《科技领域创新活动跨部门纲要》，主要任务就是培育、建立创新型小公司，在功能上起到创新型小企业孵化器的作用，为中小型创新企业的发展创造条件。目前，俄罗斯建有 50 多个创新技术中心。它们对园区内的小企业提供技术、信息与咨询服务，并对小企业融资提供担保。进入创新技术中心的大多数公司都取得了较好的业绩，在其进入的前 3 年时间里缴纳的税收就可弥补国家的先期投入。调查显示，进入创新技术中心的小企业其商品和服务产值比其他小企业高 2 倍②。

　　科技园和创新技术中心等创新基础设施主要由俄罗斯教育科学部、俄罗斯科学院、地方政府和俄罗斯支持科技型小企业发展基金会等单位创办，具体承办单位多为俄罗斯教育科学部下属的国家科学中心和大学。入驻园区的企业 80.7% 为小型创新企业，20% 尚处于起步发展阶段，享受孵化器的服务，其组织形式主要为股份公司（41.6%）和有限责任公司（37.6%）。私人创办的企业占 48.4%，大学创办的企业占 24.5%，国外参与者只占 0.8%。园区企业创业资金的 56.8% 为自有资金和资助方的合作资金，使用国家预算资金创办的公司仅占 12%。高新技术产品是科技园产品的主导，包括信息技术产品、计算机技术与软件、自动化设备、电子与生物技术等。俄罗斯科技园的高新技术产品主要是立足于本国需要，开发适合俄罗斯市场需求的产品，绝大部分产品的知识产权是自己独创的。约 60% 入园企业产品的产业化程度还较低，44.6% 企业的产品主要是在本地市场销售，24.6% 企业的产品能销售到国际市场；52.7% 的入园企业产品用户主要是国营企业，国外用户仅占 11.9%，其余用户占不到 10%。

---

　　①　龚惠平：《俄罗斯国家创新体系的新发展》，《全球科技经济瞭望》2006 年第 12 期。

　　②　Институт экономики переходного периода, Экономика переходного периода: Очерки экономической политики посткоммунистической России 1998 – 2002, Москва, Дело, 2003 г. с. 682 – 693. 转引自李中海《普京八年：俄罗斯复兴之路（2000—2008）》经济卷，经济管理出版社 2008 年版，第 330 页。

再次，实施"科学城计划"。"科学城"的概念出现于 20 世纪 90 年代初，当时的科学城只是地理上相邻的科技型企业和机构组成的特殊城镇，法律地位不清晰。1999 年 4 月，俄罗斯总统签署了《俄罗斯联邦科学城地位法》，确定科学城为国家行政区。2000 年 5 月，卡卢加州的奥布宁斯克成为首个国家正式确认的科学城。此后在全国各地陆续有很多城镇获得科学城地位。目前，科学城总数超过 70 个，一半以上位于莫斯科州及邻近地区，其他较为集中的地区是乌拉尔、西西伯利亚和南部地区。科学城可从联邦预算"支持联邦主体"项下获得国家的资金支持，并可使用联邦资产，70% 多的科技城有自己的高等学校。科学城的建立有利于吸引外资，发展创新型中小企业。

最后，建立包括技术推广型特区在内的经济特区。在经过了长达十几年的争论之后，2005 年 7 月，《俄罗斯联邦经济特区法》经议会批准终于出台，并于 2006 年 1 月 1 日生效。经联邦经济特区署的筛选，俄罗斯第一批 6 个经济特区经国家批准正式建立，其中，工业加工型特区 2 个，技术推广型特区 4 个。工业加工型特区为鞑靼斯坦共和国阿拉布加工业加工区和利佩斯克州格良金斯克工业加工区。技术推广型特区有莫斯科杜布纳市技术推广型特区，该特区主要依托世界著名的杜布纳联合核研究所，侧重核能、工程建筑与软件程序设计领域的高新技术推广及应用开发；莫斯科市绿城技术推广型特区，从 20 世纪 70 年代以来，苏联一大批集成电路、微系统技术、光电子仪器仪表方面的科研单位集中于此，逐步形成了俄罗斯的"硅谷"，多年来一直从事微电子高新技术的应用研发和推广；托木斯克州托木斯克市技术推广型特区，这里是俄罗斯最早建立科技园的地方，创新和推广应用的基础较好，主要领域包括信息通信技术与电子、新材料与纳米技术、生物技术与医疗；圣彼得堡市技术推广型特区，主要依托彼得格夫科学城的科研、教育、生产研发基础设施，以及世界著名的俄罗斯科学院约斐技术物理研究所等多个国家科学中心，是基础设施相对完备的一个现代技术推广基地。特区内的企业可以在 5 年内不用缴纳土地税、运输税和财产税。

此外，建立信息基础设施、改善人才培养制度，建立专业咨询机构，也是创新型经济的制度和基础设施建设不可或缺的重要方面。就其作用分别简要地分析如下：（1）建立信息基础设施的目的在于信息共享，这是一个复杂的网络系统，包括国家科技信息中心的地方系统、支持小企业发展的机构、地区性信息网络。（2）创新型经济的基础是知识经济，人力资源具有不可替代的作用。俄罗斯目前培养青年科技人才的任务迫在眉睫。虽然目前有数十所高等院校能够培养高新技术生产管理和市场营销人才，但人才质量有待进一步提高。（3）建立专业的咨询机构，对知识产权问题提供技术和法律服务，解决科技和生产的标准化问题，对创新型经济发展同样具有重要意义。

在上述产业政策调整的背景下，有了上述制度保障和基础设施的支持，创新型中小企业的发展将会十分迅速。在广大企业对先进技术的需求日益增长的牵引下，规模较小、灵活性较强的创新型中小企业发展空间广阔。不过，这个部门的发展，还受到以下因素的制约，作为"增量改革"的试验田性质的创新型经济，受到来自作为"存量"的传统垄断企业的阻碍，因为它们占据着大量金融信贷等优质资源，严重地制约了创新型经济对生存发展资源的获取；同时，还存在知识产权保护制度和专利申请制度的不完善，风险投资利润的偏低等不利因素。随着改革的深入，这些制约将会陆续得以缓解直至消除，俄创新型中小企业的发展值得期待。

三　大中小型企业之间的协作

上一小节分析的产业政策背景下的中小企业发展问题，主要集中于创新型中小企业的政策、制度扶持问题，而传统的加工制造类中小企业又面临何种机遇呢？对此，本书接下来的分析将从大中小型企业协作的角度展开。在全球化经济迅猛发展的当下，第三方物流、服务外包等新的契约形式的兴起，有利于减少大型企业的运营成本，增强企业的市场竞争力，而这种新的业务领域内中小企业居多，尤其是制造类加工型行业，因为承接分包、外包业务而涌现了大批中小企业。不过，在发展加工型小企业问题上，俄罗斯在改革早期并不重视通过与大企业的协作的途径，而且小企业的利益得不到保障的一个重要原因就在于大型企业的排挤和压制。从联邦层面的政策制定到实施措施的落实都没有得到有效保障。但是，随着俄罗斯经济的发展、经营环境的改善，大企业从节约自身交易成本、提高自身竞争力的角度考虑，开始与有能力履行订单的中小企业合作。大企业在与中小企业的合作过程中可以获得多重收益，包括充分利用中小企业的精、专、特的优势；获取廉价的优质零部件；工艺分包的合作收益等。大企业与中小企业的关系发生了变化，即由改革早期的直接竞争转变为迂回竞争或合作竞争，这同样将给大企业直接带来收益增长的机会。而对中小企业而言，它们通过加入这种分工协作体系、接受大企业的监督、检验，可以不断提高产品质量，从而保持一定程度的竞争能力、产品创新能力；同时，中小企业也可以利用大企业的信用优势来弥补自身信用缺位，提升自身信用水平，以突破自身信用积累的局限，寻求更多的金融支持等①。更重要的是，它们的利益诉求可以通过大型企业表达出来，从这个意义上说，这种合作是对中小企业群体自身集体行动的一种替代。

2003 年 4 月 28—29 日，在莫斯科举行的第四次全俄小企业主代表大会的主题就是"小企业和大企业之间的协作"。会议讨论了小企业和大企业之间的协作水平和条件，以巩固企业界在互利合作的基础上为有效发展国内企业而作出的努力。但与会人员对当时的这类企业间协作得出的结论却是，小企业和大企业之间的协作还处于萌芽时期，处于自发性的、自相矛盾的发展阶段，还不能完全地利用彼此的潜力以实现共同发展的目标。当时出现这种状况的一个重要原因是生产型小企业发展程度不够。另外，很多大型企业缺乏长远的发展计划，并没有把小企业当作战略合作伙伴。分析制约这种协作顺利开展的因素，主要包括：（1）无论在联邦层面还是在地区层面上，对发展工业领域里的中小企业均缺乏相应的政策。（2）法律存在不足，如对小企业缺乏明显的奖励和优惠，包括资产租赁问题、对小企业投资优惠措施的取消、在小企业设备的加速折旧方面缺乏清晰的法律条文。（3）工业企业重组进程的积极性不足。（4）分包市场的基础设施发展水平不够，包括信息共享空间的落后、企业领导人缺乏必要的经验等②。

会议认为，应该加强发展小型企业和大型企业间的一体化机制，为成功的大型企业和小型企业协作创造前提条件。国家有必要为大企业参与中小企业的发展，创建一些激励机制和条件。会议也指出了努力的方向，即协作的前景，包括：把产业集聚技术应用于地区的工业和经济的发展；发展分包式合作；发展和推行创新；提高个人资产的利用效率（建筑物、

---

① 罗正英：《中小企业信贷资源占有能力提升的战略重点》，《中国工业经济》2004 年第 4 期。

② Шмелькова Н. Г. О IV Всероссийской конференции представителей малых предприятий "Взаимодействие малого и крупного бизнеса" ［DB/OL］. http://www.lawlibrary.ru/article1146448.html, 2008.03.18.

设备、基础设施）；在那些市政建设公司占主导地位的城市发展小企业；通过完善融资信贷政策和机制来发展小企业和地方银行 7 个方面。

会后各级领导人和相关企业领导人的认识水平得以提高，各级政府出台了一些旨在促进企业间合作的政策。比如，2003 年 10 月经济发展与贸易部提交给部务委员会的报告中，强调中小型企业与大型企业协调发展；中小型企业具有巨大的科技潜力，而且在决策的灵活性、接近市场需求等方面具备大企业无法比拟的长处，因此，中小企业与大企业之间的协作、契约关系必须得以迅速发展，以保证它们在合作中能取得协同效果。不仅在高科技部门，在其他经济领域大企业与中小企业的协作关系也应取得同样的积极效果①。

经过一段时间的发展，这种协作尽管还不能令人满意，但已经出现良好的开端。在 2005 年 3 月，全俄中小企业联合会与全俄舆情研究中心共同进行了一项旨在研究俄罗斯地方小企业的经营环境的调查。其中，有一个子项就专门调查受访对象（小企业的受访者均为其所有者和最高管理者）对大型和小型企业合作及相关领域的看法。全俄大约有 1/3 的小企业表示，它们能够完成大企业的订货，作出肯定回答的比例最高的为西北联邦区，其次是伏尔加河沿岸联邦区，然后是乌拉尔联邦区，其他各联邦区的比例情况如表 4-4 所示。

表4-4　　　　　您的企业能否完成大企业的订货　　　　单位:%

	是	否	很难回答
中央联邦区	27.0	70.5	2.5
西北联邦区	39.6	59.1	1.3
南方联邦区	25.2	74.0	0.8
伏尔加河沿岸联邦区	39.2	58.5	2.3
乌拉尔联邦区	39.0	60.0	1.0
西伯利亚联邦区	33.9	64.8	1.3
远东联邦区	29.6	67.2	3.0
俄联邦	32.7	65.4	1.8

注：表中的百分比之和因四舍五入的原因，不等于100%。

资料来源：全俄舆情研究中心2005年发布的调研报告《俄联邦地方小企业发展的条件与影响因素》，第98页。

① 冯舜华：《俄罗斯经济"追赶型"发展的战略目标和途径研究》，《世界经济与政治》2004 年第 12 期。

在回答能够完成大企业订货的企业中，有 43.4% 的中小企业表示它们和大企业之间具有长期的合作关系。在乌拉尔联邦区作出这一表示的比重最高（见表 4-5）。

表 4-5   与大企业合作的性质   单位:%

	多为一次性订货且数量不大	订货的批次不多且数量也少	长期的合作计划	其他
中央联邦区	17.6	40.3	37.0	5.7
西北联邦区	17.1	33.7	47.5	1.7
南方联邦区	25.5	35.6	38.9	—
伏尔加河沿岸联邦区	22.9	31.9	43.8	1.4
乌拉尔联邦区	19.8	22.4	54.3	3.5
西伯利亚联邦区	21.3	31.8	44.5	2.4
远东联邦区	21.2	32.7	41.3	4.8
俄联邦	20.7	33.3	43.4	2.6

注：这里的所谓长期合作计划是指合同期限在三个月以上。

资料来源：全俄舆情研究中心 2005 年发布的调研报告《俄联邦地方小企业发展的条件与影响因素》，第 98 页。

就俄联邦总体而言，大多数经营者（61.3%）认为，与大企业合作没有给自己的生产过程带来任何变化。在那些承认这种合作为自己的企业带来变化的受访者中，仅有 22.6% 的人认为这种变化具有积极意义。不过，就总体而言，大约有一半的受访者对大企业为改善地方经营环境作出的贡献作出了积极评价。南方联邦区作出积极评价的比例最高（见表 4-6）。

由上述调查可以看出，目前这种大中小企业协作的水平距离发达国家差得还远，与提高俄罗斯经济的竞争水平的要求还不相称。新当选总统梅德韦杰夫 2008 年 4 月在与俄罗斯工业家和企业家联盟领导层的会面中指出，俄罗斯个别领域的劳动生产率水平比发达国家低 95%，这仅靠采购高科技设备是解决不了问题的，虽然这也是个重要部分。应该制定一整套相互关联的长效措施体系，首先就是要形成新的生产组织模式。他认为，应该打破大型企业的技术封闭，转向外包体系，使小企业能够积极参与最终产品的生产。只有在利用了小型企业能更为灵活地对市场形势作出反应的优点后，才可保证经济体拥有必要的机动性和先进的技术决策，从而提

表 4 - 6　　　　　　　　　大企业对地方经营环境的影响　　　　　单位:%

	积极	比较积极	比较消极	消极	无影响
中央联邦区	14.2	35.0	23.3	7.3	20.2
西北联邦区	14.1	30.9	21.2	12.6	21.2
南方联邦区	20.4	34.8	13.8	8.0	23.0
伏尔加河沿岸联邦区	14.8	34.1	24.2	7.8	19.1
乌拉尔联邦区	15.7	38.7	21.1	8.4	16.1
西伯利亚联邦区	18.2	35.8	23.5	6.6	15.9
远东联邦区	17.9	37.9	17.1	8.5	18.6
俄联邦	16.4	35.0	21.0	8.2	19.4

　　资料来源:全俄舆情研究中心 2005 年发布的调研报告《俄联邦地方小企业发展的条件与影响因素》,第 99 页。

高经济的竞争力①。

　　在理解大中小型企业之间的协作关系时,我们还应当注意到,中小企业和大企业之间存在着合理的共生关系,这在发达国家尤为明显。它们以各种形式展开合作,比如,分包合作的形式,或特许连锁经营形式等。这种理性共生关系是经济充满活力和平衡发展的保障。而那些只有中小企业,缺乏大型企业的领域里,中小企业自身也在逐步退化,充斥着家庭手工业和小型贸易组织。总结其中的规律我们发现,没有发达的金融市场制度如风险基金、投资银行等的支持,中小企业所特有的创新潜力根本无法实现,而这种金融组织效能的发挥是大公司比如大型跨国公司和小公司甚至微型的家庭企业和睦相处的保证。反观俄罗斯金融机构的效能,短期内难有较大发展。

第三节　制度需求演进与中小企业发展

　　在比较成熟的市场经济国家,即使市场制度体系比较完备,中小企业也面临着规模小、信用水平低、自有资金不足、缺乏"抵押品"、获取信

---

　　① 《梅德韦杰夫希望国内大小企业之间积极合作》(http://rusnews.cn/eguoxinwen/eluosi_caijing/20080408/42101570.html)。

息难等制约因素，在制度缺失、制度供给不足的条件下，市场的无序和混乱使得这种困难越发加剧。这样，对有利于俄罗斯中小企业发展的制度需求而言，将会受到多重演进过程的制约，市场环境的稳定化、稳定条件下竞争的有序化以及政府出台的针对中小企业的专门扶持措施的民主化等。在市场环境稳定化过程中，为了应对正式制度的缺乏，前文提到的小企业之间的关系网、非正式的交易契约则体现出部分制度替代效应，但在凸显中小企业自组织有效性的同时，也为突破这种"关系网"的局限埋下了伏笔。但这种局限的有效突破少不了政府的参与甚至主导，因为中小企业的天然性的弱势地位使之无法同垄断性大型企业展开公平竞争，生存都困难更枉谈发展了。那么，扶持中小企业的制度、政策的成效显著吗？答案是否定的。正如本书在文献综述部分看到的，俄罗斯的不少学者之所以对政府的中小企业扶持政策持否定态度，是因为他们认为当前的扶持措施简直就是在浪费资源。但根据我们的考察，之所以得出这样的结论与人们忽略了中小企业自身也是一支重要的公共选择力量有关。不过，在整个 20世纪 90 年代这一力量因为集体行动的困境、民主不彰而发育迟缓。因此，是，笔者在分析制度需求演进动力的基础上，将先后分析中小企业融资制度的演化和协会制度的完善过程。前者从中小企业融资渠道的角度剖析了在各利益相关方的相互作用下俄罗斯中小企业融资条件的改善问题；后者分析中小企业自身作为公共选择力量的成长过程。另外，从某种意义上说，没有中小企业经营者阶层的发育，俄罗斯的民主是不完备的。

　　一　由"公地悲剧"到制度需求演进

　　Leonid Polishchuk 在分析 20 世纪 90 年代前半期俄罗斯对基于规则的市场经济的需求并不强烈时认为，尽管制度缺位，俄罗斯的小企业在 90年代初期的发展仍然十分迅速。小企业要求政府改善政策的动力并不足，在习俗制度不足以支持经济活动日益增加的范围、广度和复杂性时，俄罗斯对于法治等制度需求开始出现。社会和经济的变化促进了需求的增加，而变化自 90 年代就持续发生，1998 年的危机更是一个巨大的冲击。当然，需求的增加是多种因素作用的结果。其主要原因之一在于人们对"公地悲剧"的规避，由于俄罗斯企业大部分已经私有化，大型工商和金融企业开始互相竞争，争夺资源、设备和寻租机会。在一个"没有剩余资源可供窃取"（Aslund，1999）的环境下，这种争夺是有损生产发展的，这就使得经济主体开始寻求协调彼此利益的约束，建立共同接受的行为准则。已经取得一定市场地位并在物质资本和人力资本上进行投资的小企业对于保护其资产具有同样的需求。没有这样的保护，市场主体将会遭受"公地悲剧"① 带来的损失。实际上这种分析只是将市场经济主体的一部分纳入进来，而忽视了政府和黑社会组织之间的博弈，以及中小企业和政府受到的外国投资者的激励和示范效应的影响等因素。

　　前文提到，伴随着转型期俄罗斯国家制度能力的弱化而来的是影子经济的泛滥。那么，弱化的或缺位的国家制度，是否就造成了所谓的制度真空呢？事实上，在俄罗斯从来就不存在所谓的制度真空，因为非正式制度一直在发挥着替代性作用。而俄罗斯转型的 20 世纪 90 年代甚至 21 世纪初期，国家对任何经济部门的法律保护都不够，而替代性的保护就出现了，也就是所谓的黑社会组织或黑道组织。按照奥尔森的理解，黑道是一种常驻盗匪，在一个小地区内起着微型国家的作用，黑道组织甚至比一个无政府主义国家更有益于经济活动和投资，但不如在更大的地区保护整个经济的国家。如果在一个经济发达地区，获取更多财富的机会在增长，那么一个有更多军队的更加强大的常驻帮派——合法的国家——就会取代比较弱小的帮派。前文提到的在 90 年代小企业之间形成的基于个人关系而形成的非正式制度形式，在促进了经济资源配置的同时，也促进了影子经济的发展，而影子经济领域提供保护的正是这些"黑道组织"②。

　　这样一来，制度需求的演进受到几方经济主体利益诉求的影响。第一，中小企业本身已经认识到原来的非正式制度形式，因为信用、市场、商业预期等的局限性已经制约了其进一步发展，不利于自有资本的增值，故而需要国家宏观经济环境的改善，优惠政策的出台，相关法律得到真正的尊重。第二，除了传统的能源等原料领域的大型垄断企业之外，一些大的垄断性企业为了保持自己的垄断地位，避免中小企业的分利，而阻碍有利于中小企业发展的政策、法律等制度的国家供给。第三，政府想把影子

---

　　① "公地悲剧"的避免可以通过引进确定的产权以提高资源使用效率并在特定环境下令所有使用者受益。经济史提供了大量的例子证明，"公地悲剧"是诱发确定的产权制度变迁的催化剂（Libecap，1989；Eggerston，1990；Ostrom et al.，1994）。俄罗斯的变化同样也符合这一模式。
　　② 可以在琳达·兰黛尔的《不情愿的资本家》（中译本）（2004）一书第 182—183 页上发现一些具体的佐证案例。

经济纳入自己的管控之下，以掌握经济信息、抽取税收、合理配置资源以利经济增长，此时遭遇到的直接障碍就是所谓的黑道组织。第四，是那些外国投资者，他们为了增强经营行为的可预见性积极支持新的经济规则并身体力行。在整个90年代直到现在，欧洲复兴开发银行、世界银行、国际货币资金组织以及包括美国、德国在内的许多国家和组织都希望能够通过投资等方式对顺应改革的俄罗斯企业进行奖励，以加速俄市场经济改革进程。于是外国投资者通过支持新经济规则而试图改善俄罗斯企业经营环境的努力就成为一种"外在"激励力量。

　　表面上看，相对于大型垄断集团的院外游说能力而言，比如，早期的工厂红色经理人以及后来的金融工业寡头都具有极强的院外游说能力，政府在增强制度供给以为中小企业提供保护上，比黑道组织更有优势，因为，政府拥有军队等暴力工具。但事实上，并非那么容易，和权力腐败纠结在一起的黑道组织，牵涉许多利益集团的切身利益，解决起来必然受到各色利益集团的抵制和反对，这在短时间内很难解决。

　　与上述阻碍制度环境优化的力量相反，外国投资者对新经济规则的支持，积极促进了俄罗斯经营环境的改善，尤其是针对那些中小企业的跨国扶持项目的实施。20世纪90年代，由于俄罗斯政府一直在尝试推行改革，所以无论在政治上还是财力上都受到了削弱，而且一直未能从企业部门赢得所需要的支持。结果政府失去了监控、实施新的法律、政策的资源。一些俄罗斯人一直寄望于外国人，或是通过企业合作，或是通过项目投资，为企业在混乱环境中提供生存急需的资金、技术和安全保障。这里的外国人主要就是指伴随着90年代初的改革，一些相继进入俄罗斯境内的国外机构。这些组织要么和当地政府或相关组织合作，要么相对独立地开展相关活动，它们为中小企业提供技术、融资、人员培训、市场开拓以及相关咨询服务等方面的支持和帮助，在一定程度上促进了俄罗斯中小企业的创建和发展。更重要的是，在这些组织的带动下，地方政府也开始逐渐意识到中小企业的重要作用，国外的一些以营利为目的的公司也开始进入俄罗斯为中小企业提供融资服务，而后者的市场行为发挥的示范效应则促使俄罗斯的大型金融机构也开始重新审视中小企业信贷市场，进而整个中小企业发展环境也得到了某种程度的改善。具有代表性的国际援助组织及项目有，欧盟对独联体的技术援助计划（TACIS）及项下的若干项目、世界银行相关计划及项下的项目、美国国际开发署（USAID）的项目等。这些项目在俄罗斯改革的早期及 1998 年危机之后对俄罗斯中小企业发展的积极影响尤为显著。

考虑到上述左右中小企业发展的不同力量，普京上台后，政府开始逐步对之加以整合，努力将它们纳入有利于国家经济发展的激励相容的框架中来。正是基于这种背景，制定有利于中小企业发展的政策成了普京增强正式制度供给，重建市场制度环境工作中必不可少的一项，诸项改革措施，如降低企业的行政壁垒、减轻税负、提高行政效率等纷纷出台。

比如，前文论述到的 2001 年 1 月 1 日开始生效的《俄罗斯联邦税法典》（第二部分）；2003 年 1 月开始实施的简化小企业纳税方法和降低小企业税负的法律，等等。类似的旨在包括保障中小企业稳步发展在内的改善国内经营环境的一系列法律法规和计划也相继颁布实施，比如，《关于进行检查的办法》①、《俄罗斯风险投资行业发展构想》（2002 年 12 月）、《行政诉讼法典》②、《个别种类经营活动许可证管理法》（2005 年 7 月）、《国家采购法》③、《在俄罗斯联邦组建高技术科技园计划》（2006 年 3 月），等等（详见本书第二章第二节以及本章第二节的有关分析）。与叶利钦时代不同，出台的这些法律法规和措施虽然也没有得到完全执行，但却具有较好的可操作性。比如，新修改后的《行政诉讼法》禁止行政机关对小企业实施停业处分（司法机关除外）；《关于进行检查的办法法》则规定对企业主实行无过错推定原则，将行政检查的次数限制在每两年一次，对新企业每三年一次；新修订的《国家采购法》规定，为小企业提供政府采购份额的 15%，并确定 300 万卢布以下的国家订货可以向小企业购买等。更为重要的是，发展中小企业的理念已开始被当局理解，全面、系统的扶

---

①　О защите прав юридических лици индивидуальных предпринимателей при проведении государственного контроля（надзора），Принят Государственной Думой 14 июля 2001 года；2001 年 8 月，№134 - ФЗ 载 http：//www. primorsky. ru/files/7973. doc。

②　Кодекс Российской Федерации об административных правонарушениях；2001 年 12 月，№195 - ФЗ。

③　О размещении заказов на поставки товаров，выполнение работ，оказание услуг для государственных и муниципальных нужд，2005 年 7 月，№94 - ФЗ. 载 http：//procurement. tendery. ru/state - law - 94fz. htm。

持性框架已逐步搭建起来，为在预算资金充裕、执法效率提高、行政腐败程度降低等条件满足时中小企业潜力的发挥奠定了基础。

二　制度环境与俄罗斯中小企业的发展：以中小企业融资为例

制度环境的改善是一个渐进的过程，无论是普京的行政改革还是各项新法律或新修订法律的出台等，都只是给制度环境的改进提供了一种极具制度理性的框架。这些法律法规的实施、真正效用的发挥需要一个过程，也就是说，正式制度和非正式的联合演进是在一个具体的空间内由相互作用的经济主体逐步完成的，任何一蹴而就的想法都是不现实的。已经习惯向中小企业主伸黑手的行政检查机关需要更加完善的制度体系的制约。在影响中小企业发展的各种制度性因素中，融资条件的改善具有关键作用。尤其是在宏观经济环境趋于稳定、人们生活水平逐步提高的普京时期。考察这一过程尤其是 2001 年以来融资环境的改善过程，有助于我们理解有利于中小企业发展的整个制度环境是如何演进的。

俄罗斯的银行体系改革和经济的市场化转型几乎是同步的。适应经济市场化的要求，到 1993 年，俄罗斯原来的银行体系基本完成了向二级银行体制的转型。但商业银行的出现和发展，并未给中小企业融资带来多少福音。中小企业本身发展的不确定性（如容易倒闭、生存周期短、业务多变以及抗风险能力弱等）、信息不对称程度过大等因素的普遍存在，加之其本身贷款数额低、频率高等原因，使得商业银行对中小企业贷款业务面临双高困境，即风险高、单位贷款的成本高。在这种情况下，俄罗斯中小企业通过银行融资遇到巨大困难。但同时，经济市场化转型也促进了俄罗斯非银行融资服务市场的发展。非银行金融服务在一定程度上缓解了中小企业的融资问题。比如，融资租赁、抵押担保、小额信贷、风险投资和特许经营等。尤其是非银行小额信贷业务。也就是说，融资工具的多样性带来融资结构的多元化，使俄罗斯中小企业整体的融资环境得以大幅改善。俄罗斯中小企业的融资结构体现在其融资工具的使用上。不同的融资工具对中小企业融资具有不同的意义。本书此处就以融资工具为线索展开，依次考察银行借款、租赁、小额信贷、担保项目、风险投资、证券市场融资和特许经营 7 个方面。

（一）银行借款

20 世纪 90 年代形成的金融工业集团主导的产权结构决定了俄罗斯主

要商业银行的金融资源基本上都掌握在大金融工业寡头手中，其贷款的方向也主要是大型企业。1998 年的金融危机给俄罗斯银行系统以沉重打击，促使俄罗斯的银行体系发生了一系列重大变化。

到 2001 年，可以观察到的银行体系的积极变化包括：（1）银行数量大幅减少。中央银行对小型银行自有资本量的要求更加严格，银行的集中和所有权的多元化趋势加剧。（2）信贷业务质量有所提高。根据中央银行的官方统计数据，在俄罗斯银行系统的标准信贷占总信贷的比重从 1999 年年初的 75.4%，上升到 2000 年年底的 88.4%。（3）银行体系的总资产和资本在不断增长。但是，银行体系资本化程度仍然不够。（4）私人存款在增长。私人存款的规模从 1998 年 8 月的 1910 亿卢布增加到 2001 年 2 月的 4640 亿卢布。（5）提供给经济部门的总的信贷规模也在增长。同时金融危机也促使银行开始注重长期风险的控制，这导致银行体系发生了一些看起来比较消极的改变。首先，提供给产业部门的信贷大多属于短期性的。2001 年 2 月开始，提供给产业经济部门的信贷有很大一部分的期限不满一年（卢布形式占 74%，外汇形式占 42%）。其次，俄银行资产的总量与 GDP 之间的比例较低，银行资产总量与 GDP 的比值为1∶3。比利时、荷兰与瑞士等国银行总资产则是 GDP 的 3—4 倍。最后，俄银行系统不但集中度高，而且银行部门的结构非常不平衡，无论在地理位置上（大约 80% 的资产集中在莫斯科），还是在每家银行的资产规模上。大约 70% 的资产集中在 20 家大银行，而且有 3 家银行的资本不足100 万欧元。银行体系金融资源的规模制约着企业的融资需求。从 2005 年度来看，到欧洲债券市场发行债券是俄罗斯大型公司的主要融资渠道。

对中小企业融资而言，在地区层面的大额信贷大多由大型银行承担的情况下，中小企业更多的是借助地方中小银行，这些银行比大型银行更具信息优势，它们更了解这些企业。另外，地方银行在吸收居民储蓄和发放小额贷款方面，排在储蓄银行之后，居第 2 位。在企业贷款额占总贷款的比重方面，地方银行要比位于首都的大银行高得多，后者更倾向于有价证券投资。

另外，中小企业融资还受到俄罗斯"两部门经济模式"① 的影响，对

---

① 所谓的两部门模式，是把部门分成两类：一类是那些能源等融资几乎不受约束的部门；另一类是融资条件差的部门。

那些拥有独特优势的经济部门而言，首先是那些出口导向型的大型企业，它们通常都能在国外资金市场上融得资金。（据估计，在 2005 年大约有一半的企业贷款是由国外银行提供的）。在这种情况下，一小部分大型银行开始在中小企业甚至居民那里开发自己的客户。根据 Эксперт PA 提供的数据，在 2005 年提供给小企业的信贷额大约有 50 亿美元。2007 年、2008 年大型银行中前 80 多家银行提供给中小企业的信贷总额分别达 7622.8 亿卢布、9425.2 亿卢布①，中小企业特别是小企业经常能以消费信贷的形式获得融资。

　　同时，正在发育的中小企业信贷服务市场也向国外金融资源敞开了大门。一些大型的、经验丰富的外国金融机构，也开始对居民和小企业信贷感兴趣，甚至获取了一些俄罗斯小银行的部分所有权，特别是那些莫斯科和圣彼得堡之外的小银行。

　　尽管总体上实体经济部门获得的信贷状况得到改善，中小企业的信贷机会更加广阔。但是，给中小企业发放贷款银行的数量仍然不足。大多数商业性银行仍然认为，提供一笔大型信贷要比大量的小额度信贷更加有利可图。受这种看法的影响，银行工作人员也很少接受相关知识和技能的培训。在俄罗斯目前的产业和经济结构条件下，又缺乏中小企业的征信体系，逐利的商业性银行很难"重视"中小企业。在这种情况下，俄政府开始通过法律程序利用国有公司直接为富有潜力的中小企业提供融资支持。比如，2007 年成立的俄罗斯发展与对外经济银行（简称外经银行）（2006 年 4 月就已开始讨论相关法案），根据 2007 年 5 月普京签署的有关发展银行的联邦法律，该银行属于国有金融集团、非商业性机构，不以营利为目的，并无权向自然人发放贷款。其主要任务就是推动经济增长和促进经济多元化，支持基础设施建设和科技创新。此外，该银行还将对高科技产品的生产和出口、科研和设计工作，以及高科技产品的进口提供支持。根据法律和财经政策的相关规定，支持中小企业是该行的首要任务之一。虽然该行由原有的对外经济银行、俄罗斯进出口银行和俄罗斯发展银行等金融机构合并而成，但目前扶持中小企业的项目，具体仍由发展银行承担。目前，针对处于不同发展阶段的中小企业都制订有专门的扶持方

---

　　①　笔者根据俄罗斯发展银行网站统计资料计算而得。

案。比如，提供创业资金、发展资金、周转资金的方案等①。

（二）租赁

租赁主要是指设备租赁和不动产租赁。对中小企业而言，租赁业务的这种优势极具吸引力。租赁之所以受到中小企业的普遍欢迎，是因为租赁具有以下一些好处：（1）与银行贷款相比，租赁并不要求必须提供保证金。通常情况下，银行贷款必须得随着中小企业贷款额度的提高而出具相应的担保。而相当多的中小企业不具备银行要求的这种保证条件，因此限制了银行信贷的获取。（2）在经营租赁的情况下，设备的维修和维护属于出租方。这弥补了小企业在技术、知识和技能方面的匮乏。（3）为租赁设备的小企业提供了资金融通的机会，它们可以把用来购买相应设备的资金用做周转资本金。（4）租赁意味着"外源性融资"，长期债务也不会因之而增加。（5）与一些信贷机构要求的借款人必须有信贷记录或抵押不同，出租方更看重的是对未来现金流的评价。

俄罗斯租赁市场至今还缺乏确切的统计资料，根据对那些正式注册公司的统计，2000年共计有2000家租赁公司。根据俄国家统计局的估计，同年的租赁市场规模达到58亿卢布，大约合2亿美元。МФК租赁发展集团Y在对俄罗斯租赁市场进行比较详细的研究后认为，国家统计局低估了租赁市场的规模，并保守地评价，在2000年租赁市场规模已达12亿美元。

已有资料显示，能够通过设备租赁融资的小企业是非常少的。在1999年，282个受访小企业中有100多家认为自己需要设备租赁。应用科学和生产领域的小企业的这种需求更为迫切。事实上，能够利用这种融资机制的小企业数占想利用这一机制融资的小企业数的1/3或1/4。显然，那些从事应用科学或生产的公司对设备租赁的需求并没有得到满足。

从企业发展周期来看，随着公司的发展，对融资租赁的需求也越来越大。在把融资租赁作为潜在的融资来源的比率上，创建于1993年之前的小企业是1995年之后的企业的两倍。2001年，对3个地区进行的调研显示，有超过30%的小企业和个体经营者使用过设备租赁进行融资，企业

---

① Программы Российского банка развития для кредитования малого и среднего бизнеса［EB/OL］. http：// g2b. perm. ru/ section/show/ 7039，2009. 03. 25.

比重略有提高。

不动产租赁对中小企业非常重要，但这方面的融资租赁业务非常有限。生产场地的缺乏是制约小企业发展的重要因素。首先，对公司而言，自有场地的不足为获取信贷制造了困难，因为这种情况下，这些场地不能用做贷款担保。其次，与所有不可预料的租金增长有关的财务风险日益威胁着小企业的成长。最后，因为缺乏足够的生产场地等原因，常常令经营者被迫放弃自己的业务拓展计划。这样，那些生产和经营场地、地块便成了大资本优先投资的领域之一。而通常这些在大公司掌控之下的工业和商业场地只是用于出租，相对于租金，小企业经常还得支付额外的、非正式的和大比例的现金。因此，事实上，在这个领域的租赁是非常少的。如果说莫斯科的小企业在非常有利的条件下有租赁设备和生产工艺机会的话，那么就不动产而言，却从来没发生过类似的情况。在访谈过程中，只有12%的小企业和个体经营者回答他们运用不动产租赁融过资①。

这个时期，在立法方面，《俄罗斯联邦民法典》是有关租赁法律的基础，国际统一司法协会的关于国际融资租赁的《渥太华公约》，也于1999年起开始在俄罗斯生效。同时，专门的《关于租赁的法律》自1998年10月29日起生效，但其第164条第3款不仅与民法典相矛盾，也与公约相抵触。后来，该法在2002年得到了大幅修订。自2002年2月起，租赁活动的许可证形式得以终止，有关租赁资产折旧的新规则得以实施。总体上看，租赁领域的法律仍然不够完善。

2002年以来，租赁市场发展势头良好，尤其是2006年和2007年两年（见图4-2）。2006年租赁收入占国内生产总值的比重比2002年几乎增加了两倍，达到3.02%，占固定资产投资的15.5%。和西方发达国家相比（经济主体的租赁占固定资产投资的40%），俄罗斯的租赁市场发展前景广阔。经济主体对租赁的需求仍然很旺盛。问题在于，虽然对那些财力薄弱的中小型公司的融资租赁业务供给增加了几倍，但租赁公司之间在竞争那些具有良好信用记录和稳定财务指标的大公司上更为激烈。中

---

① Российское обозрение малых и средних предприятий 2001 ［R］. Ресурсный центр малого предпринимательства. Тасис СМЕРУС 9803. （Программа Технического содействия СНГ；совет министров Европейского союза）Москва，2002：323 - 326.

小企业固然扩展了租赁公司的业务范围，但目前主要客户仍然是大中型企业①。

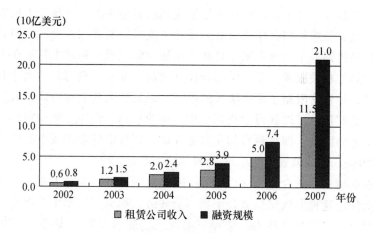

图 4 - 2　2002—2007 年租赁市场的发展

资料来源：Эксперт PA。

（三）小额信贷

俄罗斯的小额信贷服务机构能够以各种合法的法律组织形式行使自己的职能，有关小额信贷的基本法律框架保障了小额信贷服务市场的多样化及其有效发展。通常，这种非商业化组织，包括消费合作社、基金等类型。具体来看，消费合作社包括公民消费信贷合作社（КПКГ）、农业消费信贷合作社（СКПК）、信用合作社（消费者协会）（КК）；基金包括扶持小企业的私人基金和国家（市政）基金两种。还有一种小额信贷机构，即私人的非政府小额信贷机构。当然，每种小额信贷类型都有其自身的优缺点。

公民消费信贷合作社（КПКГ）的活动条件和创建受俄罗斯联邦法律《关于公民消费信贷合作社》（2001 年 8 月 7 日—N117 - Ф3）的调控。法律清晰地指出了实施小额信贷业务活动的范围，创建这类合作社的目标，即满足财务互助成员的消费。公民消费信贷合作社可以合法地吸收储蓄和

---

① Роман Романовский, Павел Самиев. Лизинг 2007 подведем итог ［EB/OL］. （http：//www. raexpert. ru /ratings/leasing /2007/，2008. 05. 26）.

发放贷款，当然，只针对合作社的成员。这种类型的消费合作社有权从各种信贷机构和其他组织那里获得借款，吸收入股资金，积累成员的个人存款，也就是说，这类合作社存在足够宽泛的资金来源。法律并不反对合作社代表其成员或根据合作社成员的委托来支付、签署保险合同，同时为其成员提供咨询，至少没有明令禁止。该法律组织形式的基本特征在于，其融资和其他相关服务只能提供给合作社成员。并且，只有自然人才具备会员资格，尽管这限制了那些法人的进入，但是法人代表却可以加入该类合作社，他们仍然可以获得信贷资金用于商业用途。但用于经营目的的贷款有总量上的限制，即这种贷款在财务互助合作社的储蓄构成中的比重不能高于 50%，成员总数不能超过 2000 人。

农业消费信贷合作社（CKПK）则在《关于农业合作社的法律》[①] 框架内运作。这种形式完全适合小额信贷业务，但对其限制十分严格。就其成员而言，可以是自然人，也可以是法人。也就是说，能接受 CKПK 所提供服务的不仅仅是个体经营者、农场经营组织、居民，还可以是小企业，甚至部分农业经营组织（属于法人）。俄罗斯法律允许这种类型的消费合作社吸收自己成员的货币存款，同时贷款给他们。CKПK 也具备广泛的外部资金来源，除了上面提到的来自成员的储蓄和存款之外，它们还能吸纳成员的入股资金、获取各种机构的借款，包括信贷机构。CKПK 的主要局限在于，贷款和储蓄业务只能在成员之间进行。并且，入股者的数量，无论是自然人还是法人均有法律上的限制。此外，法律要求农业经营活动者在创建者和成员中的比重上要占多数。根据成员的委托书，CKПK 不能实施核算业务。对信贷业务本身也有限制——法律不允许吸收非合作社成员的自然人资金。

信用合作社（消费者协会）（KK）的法律框架基础则是《关于俄罗斯联邦的消费者合作社（消费者协会及其联盟）的法律》[②]。在 KK 的创建上，和其他类型的合作社相比，法律对创办者和入股者数量和组成上的

---

① 1995 年 12 月 8 日制定，文件编号为 N193－Φ3，后经数次修改。最近一次修改是在 2007 年 6 月 26 日，文件编号为 N118－Φ3。

② 1992 年 6 月 19 日制定，后经几次修订，1997 年 7 月 11 日、2000 年 4 月 28 日和 2002 年 3 月 21 日。

要求比较低，无论是自然人还是法人都可以。也就是说，所有的小企业主体都可以享受 KK 提供的服务。在吸收成员资金上，没有直接的法律上的限制，KK 能够给自己的入股者发放贷款和预付款。此外，在资金来源上，KK 也有足够多的选择机会，如入股者和加入者缴纳的资金、入股者和其他公民的存款。同时，KK 活动的宗旨在于满足入股者的消费需求。在某些情况下，和农业消费信贷合作社一样，信用合作社不能代表自己的成员进行核算业务。

而基金的运作则依据《关于非商业性机构的法律》① 开展，但以基金形式参与小额信贷市场的参与者，在其职能发挥时遇到的主要问题，大多与俄罗斯法律中缺乏允许它们从事小额信贷活动的直接规定有关。也就是说，在基金发挥小额信贷机构的职能方面，还存在一些法律上的不确定性。换言之，基金融资业务（如扶持发展小企业、解决社会问题等）的合法性，在很多方面得依赖于为小额信贷机构提供服务的法律工作者的技能和地方权力机关的立场。在没有得到银行许可的情况下，基金发放小额信贷的法律依据还不明晰甚至存在冲突。问题的关键在于，对组成信贷资金的自有资金和吸收外来资金的处理上。基金与消费合作社相比，作为实施小额信贷活动的工具，法律对基金资产来源上的限制更加严格，基金不能获得入股者和加入者或其他人的"入会费"，只能吸收入股者的储蓄存款。

就基金类型而言，可分为扶持小企业的私人基金和国家（市政）基金两种。由于没有完全清晰的法律地位，私人基金与消费合作社比，普及程度较低。而国家（市政）基金在 2004 年年底俄联邦法律《关于对俄联邦小企业的国家扶持》修订之前，就已经是小额信贷服务市场的重要参与者了。与私人基金不同，国家（市政）基金的地位有法律保障。此外，它们还有机会得到预算拨款，依靠这种拨款可以实施很多小额信贷项目。不过，前述法律中有关扶持小企业的联邦基金相关条款的删除，对这种非商业性机构的发展已经产生了消极影响②。

---

① 1995 年 12 月 8 日制定通过，1996 年 1 月 12 日生效。

② Тенденции развития рынка небанковского микрофинансирования в России/2003 – 2004 гг./Аналитические материалы ［R］. Исследование финансировалось из средств гранта, предоставленного Финка Интернешнл. Российский Микрофинансовый Центр；НКО Ресурсный центр малого предпринимательства. Москва，2006：5 – 25.

　　非政府小额信贷机构是在国际项目的带动下创建的。在国外和国际机构的参与下，这类机构由那些专门的小额信贷机构及其代表和分支机构组成。比较重要的参与者有以下几家：（1）扶持小企业基金（ФОРА），它是俄罗斯最大的非银行小额信贷机构，分布在俄罗斯 16 个区，拥有 29 个分支机构。（2）国际非营利性公司（ФИНКА Интернэшнл，ООО）的分部。（3）扶持小企业的基金（Каунтерпарт Бизнес Фонд），其在远东地区实施的小额信贷项目颇为成功。（4）妇女小额信贷网，它是在世界妇女银行（包括福特基金拨给的奖励基金）的参与和支持下创建的。这类组织也是小额信贷服务供给的重要组成部分。

　　当然，具体何种小额信贷机构在某个地区占优势地位，则是由俄联邦主体的特点和实际情况决定的。比如，在西伯利亚、伏尔加河沿岸和南方联邦区等地农业信贷组织较为发达。这种合作社类型占该地区小额信贷机构总数的比重，分别为 30%、27% 和 22%，其原因在于，这些地区拥有大量的农业经营组织，它们是上述小额信贷机构的主要目标客户群。在西北联邦区和中央联邦区，扶持小企业的国家基金占优势地位，占所在地区小额信贷机构总数的比重分别为 42% 和 36%。

　　自 1993 年至今，小额信贷机构发展比较迅速，尤其是 2001 年以来，新成立大量的小额信贷机构。以 2007 年年初参加调查的 165 家小额信贷机构成立的起始年限为例，其分布如表 4 - 7 所示。这与本书对俄罗斯中小企业发展阶段的判断基本一致。

　　根据俄罗斯小额信贷中心等机构在 2003—2006 年的四轮抽样调查，上述七种类型在总的参与调查的小额信贷机构中比重如表 4 - 8 所示。

　　总体上看，国家扶持基金的作用越来越弱化，因其在实际运行过程中效果并不理想，例如，滋生的各种腐败行为等。而消费信贷合作社的重要性却逐年上升。从小额信贷机构的服务对象来看，主要集中在小企业、个体经营者、农民（农场）集体经营组织和自然人四类群体，如表 4 - 9 所示。

　　虽然表面上看，目标客户中小企业的比重在下降，但实际上与小额信贷机构的运作方式有关。因为，小企业的法人代表可以凭借自然人身份获得融资。这一点也与自然人比重的不断上升相吻合。从小额信贷机构的服务项目来看，主要是发放贷款和储蓄，另外还有咨询、租赁和提供担保，如表 4 - 10 所示。

表4-7　　　小额信贷活动起始年份的分布（占受访总数的百分比）　　单位:%

年份	所有类型的小额信贷机构(n=165)	其中					
		小企业国家扶持基金(n=31)	私人基金(n=17)	私人小额信贷机构(n=2)	居民消费信贷合作社(n=55)	农业消费信贷合作社(n=26)	信贷合作社(消费者协会)(n=34)
	1	2	3	4	5	6	7
1993	1	3	—	—	2	—	—
1994	1	—	—	—	—	—	6
1995	4	3	6	—	4	—	6
1996	2	3	—	—	2	—	3
1997	4	—	12	—	5	4	3
1998	8	10	18	—	4	15	6
1999	5	6	6	50	2	8	6
2000	9	6	18	—	7	15	6
2001	16	29	29	—	7	15	12
2002	11	3	—	50	25	4	3
2003	17	13	—	—	24	23	18
2004	13	19	6	—	15	—	15
2005	5	—	—	—	4	8	15
2006	3	3	6	—	—	4	3
	100	100	100	100	100	100	100

注：表中的百分比之和因四舍五入的原因，不等于100%。

资料来源：Тенденции развития рынка небанковского микрофинансирования в России/ 2003 - 2005 гг. /，Третий раунд мониторинга ［R］. Российский Микрофинансовый Центр；НКО Ресурсный центр малого предпринимательства. Москва，2007：16。

表 4 - 8　　2003—2006 年小额信贷机构的类型调查（占总数的百分比）　　单位:%

小额信贷机构类型	2003 年	2004 年	2005 年	2006 年
私人小额信贷机构	—	2	1	2
小企业国家扶持基金	25	21	18	14
私人基金	11	8	10	5
信贷合作社（消费者协会）	15	16	20	15
农业消费信贷合作社	17	13	15	21
居民消费信贷合作社	30	38	34	38
其他	2	2	2	4

注：（1）2003—2006 年参与调查的单位数依次是 229 个、183 个、168 个、175 个。（2）表中的百分比之和因四舍五入的原因，不等于 100% 。

资料来源：Тенденции развития рынка микрофинансовых услуг в России: основные результаты. четвертого раунда мониторинга рынка микрофинансирования: 2003 - 2006 г. г. ［R］. Российский Микрофинансовый Центр; НКО Ресурсный центр малого предпринимательства. Москва, 2007: 14。

表 4 - 9　　俄罗斯小额信贷机构的目标客户的结构（占受访数的百分比）　　单位:%

	2003 年	2004 年	2005 年	2006 年
小企业	54	55	57	49
个体经营者	80	83	84	77
农民（农场）经营组织	40	40	45	46
自然人	64	67	69	75

资料来源：Тенденции развития рынка микрофинансовых услуг в России: основные результаты. четвертого раунда мониторинга рынка микрофинансирования: 2003 - 2006 г. г. ［R］. Российский Микрофинансовый Центр; НКО Ресурсный центр малого предпринимательства. Москва, 2007: 15。

表 4 - 10　　俄罗斯小额信贷机构的服务项目（占受访数的百分比）　　单位:%

服务项目	2003 年	2004 年	2005 年	2006 年
贷款	100	100	99	98
储蓄	56	65	65	70
咨询	8	23	30	23
租赁	7	7	7	5
担保	10	5	6	5

资料来源：Тенденции развития рынка микрофинансовых услуг в России: основные результаты. четвертого раунда мониторинга рынка микрофинансирования: 2003 - 2006 г. г. ［R］. Российский Микрофинансовый Центр; НКО Ресурсный центр малого предпринимательства. Москва, 2007: 20。

从2004—2006年的数据来看，贷款业务笔数和贷款总额总体上呈上升趋势，如图4-3所示。

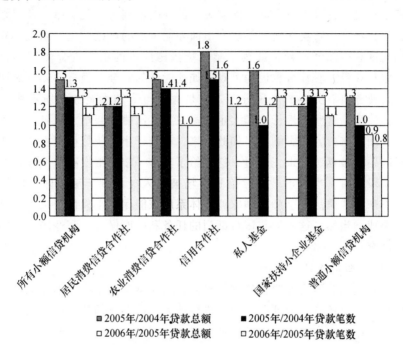

图4-3 2005/2004年、2006/2005年贷款笔数与贷款总额的增长（倍数）

资料来源：Тенденции развития рынка небанковского микрофинансирования в России/2003-2005гг./，Третий раунд мониторинга［R］. Российский Микрофинансовый Центр；НКО Ресурсный центр малого предпринимательства. Москва，2007：29。

另据俄罗斯小额信贷中心的评价，1万美元以下的小额信贷的总供给约10亿美元，其中大约有6亿美元来自银行部门，其余的大约4亿美元则来自非银行小额信贷机构。当前俄罗斯小额信贷已成功地渡过了初始的曲折阶段，正步入一个增长期。已具备必要的创办和经营小额信贷机构的技术，包括总体组织方案、为顾客服务的方法、挑选和培训工作人员的方案、项目的保障措施等，也拥有了成功推广这种技术的经验。在某些地区小额信贷机构（信贷合作社、各种基金）是经营基础设施的重要组成部分。同时，在有的地区它们或者缺乏，或者所起作用不明显。当然，这也正是潜在的市场所在。直到不久前，非银行小额信贷服务市场的发展，始终没有得到国家的特别关注和支持，其肇始于国际和国外项目，然后通过小额信贷机构自身得以发展。国家关注的缺乏不利于相关法律的及时修订和完善，不利于解决一些需要政府出面才能解决的难题。这可以从公共选择的角度获得部分解释，虽然小额信贷机构提供的单笔资金额度不会很大，但从总量上看数量也极为可观，如此大量的资金在银行外体系流转是对银行业务所需资金的严重分流，这是大银行家和大企业家所不愿看到的，而恰恰是这些大银行家和大企业家在上述法律的起草、修订、表决和实施方面有着极大的影响力。如此一来，有利于小额信贷机构发展的法律建设问题就被延缓下来。不过，这也给了其进一步自由发展的空间。在其发展阶段来看，当前正是小额信贷市场被列入经济调节法规体系的好机会，将来的法律法规基础和国家调节体系应该能保障小额信贷机构本身任务的完成，当然，这不能与银行部门的任务和政府保持宏观经济平衡的目标相冲突。

（四）担保项目

小企业在获取商业银行贷款的时候，主要困难在于它们不能提供自己能够按约定返还贷款的证明。金融机构认为，小企业的贷款风险是比较高的。相应的，它们要求较高的保证质量。可常见的是，小企业根本没有那样的保障。为了解决这个问题，世界各国都创建了一些向贷款银行提供担保的项目，在小企业不能返回贷款的情况下，商业银行可以得到一些补偿。

俄罗斯中小企业信贷担保模式的实施，是在不少"输血"组织和国际金融机构的参与下实现的，包括美国国际开发署和欧洲复兴开发银行，它们划拨大量的资金用于证明中小企业客户是能够盈利的、可靠的借款者。这些机构的成功运营为俄罗斯本土的商业银行和国家管理机构树立了良好的榜样。使得那些因为以往信贷担保项目的失败而对这种金融工具持消极态度的服务部门也开始变得积极起来。俄罗斯政府也对该工具表现出了浓厚兴趣。

在地区层面上，为中小企业提供贷款担保的倡议始于下诺夫哥罗德（Свиссконтакт）基金的信贷担保项目，其信贷业务的担保机构是位于俄罗斯的美援署分支机构，最终担保人是美国政府。尽管其效果非常明显，但也不应该夸大地评价这种倡议的规模，因为它们远远未满足实际需求。

对地区基金的调查表明，地区中小企业对贷款担保的需求是相当大的，这的确是拓展中小企业融资渠道的有效工具。基金负责人说，这些中小企业缺乏有关这种工具的信息，贷款担保服务的发展程度远远不够。俄政府已经对这个工具给予了足够重视，这反映在当前俄联邦对小企业的扶持计划里。同时，俄联邦已经得到了来自芬兰公司（Финнвера）和澳大利亚（Бургес Банка）的专家的必要支持。

信贷担保项目证明，其能有效地拓展中小企业外部融资能力。但是，这种工具也不是没有缺点。因为，银行和其他金融机构通常认为，这样的项目体系是阻碍其贷款分配效率提高的一个重要原因。另外，这些项目在某种程度上，将银行和借款人在就借款必须相互遵守合同的"强约束"中解放出来，使小企业过分轻易地就担保要求提供信贷资金。一般情况下，一个好的担保项目结构能避免类似问题的大量出现。为了保障信贷担保计划的有序实施和顺利运行，应当充分考虑一些当前正在使用的方法和原则。信贷担保项目的实施，最终必须得有助于需求方获取资金。一般而言，担保额不能超过其信贷总额的50%，这将过滤掉那些未经深思熟虑的信贷者；同时，担保总额不能超过基金存款的20%。另外，担保基金应该严格执行部门分布多元化原则。

为了扩大这种融资工具的规模，国家需要创建明确的法律、规章框架，以调节信贷担保项目的运行。并在制定框架过程中，尽可能借鉴该领域的国内外经验。应以当前的俄罗斯法律作为创建和发展信贷担保的基础。因此，大都不希望制定新法，而是修订既有的法律和法规。通过梳理最近的研究以及实践经验表明，为了进一步发展该融资工具，俄罗斯必须解决以下法律问题：（1）调整民法典中有关银行担保的自相矛盾之处。（2）按照目前的法律，银行的担保只能提供给信贷机关和保险公司，应当破除这种人为的限制，实际上，目前一些机关已经能够签署与担保完全相同的协议，但其法律地位仍然不够明确。（3）目前的《民法典》和《预算法典》在调节国家担保方面，仍然存在某些不确定性，这降低了贷款人的需求意愿。（4）除国家预算之外，在调节为其他资金来源提供担保的法律制度方面，仍然存在不足。（5）有权以国家名义提供担保和担保责任的机构数量，实际上，没有受到应有的适当限制，这将引发人们对担保质量的怀疑。相反，对这种机构的数量加以限制，还可以更好地监督其运行过程。

为了成功地发展信贷担保工具，需要做到以下几点：（1）明确相关方针。俄政府应该明确地表明在发展信贷担保工具上的国家政策。此外，为了减轻中小企业在融资上的困难，俄政府应该划拨基本的资金来创建独立可靠的、非官方的联邦层面的信贷担保基金。（2）预防欺诈和舞弊行为。基金的领导权应该是独立的，其活动应当是完全透明的，以便在任何时间都能获得基金资金和信贷担保业务规模、范围等方面的信息。这有助于预防欺诈和舞弊行为。（3）提高担保基金与银行方面的对话能力以及银行员工的相关技能。国际金融机构和输血机构的业务活动，已经向某些银行证明，中小企业也能成为有利可图的客户。此外，对银行员工进行必要的培训，向其传授必要的技术诀窍，以使银行成为信贷担保基金的高效合作伙伴。（4）善于向输血机构学习。欧洲复兴开发银行以及美国国际开发署已经证明，对伙伴银行的技术援助，将真正提高其银行员工的技能，并推动了相关金融机构的出现。（5）制定完善的法律。为调节信贷担保领域的各种活动，使这种融资工具更有效地发挥其作用，创建更加清晰的法制基础是极其必要的。

（五）风险投资

风险投资是创业企业尤其是高技术企业融资的特殊变体。风险资本家通常把自己的资金以股权资本的形式投给公司，另外一部分由公司创办人的知识产权投资组成。一些小的俄罗斯创新型企业，在这方面经验丰富。总体上看，小企业的创新成分并不高。但是，和以前俄罗斯市场上对创新项目的普遍漠视相比，事情正在发生戏剧性的变化。

越来越多的俄罗斯发明已经开始在国外市场上转化为商品，依靠的正是国外更便利的条件和相应的基础设施。并且新发明的所有者能将发明转变成知识产权，或者以之为基础，创建小企业。由于俄罗斯国内支持创新的基础设施的匮乏，往往会促使俄罗斯的创新型企业家，将非常不完善的商品匆忙投放市场。在这种背景下，俄罗斯的创新型企业家对风险投资的需求日趋强烈。

从20世纪90年代中期开始，俄罗斯的一些风险投资领域的机构和私人部门（"天使企业"）开始运营。最近几年，这个部门发展非常迅速。

事实上，很多风险基金的活动与直接投资（私人股权）非常相近。相应的制度——就是占优势地位的"后期基金"市场——已经形成，需要补充中期投资资金的、相对比较成熟的公司是其主要的投资对象。消费市场的持续繁荣是这种情形出现的一个重要原因。

大型公司在创新型项目上的投资活动，是对小企业创新市场的一种补充和部分替代。俄罗斯联邦经济发展与贸易部目前创建了不少国家—私人投资基金，每个基金的规模在 1000 万—5000 万美元之间。这些资金的25% 来自联邦预算，25% 来自地区预算，50% 来自私人投资者。从指标上评价，这些基金可算做直接投资（股权投资）部门，它们不太符合创业型企业和高技术企业的融资要求。不过，也能为快速成长的企业解决一些问题。可以推测，满足位于"经济特区"里的公司需求是这类基金的重要职能。另外，正如前文所提到的，在俄罗斯的一些地区创建技术园区是俄联邦政策的一个重要领域，因为园区内比较发达的基础设施、与科学部门之间的密切合作等，都将有助于发展科技领域和商业领域的合作，有助于增强科技工作者与企业家之间相互沟通、理解。

（六）证券市场融资

目前，俄罗斯有些机构的工作就是为那些中小创新型企业和成长迅速的企业到基金市场上融资创造机会。规模不大的、相对较晚成立的公司和那些大型的、经营年限比较久的、比较知名的公司相比，前者在证券市场上融资难度要大得多。因此，在许多国家的证券交易所都创建了专门的"板块"——专门为创新型和迅速成长型公司提供服务，为这类公司创建更加简捷、灵活的工作机制。国际上比较知名的是纳斯达克和伦敦证券交易所的二板市场。

在俄罗斯类似的市场板块，也于 2006 年在莫斯科银行间外汇交易所和俄罗斯交易系统（ММВБ и РТС）创建。那些资本达到 1 亿—50 亿卢布的公司，还有那些符合其他相关标准的公司——属于创新型公司或/和年增长速度不低于 20% 的公司，可以进入该板块融资。同时，为这类公司有价证券的发行设置了简化的程序，尤其是有关公司历史资格审查方面的程序。不过，在信息披露的要求方面，ММВБ и РТС 的做法是不一样的，前者为上述公司规定的制度比较严格；而后者则因定位于那些资本规模较小的公司，在信息披露方面的要求不是很高。此外，还引入了类似伦敦证券交易所二板市场的做法——创建上市代理商（融资顾问）制度。在发行公司的信息披露方面，融资顾问起着重要的担保人作用。

俄罗斯二板市场的创设，不仅有直接的经济上原因，还与俄政府抑制本国公司到西方市场上进行首次公开发行的企图有关。要知道，2006 年，13 家、累计 45 亿美元的首次公开招股的企业里，有 4 家利用的是伦敦证券交易所的二板市场。

根据专家建议，俄罗斯的创业板块还应当为吸引投资创建良好条件。进一步的问题将与法制基础的创建有关。此外，对公司信息的限制性披露，客观上提高了投资风险。总之，市场参与者在确定它们自身的投资吸引力的时候，遇到了很多困难。并且，根据一些专家的看法，首次公开招股在最近一个时期，未必值得期待[①]。

（七）特许经营

定义和评价俄罗斯的特许经营发展水平是十分困难的，因为，到目前为止，事实上，国家统计部门还没有进行相关的统计。除此之外，作为一种商业模式，它 1995 年才开始在俄罗斯出现。

从 1995—2001 年，在俄罗斯市场上，出现了几十家从事特许经营业务的公司。当今俄罗斯的大部分国外特许权提供者，都分布在快捷服务领域。经营效果相差较大，但绝对不是因为消费者认识的不足。原因是多方面的，比如，因为缺乏完备的法律基础而使得特许权提供者和特许权人之间的关系充满不确定性，其他的，如设备的获取或租赁、建设和发展的额外耗费，以及因信息不畅通而带来的寻找合适伙伴的困难等因素都延缓了特许经营企业的发展。

从最近几年的情况可以观察到，在汲取西方特许权人经验的基础上，俄国内特许经营公司逐步发展起来。在评价总的状况时可以发现，只有少数银行明白特许经营的概念，或者理解它具有降低贷款回收风险的作用。同时，银行相关业务的经验积累也不够，对这类企业的贷款不足，这种进入资金的制约，也是其发展缓慢的原因之一。不过，一些银行开始给那些拥有较多生产资金、以较低成本获得特许经营权的所有者提供短期借款。

---

① Широнин В. М. АНАЛИЗ РЫНКА ФИНАНСОВЫХ УСЛУГ ДЛЯ МАЛЫХ И СРЕДНИХ ПРЕДПРИЯТИЙ [Z]．МОСКВА，2007：27.

特许经营的最本质的东西，被认为是其高效的培训小企业的体系。国际特许经营权的发展吸引了大量的外国资本来俄罗斯投资。据美国专家估计，在当代俄罗斯国际特许经营的初始发展阶段，外国投资总额超过了6亿美元。

俄罗斯特许经营发展协会（PAPФ）① 属于公共组织，但其潜能的发挥受到很多限制。为了更好地促进俄罗斯特许经营的发展，由俄罗斯企业家和国外特许权提供者，甚至 PAPФ 的发起团体，于1999年创建了新的名为特许经营协会的组织。两个协会的工作宗旨是：（1）在立法和权力执行机关那里，它们是特许经营参与者的利益维护者。（2）培训特许权经营领域的专家。（3）协助联邦、地区和相关部门制订和实施扶持特许经营权发展的计划。（4）为特许经营系统中的问题（法律、财务、组织、冲突等）提供咨询。（5）提供信息中介服务、帮助寻找合作伙伴、帮助谈判和签订合同。（6）组织展览、研讨会；组织定期的、专题性的出版物。（7）为国际特许经营活动提供组织支持，包括帮助国外的特许经营者适应俄罗斯的本土环境、寻找合作伙伴、分析市场，在创建特许经营企业基地的时候，帮助其获得"特许经营专家"的许可证等。

法律上，《俄罗斯联邦民法典》的第54章（商业特许权）是调节特许经营业的唯一的规范文本。应当指出，发达国家的一些特许经营方面的专家严厉地批评了第54章的一些条款。他们认为，现有的规则将阻碍俄罗斯特许经营的发展，特别是国际合同的签署。但是，在法律问题上，某些变动已经初具轮廓。早在2002年，国家杜马已在工作计划中讨论了"关于对联邦民法典第54条的修订和增补"问题。

从以上分析可以看出，尽管从需求和供给的关系来看，俄罗斯中小企业金融服务市场的供给还远远不能满足中小企业的需求②。但是由以上对各种融资工具的分析可以看出，供给方面正在朝着积极的方向转变。虽然

---

① 俄罗斯特许经营发展协会（PAPФ），是1996年2月由一些相互扶持的小企业和机构的负责人联合创建。协会旨在帮助那些已经成功地开展自己的业务，并需要进一步发展的、有潜力的特许权提供者；扶持那些拟在俄罗斯开展业务的国外的特许经营权提供者；有潜力的特许经营者；举办会议和研讨会，以使更多的商务人士能够有机会理解特许经营的重要意义。

② 根据"ЭкспертРА"的评价，在2005年，俄罗斯小企业和不具备法人资格的个体经营者，信贷需求缺口达100亿美元；而根据2006年对鞑靼斯坦共和国1406家小企业和不具备法人资格的个体经营者的调查，平均每个小企业的资金需求缺口达350万卢布。

总体而言，融资缺口问题的解决还受制于俄罗斯金融市场的发展进程、影响金融体系运行的各种宏观经济因素，但中小企业金融服务市场的发展充满机遇，存在一系列潜在的、积极的发展方向。当然，要想满足小企业的融资需求，须逐步采取相应措施，不能一蹴而就①。

三　"协会"制度与有效的集体行动

无论是自上而下推行的正式制度，还是经济主体自发组织构建的非正式制度，中小企业作为一个群体，在如何发出自己的声音以倡导、促进有利于自身发展的制度出现以及实施等问题上，始终受到集体行动困境的困扰。多数情况下，要破除这种困扰也必须依赖集体行动的力量。恰如波兰前财政部长格泽戈尔兹·科勒德克所言，后社会主义国家健康的经济和社会运行需要有与大企业一样的有利于中小企业部门的制度安排。考虑到小企业通常都处在"大企业"的阴影之下，所以，中小企业部门需要一些特别的解决办法、政策措施、手段和组织上的支持。但这并不违反对所有企业平等对待的原则，相反，这是一种缓和新兴开放市场经济中现有的竞争风险的措施。因此，这些以及其他一些中小企业部门特有的体制性因素，都证明了为提高中小企业在竞争环境中的经营能力而进行某些制度安排是正确的。那么，上述"理性"结果如何实现呢？首要的是，中小企业必须拥有组织自己的贸易、商业和工业行会的权利②。

20世纪90年代的俄罗斯国家法律体系内缺乏"经营者联合会"的概念。它以社会性组织的形式（它的成员是自然人）或者是法人联合体（各种名称的联盟、协会）的形式出现，这类组织具备自然人或法人团体的某种共同目标，名义上是成员共同利益的代表。但是，从企业主或企业的角度来看，加入了这类联合会就意味着和其组织机构建立了形式上的契约关系，但在早期因为这些企业主或企业与其他成员因为业务关系密切程度或相似程度较少等原因而打交道较少，以致这类"联合会"越大，其成员之间关系越是冷漠，在共同的、有关切身利益的制度环境改善上也缺

---

① 详见施洛尼对俄罗斯中小企业金融服务市场发展阶段的短、中、长期性的区分，Широнин В. М. АНАЛИЗ РЫНКА ФИНАНСОВЫХ УСЛУГ ДЛЯ МАЛЫХ И СРЕДНИХ ПРЕДПРИЯТИЙ [Z]. МОСКВА, 2007：29－31。

② ［波兰］格泽戈尔兹·科勒德克：《向市场和企业家精神的转变——系统因素与政策选择》，《经济社会体制比较》2000年第3期。

乏有效沟通。正如奥尔森所言，集体的规模越大就越不容易达成有效的集体行动。

实际上，经营者联合会和联盟的雏形于 20 世纪 80 年代甚至更早时期就已经出现。早期通常情况下都是这样的，苏维埃指派的人员——具有影响力的官僚和党员或大企业的厂长——担任这些组织的领导人或发起者（Вакуров，1994），同时，还吸收上级指定或任命的其他人员，比如，政府机关的负责人及各种政治力量的代表，有时还有有私营企业的代表。在 20 世纪 90 年代，有很多类似的组织都声称自己代表小企业的利益。从这类准"经营者联合会"的形式上看，主要有以下几种：（1）联邦（全俄）层面的机构，由各个行业小企业主代表组成，在各地区都设有分支机构。（2）在联邦主体范围内或更小的区域内（通常是一些大城市）发挥影响力的地区性组织，它们向各种所有权形式的企业开放，但其私营企业，通常是一些小企业。（3）在联邦或地区范围内发挥作用的行业联合会，这些组织通常与一些在俄新兴的企业和职业类型相关，比如，广告、保险、不动产业务、私人服务等，这些行业领域在小企业部门占有优势地位。

在发达的市场经济国家，超过 60% 的小企业都是行业联合会（同行公会）的成员，并且，还有不少成员同时加入了其他一些类似的组织，这类组织同联合会一样，也是通过协会、联盟的形式开展合作。不过，在 20 世纪 90 年代的俄罗斯却是另外一种情况，正如企业战略分析和发展研究所（ИСАРП）对经营者访谈的结果显示的，仅有 3%—6% 的被采访者是联邦一级机构的成员，地区和地方类机构的成员比例稍大些，为 10%—15%。没有加入联合会的经营者中仅有不到 15% 的人口头表示要加入。通常，他们对这种消极或被动局面的解释是，没有时间，或抽不出空来，因为要忙的事情太多；缺乏必要的信息等。而且，大约 2/3 的经营者倾向于不参加这类联合会，甚至于他们根本没有看到现在或将来加入这类联合会的任何必要性。大约一半的"个体经营者"经常会断然拒绝参加这种或那种联合会。他们认为，联合会不能给自己的企业带来任何好处，联合会的创建只不过是特权阶层解决自身问题的一种手段；还有一种意见认为，"国家不会巴结联合会"，在制定决议和法律时，不会考虑联合会的想法。需要指出的是，无论是经营者联合会的会员还是其他未加入的小企业，从来都没有表现出对较高额度会费的不满，但任何强迫其加入类似联合会组织的企图，都会遭到反对。

那么，小企业到底想从联合会那里得到什么呢？首先，他们指望获得信息上的支持、实实在在的一些经常性的，甚至是偶尔的扶持。有 1/4—1/3 的受访者希望有机会获得诸如需求方面的信息、关于正在讨论的有关经营活动的法律提案的信息，以及在展览会或市场上推销自己的企业或商品的机会等；大约 1/3 的受访者认为，类似组织会在政府机关那里坚持并维护自己的利益；5%—20% 的联合会成员希望获得融资和信贷支持，但这个比例正在降低。而对包括小企业可以通过协会获得技术上的扶持等协会的其他工作领域，大多数企业并没有多少了解。

自然，对加入联合会所获好处的评价会与这一举措是否有利于其发展有关。当他们的企业规模非常小的时候，一些关键问题通常都是由企业自己解决的。因为，它们获得直接的财务支持的可能性非常小，尽管这对一些具体的企业非常重要。当然，也可以在有限的范围内获得一些间接性的支持，但由此得到多少利润却充满了不确定性。

尽管小企业加入类似联合会的直接成本不高，但是它们对协会却不怎么信任。这种不信任不能仅仅看做是一种心理上的，要知道这种不信任引发一系列的交易成本。比如，企业家在决定是否加入联合会时，会因为收集关于联合会的一些比较完全的信息（如联合会工作的性质、院外游说能力的大小、成员的商业机会，甚至如何实施监督等）而承担一定的成本。此外，不信任还导致了潜在的利润损失，即由企业家没有获得相应预期的扶持，而带来的损失。如果追寻这种不信任的来源，前文提到的经营文化、意识形态等方面或许能提供部分答案。

不信任加剧了小企业"搭便车"的倾向。这是自然的，要知道企业联合会旨在为小企业谋求利益的活动，只是间接地使某些具体的企业受益。联合会成功的时候，正是所有小企业比较独立地获取利润的时候。同时，联合会和国家机构相比，显然处于弱势地位，有利于其发展的刺激因素受到制约。另外，类似组织的负责人的利益通常情况下不同于潜在的加入者，这也加剧了经营者的不信任感。类似的状况同样适用于联邦层面的联合会。这样，实际上很多企业联合会并不能成为小企业的利益代言人。它们或者逐渐消失，或者逐渐沦为权力机构——有影响力的官僚集团、政治力量——的附庸。在这种情况下，只有当政治市场上某些部门的利益保护受到限制的时候，企业家们才有可能为自己谋求经济利益的保障，才能与部门官僚的利益相容。否则，国家对小企业的扶持也只能被用来服务于某些政治集团或个人的私利，直至滋生腐败。

不过，有利于中小企业联合会发展的积极因素也在不断增加和发展，这首先体现在地区和职业联合会上。因为，在处于发展阶段的市场上，职业联合会能通过制定相关法律方案和道德规范的方式，积极参与职业行为规则的确立。通常，它们按照"俱乐部"原则进行运作，保障同业人员之间的畅通联系，获得必要的专门信息。同时，作为联合会成员的小企业也能利用新确立的市场行动规则在一定程度上免受不诚实的代理人的欺诈，从而减低了由不确定性带来的交易成本；还能通过联合会举办的展览会等平台发布自己的产品信息，以节省自己的"广告"开支。

当然，联合会的作用还应体现在有效应对地区行政机关的不当行为上，即针对行政机构干预企业家权利的行动，如随意改变交易规则和税收规则，干预市场价格形成等行为，通过对话或实施协调一致的行动，比如，集会、游行示威、企业家"罢工"等形式避免上述活动的不利影响。此时，潜在的会员对这种联合会的信任就会增加。相应的，潜在成员的范围就会不断扩展。遗憾的是，这种良性循环尚未出现。

总体上看，20 世纪 90 年代俄罗斯小企业部门正式的自组织制度——企业家联合会——暂时还不发达。它的发展未能得到成员的强力支持。该部门集体行动的良性机制还未形成。联邦层面的联合会的院外游说力量还不够强大，筹备相关法律方案的参与者是该力量的主要制约因素。不过，在市政和地区层面上、在新发育的服务市场上，对企业家集体予以保护的微弱趋势已经逐步显现。与此同时，整个企业家界在商业或业务联系的基础上也形成了一些不大的企业自组织机制。从集体行动的视角分析，那些地方性或全国性中小企业联合会的实际实力还非常弱小，并不能进行有效的集体活动，更不能进行有效的院外游说（奥尔森，1977），致使中小企业的发展并未真正得到联邦中央或联邦主体的重视，只是停留在口头上或被当做竞选者的跳板。相反，俄罗斯独立后经过十几年的改革，出现了一批新兴金融工业巨头，他们组织了自己的代表机构——俄罗斯工业家企业家联盟。另外，在代表俄罗斯企业家利益的组织中，另外一家实力和影响力较大的是俄罗斯工商会，这两家均属于俄罗斯的大企业联合会，素有"寡头俱乐部"之称。虽然在组织和章程上没有明确的文字说明，但在这两个组织的关系上，企业家联盟侧重代表俄罗斯金融工业巨头的利益。在工作中，两组织互为对方理事会成员，形成了既有实际分工又有合作的关系。虽然保护中小企业利益也是俄联邦工商会的重要职能之一，以《俄联邦工商会2002—2004年工作纲要》为例，该纲要确立的主要工作目标和方向里面提到，提高工商会在捍卫经营联合体、小企业利益工作中的作用；与政府其他机构联合组织召开全俄小企业代表大会等。但总体上，它是代表大企业利益的组织。

普京上台以来，中小企业主作为一个有着诸多共同利益的利益群体开始借助全俄性的代表性组织发挥与政府间对话的职能，而不再仅仅是分散的没有集体行动能力的个体，俄罗斯中小企业联合会的成立是这种转变的标志性事件，联合会逐渐改善了上述集体行动的困境，它逐步整合全俄的中小企业协会资源，逐渐发展成为一家能真正代表中小企业家阶层和政府对话的全国性机构。现将全俄罗斯的中小企业联合会职能及作用等情况扼要分析如下，俄罗斯中小企业联合会（根据其俄文缩写ОПОРА也称"俄罗斯支点"）成立于2002年的9月18日，其依赖的主要法律基础为《俄罗斯宪法》、《俄罗斯民法典》和《俄罗斯社会联合组织法》，目前拥有分布于七大联邦区的110多家行业协会和法人单位会员，例如，面包师联盟、服装生产商联合会等；在80多个地区设有分支机构①。这个自发成立的全国性机构是代表俄罗斯中小企业界与政府直接对话的组织，它在俄罗斯关键的部和部门之间发挥有效的沟通作用，除了配合俄罗斯总统行政管理机关、俄罗斯议会和银行系统的工作，它还能紧密的配合其他商业共同体、社会大学、法律保护机构的工作。联合会的主要目标和工作就是，针对官僚主义的任意妄为保护企业家的权利，为中小企业在俄罗斯的发展构筑良好的条件，清除过度的、多余的国家对商业活动干预，调节并消除不必要的行政壁垒；积极地配合政府和税务部门在实施税务改革问题上的工作；关注审判体系的改善，使之更加明确地保护企业家的权益。在此范围内，协会还致力于完善反垄断立法、建立平等的竞争条件等活动。

---

① 参见俄罗斯中小企业联合会官方网站（http://www.opora.ru/about）。

作为连接国家政权与企业的"脐带",俄罗斯中小企业联合会也是俄罗斯社会活动的领导者之一,与外国商业联盟建立合作关系;安排和组织与外国商业活动联盟的相互配合;促进俄罗斯中小企业与境外合作伙伴的经济交往等方面也是其重要的活动领域①。

不过,上文提及的俄联邦工商会对中小企业的发展也起到了积极作用,比如,在俄罗斯工商会(ТППРФ)、俄罗斯中小企业联合会和国际私人企业中心②(CIPE)所举办的"俄罗斯携手企业和美国非官方组织共同扶持俄罗斯小企业的合作:成果及远景"会议上,讨论的重点即为如何改善俄罗斯地区商业环境,以及如何推行扶持计划。随后,俄罗斯工商会和俄罗斯中小企业联合会开始共同实施《2004年小企业计划》以促进经济改革和改善商业贸易环境。该计划确立了六大优先实施方向:(1)改善立法,以有效地保障小企业的权利;(2)减少行政阻碍,以及取消限制企业竞争性活动的规定;(3)改善税收制度;(4)保障小企业的资产和土地,协助小企业获得经济信息;(5)为小企业提供有效的贷款机制;(6)杜绝贪污受贿行为。

此外,俄罗斯联邦工商会作为主要召集单位,自2000—2007年在莫斯科共举行了8次全俄小企业代表大会③。在会议上,主要讨论发展小企业面临的迫切问题,比如,完善包括税收方面法律在内的立法;拓宽资金和固定资产投资资金的来源和渠道;减少行政壁垒;发展小型和大型企业之间的互利合作;在小企业创建地方自治的经济基础方面寻找新的机遇;

---

① 吕岩松:《俄中合作前景广阔——访俄罗斯中小企业联合会主席鲍里索夫》,《人民日报》2002年11月28日第7版。

② 国际私人企业中心(Center for International Private Enterprise)是美国商会附属的非营利机构,以推动自由民主的市场经济和打击贪污腐败为主。同时对于地方组织欲加强实施民主和经济改革方面,提供管理协助、实务经验和财政支持。参见其官方网站(http://www.cipe.org/)。

③ 在全俄中小企业联合会成立之前整个20世纪90年代,政府相关部门也召集过两次全国性代表会议(Всероссийский съезд представителей малых предприятий),除了前文提到的1996年2月份一次,1999年10月27—28日在莫斯科举行过一次,此次会议与会人数超过了1500人,其中有来自86个地区的代表1076名。大会讨论了企业和权力机关之间关系、协作技术和社会性的经营者联合会的问题;小企业的融资信贷和投资保障问题;小企业的信息保障问题;对小企业进行规范的法律保障问题;为小企业培养管理人员的问题;扶持小企业的国际项目;小企业安全;创新型经营活动;小企业中的社会劳动关系等。

加速旨在为发展创新和小型创新企业创造条件的进程；加强中小企业的市场竞争力，以为俄罗斯加入世界贸易组织做准备等。因为会议形成的决议等分析材料要呈递给联邦政府、各地方政府、相关扶持机构和法律部门以及其他利益相关者，所以有不少建议被中央和地方的国家权力机关和经营者联合会等采纳。正是在这个意义上说，自 2000 年以来举办的全俄小企业主代表大会才开始担当起代表中小企业经营者，推行有效的集体行动的角色。

　　同时，作为全俄四大商界和实业界团体之一的全俄企业家组织"实业俄罗斯"创建于 2001 年，主要是代表中等规模企业的利益，或者说代表包括小企业在内的加工制造类企业。比如，"实业俄罗斯"主席鲍里斯·季托夫在 2008 年 11 月底召开的竞争力和经营委员会会议上代表加工业企业，针对利润税以及增值税问题，向普京提出贷款申请方面的建议，希望政府向小型企业发放贷款等。作为俄罗斯新一代企业家的联盟，吸收的主要是非原料行业的企业经营者，比如，来自加工、机器制造、建筑、轻工业、农业、金融服务业以及信息技术等行业；其会员是来自俄联邦的 70 多个地区的企业家、35 个行业联盟，以及一切有志于提高企业绩效，促进地方或国家经济发展的企业家。借助与政府和社会间的不断对话，"实业俄罗斯"的很多想法和建议已经实施，但是仍有相当一部分还有待落实①②。

　　从上文的分析可以看出，发端于早期改革的"协会"组织已经逐渐成长为一种不可忽视的民间中间性组织，而这正是一个公民社会开始迈向成熟的标志，这类组织不仅培育了市场经济急需的公民间的信任关系，更重要的是，作为一支公共选择力量，开始逐步发挥出潜在的力量，把中小企业的长远发展与国家利益融合起来。

---

　　①　参见"实业俄罗斯"主席鲍里斯·季托夫的个人网站（http：//www.boristitov.ru/deloros.html）。

　　②　参见"实业俄罗斯"的官方网站（http：//www.deloros.ru/）。

第五章　俄罗斯中小企业发展实证分析：地区间比较

　　前文着重分析了叶利钦时代和普京时代俄罗斯的经济政治改革进程对中小企业发展的影响问题。从以上的分析可以看出，政府在改善宏观经济环境中扮演角色的转变，由强调优先稳定财政货币的需求管理政策到强调生产效率提高的供给管理政策的转变，由推行自由化政策自动放弃国家制度能力到重新强化国家对经济进行宏观调控的转变。在这个过程中，除了产权改革使得中小企业的成立变得比较容易之外，中小企业尤其是非贸易、非服务领域内的中小企业发展问题并未在联邦层面得到根本性解决。而且，俄联邦各联邦主体对中小企业的生产经营活动的介入程度也大不相同。尽管各级政府制定了包括扶持科技型中小企业在内的产业政策，但因为政策执行力、资源保障缺乏等原因，使得此类中小企业的发展仍然受到能否获得实际有利的资源或扶持的制约。而大中小型企业之间的协作对加工制造类中小企业的激励效应，才刚刚开始显现。

　　不过，宏观经济环境的改善确实为中小企业发展提供了前所未有的机遇，回溯普京之前的几届政府，从盖达尔政府时期采取全面否定政府在经济上的作用，到切尔诺梅尔金政府时期的逐渐加强政府机关对经济的调控能力，再到普里马科夫完成转轨目标模式由自由市场经济向社会市场经济制度的调整，可以发现上述演变过程为普京建立一个较稳定的政治经济社会环境奠定了基础。普京奉行的"在需要国家调控时，给予国家调控；在企业需要自由发挥时，就要给予自由"的原则加强了政府和企业之间的透明关系。可以说，普京倡导的混合经济模式原则的推行，对于促进中小企业的发展，维持一个良好且灵活的经营环境是不可或缺的，而这也正是俄罗斯经济能够迈入自由市场经济发展的重要因素。从这个角度来看，俄罗斯各联邦主体的中小企业发展都能受益。然而，进一步考察，将会发现这种环境的改善只是在联邦层面而言，对具体联邦主体而言，差异仍然较大。因此，有必要对俄联邦主体中小企业的发展水平做一实证分析，发现、分析其中的原因，以更好地理解各级政府出台的措施的有效性。同时，客观有效地研究俄罗斯各联邦主体的中小企业发展水平，分析影响其发展的各个因素，对其发展水平的综合指标进行评价，也有助于我们理解、把握俄罗斯经济总体的运行情况。本书将采用多元统计的因子分析方法，通过构建相应的指标体系，对俄罗斯85个联邦主体①的中小企业发展不平衡性进行分析。

第一节　因子分析模型

因子分析是将大量的彼此可能存在相关关系的变量转换成较少的、彼此不相关的综合指标的一种多元统计方法，它的基本目的是用少数几个因子去描述许多变量之间的关系，被描述的变量是可以观测的随机变量，而这些因子是不可观测的潜在变量。因子分析综合评价法由于具有因子命名清晰度高、易于解释、评价结果客观等优点。因此，笔者认为，在对特定时期不同地区的中小企业发展水平进行综合评价时，因子分析综合评价法是一种较为客观的选择。

因子分析的模型描述如下：

设 (1) $X = (X_1, X_2, \cdots, X_p)^T$ 是可观测的 $p \times 1$ 随机向量，X 的协方差矩阵 Cov $(X) = \sum$；(2) $Z = (Z_1, Z_2, \cdots, Z_m)$ $(m \le p)$ 是不可测的 $m \times 1$ 标准化的正交公共因子向量，即假定 $E(Z) = 0$，$Cov(Z) = I$；(3) $\varepsilon = (\varepsilon_1, \varepsilon_2, \cdots, \varepsilon_p)^T$ 是 $p \times 1$ 的特殊因子向量（或误差向量），并假定 $E(\varepsilon) = 0$，$Cov(\varepsilon) = \varphi = diag(\varphi_1, \varphi_2, \cdots, \varphi_p)$，$Cov(Z, \varepsilon) = 0$。在以上假定下，模型

---

① 由于车臣共和国的某些原始统计数据的获取比较困难，而乌斯季－奥尔登斯基布里亚特民族自治区和埃文基自治区的部分数据缺失等原因，本书暂不涉及这3个地区。

$$\begin{cases} X_1 = b_{11}Z_1 + b_{12}Z_2 + b_{13}Z_3 + \cdots + b_{1m}Z_m + \varepsilon_1 \\ X_2 = b_{21}Z_1 + b_{22}Z_2 + b_{23}Z_3 + \cdots + b_{2m}Z_m + \varepsilon_2 \\ X_3 = b_{31}Z_1 + b_{32}Z_2 + b_{33}Z_3 + \cdots + b_{3m}Z_m + \varepsilon_3 \\ \cdots\cdots \\ X_p = b_{p1}Z_1 + b_{p2}Z_2 + b_{p3}Z_3 + \cdots + b_{pm}Z_m + \varepsilon_p \end{cases} \tag{5.1}$$

写成矩阵形式即为：

$$X = BZ + \varepsilon \tag{5.2}$$

模型（5.1）或者（5.2）即为因子分析模型，也称为正交因子分析模型，其中矩阵 $B = (b_{ij})$（$p \times m$ 阶）称为因子载荷矩阵，b_{ij} 称为第 i 个变量 X_i 在第 j 个因子 Z_j 上的载荷，它是 X_i 与 Z_j 的协方差或者相关系数，它表示 X_i 依赖 Z_j 的程度；在实际应用中，常常通过 $X = (X_1, X_2, \cdots, X_p)^T$ 的样本相关系数矩阵 R 来导出因子载荷矩阵，故该模型也称为 R 型正交因子分析模型。

一般来说，使用 R 型因子分析综合评价方法的步骤如下：

第一步，将原始数据标准化，以消除变量之间在数量级和量纲上的不同。

第二步，求标准化数据的相关系数矩阵。

第三步，提取并确定因子，得到因子载荷矩阵。提取因子的方法很多，常用的有主成分分析法、最小二乘法、极大似然法、最小残差法等，但一般采用主成分分析法。当提取的 m 个因子包含的数据信息总量即其累积贡献率不低于 85% 时，可取 m 个因子来反映原来的可观测变量。

第四步，通过因子旋转，得到旋转后的因子载荷矩阵。若所得的 m 个因子无法确定实际意义，或者实际意义不是很明显，这时需要将因子进行旋转以获得较为明显的实际含义，一般常采用最大方差旋转法来求得旋转后的因子载荷矩阵。

第五步，计算因子得分，即通过将公共因子表示为原来可观测变量的线性组合，来计算各个样本的公共因子得分。常用的方法有回归分析估计法、巴特利特（Bartlett）估计法、汤姆森（Thomson）估计法等，一般常采用多元回归分析方法来计算因子得分。在采用回归分析估计法时，因子

得分函数为 $Z_m = B'_m R^{-1} X$（B'_m 为旋转后的因子载荷矩阵，其中 $Bm = B'_m R^{-1}$ 为因子得分系数向量）。

第六步，计算综合得分，并对综合得分排序。以各因子的方差贡献率为权重，由各个因子得分的线性组合得到综合得分函数，即 $F = w_1 Z_1 + w_2 Z_2 + \cdots + w_m Z_m$，其中 w_i 为旋转后因子的方差贡献率，根据上式计算出综合得分后，就可以对所有样本进行综合得分排序，从而完成对样本的综合评价过程。

第二节　全俄各联邦主体中小企业发展水平实证分析

一　指标选取及数据来源

为综合反映评价各联邦主体的中小企业发展水平，在选取指标时，应兼顾中小企业的数量、规模和效益等各种指标。指标的选择必须要具有经济意义，具有可测量性、可控性和实用性，因此本书选取了每十万居民注册小企业数 X_1、就业人数占总就业人数的比重 X_2、工人人均产值（单位：千卢布）X_3、各地区居民人均小企业产值占全俄人均小企业产值的比重 X_4、工人人均固定资产投资（单位：千卢布）X_5、各地区居民人均小企业固定资产投资占全俄人均小企业固定资产投资的比重 X_6、工人人均纳税额（单位：卢布）X_7、各地区居民人均小企业纳税额占全俄小企业人均纳税额的比重 X_8。运用这 8 个指标来衡量各联邦主体的中小企业发展水平。以上各指标的具体数据，系根据俄罗斯国家企业问题系统研究所公布的系列报告——《俄罗斯各地区小企业发展趋势年度报告》的统计数据整理而得[1]。

二　因子的确定及命名

根据以上数据，遵循因子分析法的基本原理和步骤，通过对 85 个地区 8 项指标 2006 年数据的综合分析计算（具体计算过程借助 SPSS13.0 统

---

[1]　数据可从以下网站获得：http://www.nisse.ru/analitics。

计软件因子分析程序完成），得到相关系数矩阵 R 的特征值、贡献率和累积贡献率后选择 4 个因子，它们反映的信息量已占总信息量的 89.61%，这 4 个因子作为综合因子，信息损失只有 10.39%。由选出的 4 个因子得到因子载荷阵并使用最大方差旋转法旋转，得到旋转后的因子载荷阵（见表 5 - 1）。

表 5 - 1　　　　　　　因子载荷矩阵（Rotated Component Matrix）

	因子			
	F_1	F_2	F_3	F_4
X_1	0.883	0.037	0.106	0.066
X_2	0.902	0.135	- 0.258	0.015
X_3	0.369	0.099	0.849	0.026
X_4	0.902	0.142	0.327	0.015
X_5	- 0.056	0.974	0.098	0.021
X_6	0.320	0.918	- 0.061	0.109
X_7	- 0.511	- 0.071	0.679	0.157
X_8	0.045	0.091	0.086	0.987
贡献度（%）	36.39	23.18	17.34	12.70

　　从表 5 - 1 可知，因子 F_1 在以下 3 个指标上有相对较大的载荷：每 10 万居民注册小企业数 X_1、就业人数占总就业人数的比重 X_2、各地区居民人均小企业产值占全俄人均小企业产值的比重 X_4。这些指标反映了中小企业的相对数量和经营情况的相对质量，故可以称为相对数量和质量指标；因为 F_2 在以下 2 个指标上有相对较大的载荷：工人人均固定资产投资（千卢）X_5、各地区居民人均小企业固定资产投资占全俄人均小企业固定资产投资的比重 X_6。这两个指标分别从小企业就业的工人数和当地居民数的角度衡量了小企业的相对投资规模，可以称为投资因子；因为

F_3 的相对较大载荷指标是工人人均产值（千卢）X_3、工人人均纳税额（卢）X_7，而 F_4 为各地区居民人均小企业纳税额占全俄小企业人均纳税额的比重 X_8，这三个指标衡量的均为中小企业的效益情况，不同的是，X_8 衡量的是地区相对于全国的水平，因此 F_3 被称为绝对效益因子，F_4 被称为相对效益因子（见表 5 – 2）。

表 5 – 2　　　　　　　　　　　　因子构成及命名

因子序号	高载荷指标	因子命名
F_1	X_1：每十万居民注册小企业数	相对数量及质量因子
	X_2：就业人数占总就业人数的比重	
	X_4：各地区居民人均小企业产值占全俄人均小企业产值的比重	
F_2	X_5：工人人均固定资产投资（千卢布）	投资因子
	X_6：各地区居民人均小企业固定资产投资占全俄人均小企业固定资产投资的比重	
F_3	X_3：工人人均产值（千卢布）	绝对效益因子
	X_7：工人人均纳税额（卢布）	
F_4	X_8：各地区居民人均小企业纳税额占全俄小企业人均纳税额的比重	相对效益因子

这样，将 8 个变量简化为 4 个彼此独立的因子，从而可以构造出一种简单的因子得分。先对每个因子找出载荷较大（绝对值大于 0.6）的变量的系数，再对所有观测指标标准化后得到因子得分情况：

第一个因子得分情况：$F_1 = 0.883X_1 + 0.902X_2 + 0.902 X_4$

第二个因子得分情况：$F_2 = 0.974X_5 + 0.918X_6$

第三个因子得分情况：$F_3 = 0.849X_3 + 0.679X_7$

第四个因子得分情况：$F_4 = 0.987X_8$

表 5 – 3 总方差分解表

因子	初始特征值			提取后因子载荷平方和			旋转后因子载荷平方和		
	特征值	方差贡献率（%）	累计贡献率（%）	特征值	方差贡献率（%）	累计贡献率（%）	特征值	方差贡献率（%）	累计贡献率（%）
F_1	3.207	40.082	40.082	3.207	40.082	40.082	2.911	36.390	36.390
F_2	1.659	20.743	60.825	1.659	20.743	60.825	1.854	23.177	59.567
F_3	1.412	17.646	78.471	1.412	17.646	78.471	1.387	17.338	76.905
F_4	0.891	11.135	89.606	0.891	11.135	89.606	1.016	12.702	89.606
F_5	0.482	6.020	95.627	—	—	—	—	—	—
F_6	0.226	2.824	98.450	—	—	—	—	—	—
F_7	0.066	0.826	99.276	—	—	—	—	—	—
F_8	0.058	0.724	100.000	—	—	—	—	—	—

资料来源：Extraction Method：principal Component Analysis。

由表 5 – 3 可知，第一、第二、第三和第四个因子占综合因子的百分比分别为 36.390%、23.127%、17.338% 和 12.702%。可见，衡量俄罗斯各联邦主体中小企业发展水平的第一、第二个因子贡献率比较高，第三、第四个因子贡献率比较低。换言之，相对数量和质量、小企业投资情况对各地区中小企业的发展水平影响最大，其次是收益情况。相对效益也有一定的影响，但较前三个因子，其影响要小得多。

三 综合因子分析

综合因子得分公式：$F = 36.390\% F_1 + 23.177\% F_2 + 17.338\% F_3 + 12.702\% F_4$。由该公式可得俄各联邦主体中小企业发展水平因子评分和排序（见附表 7）。

从 4 个因子的综合得分的排名来看，高于联邦平均水平的前 19 位依次是加里宁格勒州、莫斯科、托木斯克州、圣彼得堡、斯维尔德洛夫斯克州、克拉斯诺达尔边疆区、罗斯托夫州、下诺夫哥罗德州、莫斯科州、新西伯利亚州、萨马拉州、鄂木斯克州、马加丹州、科米共和国、卡卢加州、楚科奇自治区、克麦罗沃州、鞑靼斯坦共和国和卡累利阿共和国。

排在最后10位的依次是阿迪格共和国、科里亚克民族自治区、莫尔多瓦共和国、赤塔州、卡拉恰伊－切尔克斯共和国、达吉斯坦共和国、图瓦共和国、卡尔梅克共和国、卡巴尔达－巴尔卡尔共和国、印古什共和国。

另外，根据因子综合得分 >0.5、0—0.5、－0.5—0、< －0.5 4 个区间分为 4 个等级，按照每个联邦主体中小企业发展水平的高低，将之划归到相应的类别（见表 5 - 4）。

表 5 - 4　　　　　　　　俄联邦各联邦主体中小企业发展水平

因子综合得分		联邦主体个数
第一类	>0.5	14
第二类	0—0.5	24
第三类	－0.5—0	38
第四类	< －0.5	10

在对综合得分情况进行分析时，限于篇幅，本书仅分析一下前几个和最后几个联邦主体的相应情况。小企业发展水平的前 10 位，依次是加里宁格勒州、莫斯科、托木斯克州、圣彼得堡、斯维尔德洛夫斯克州、克拉斯诺达尔边疆区、罗斯托夫州、下诺夫哥罗德州、莫斯科州和新西伯利亚州。其中莫斯科、圣彼得堡和莫斯科州因为这些地区商业比较发达、整体的经营环境较为优越，中小企业发展水平排前 10 位，似乎可以预见。我们在这里比较详细地考察一下加里宁格勒和托木斯克州的情况。

对加里宁格勒州而言，其相对数量及质量因子、投资因子、绝对效益因子和相对效益因子分别为 2.964、1.157、1.290 和 0.886，总分为 1.680，排名第一。和其他地区相比，其各因子得分较为平均。从各因子分数来看，得分由高到低，依次是相对数量及质量因子、绝对效益因子、投资因子和相对效益因子。可以看出，该地区的中小企业数量较多，效益较好。

加里宁格勒面积 15100 平方公里，总人口 93.74 万。该州的主要工业部门为渔业，机械加工业，燃料、纸浆、纸张和食品工业。近几年，该州的国内生产总值增长速度较快，以 1998 年为基期（100%），1999—2006 年的增长幅度依次为 106.8%、123.0%、127.2%、139.3%、152.4%、172.1%、175.0%、195.3%。从各行业创造的国内生产总值所占比重来看，以 2005 年为例，贸易、加工制造业、采掘业、运输和物流业以及其他行业的比重依次为 18.3%、17.5%、16.6%、12.6% 和 35.0%。

　　从国家政策上看，早在 20 世纪 90 年代就开始设立自由经济区，1996 年 1 月 22 日开始实施《加里宁格勒州经济特区法》，该法规定了在加里宁格勒州经济区内进行投资和经营活动、海关管理、外汇管理和外汇监督、税收调节和银行活动等方面的特殊管理办法。经济区内实行自由关税区制度，即进出经济特区的商品免征关税。该法律的实施极大地促进了加里宁格勒州经济发展。2006 年 4 月 1 日，新的《加里宁格勒州经济特区法》开始实施，为加里宁格勒州经济特区建设提供了新的法律依据。并且，该法规定加里宁格勒州全境实施经济特区制度、经济特区期限为 25 年。因为，制度环境较为适宜企业开展投资活动，外国投资自 1999 年以来逐年增长，如图 5 - 1 所示。并且，外国投资主要集中在加工制造业，以 2006 年 1—9 月份数据为例，加工制造业、金融业、零售贸易业、服务业和其他行业所占比重依次为 68.6%、15.7%、7.9%、3.8% 和 5.7%。这直接促进了有外资参与的中小企业的发展。外国投资的流向，反映出该州加工类中小企业比较活跃。与 2006 年全俄的行业就业人数中批发与零售贸易、日常维修行业所占的比重较大为 31.9%（见附表 8）相比，加里宁格勒大不相同，该州中小企业就业人数最多的为机械加工业，比重为 45.8%，批发、零售贸易与日常维修服务业居次位，为 17.2%，建筑业等依次是：建筑业为 12.3%，不动产业务为 9.0%，交通与通信为 5.3%，餐饮业为 1.8%，其他行业为 8.5%。不过，就创造产值来看，批发、零售贸易与日常维修居首位，为 67.6%；紧随其后的是机械加工业，为 18.0%；建筑业等依次是：建筑业为 6.6%；不动产业务为 3.5%；交通与通信为 1.6%；餐饮为 0.3%；其他为 2.4% [1]。

---

　　[1]　这里的数据采集时间段为 2006 年 1—9 月，该州中小企业吸纳就业人数达 11.61 万人，创造产值达 1637.84 亿卢布。

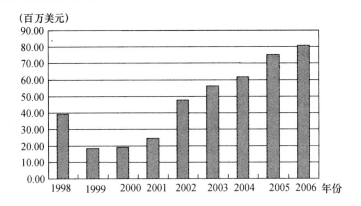

图 5 - 1　加里宁格勒吸引外国直接投资额

资料来源：Малый и средний бизнес в Северо - Западном федеральном округе ［M］. Проект ЕС? Электронные навыки для Российских малых и средних предприятий - II? Северо - Западный Центр поддержки малого и среднего бизнеса Северо - Западная консультационная группа. Справочник. Санкт - Петербург，2007：39。

从地理位置上看，加里宁格勒州南邻波兰，东北部和东部与立陶宛接壤。从加里宁格勒到波兰首都华沙的距离为 400 公里，到德国的柏林、丹麦的哥本哈根、瑞典的斯德哥尔摩的距离均在 600 公里左右，与潜在的产品市场距离较近，地理位置优越，这为该州的经济发展提供了潜在的机会与可能性。从外国投资的来源国及其投资比可以看出投资者的这种基于地缘因素的考虑，以 2006 年 1—9 月的数据为例，来自其东邻立陶宛的投资占总的外国投资的 25.6%，波兰的投资为 5.8%，英国等国依次是：英国为 4.5%、丹麦为 2.1%、黎巴嫩为 2.6%、德国为 0.4%、瑞士为 7.6%、海峡群岛为 1.8%、美国为 0.9%、爱沙尼亚为 0.9%，其他国家为 47.8%。并且，该地区运输系统发达，拥有符合欧洲标准的铁路，是连接周围地区铁路与欧洲铁路的交通枢纽。再加上，州政府对所有投资者和经营者平等对待，国内外投资者在利用当地资源和基础设施等方面享有平等的权利。州政府的行政管理程序较为简化、办事效率较高。可以说，当地政策、法制、投资、贸易环境优越，十分有利于中小企业发展。

从扶持中小企业的基础设施来看，除了州政府、州工商会和州扶持中小企业基金会、州扶持中小企业局之外，还有波罗的海商业俱乐部、工业

家和企业家联盟、加里宁格勒州家具制造商协会、加里宁格勒州建筑业者
联盟等服务性组织。同时，还有很多培训机构，比如俄罗斯国立伊曼努
尔·康德大学经济系、加里宁格勒国立技术大学经济系、波罗的海国家的
捕鱼船学院以及波罗的海经济金融研究所等。专门的咨询机构如加里宁格
勒"业务专家"咨询中心等。这些都为中小企业的发展提供了宝贵的外
部制度环境，使得中小企业的交易成本大大降低，而产品竞争力却大大增
强，利润自然有保障得多。1999—2006 年该州中小企业总数如图 5 - 2
所示①。

　　对托木斯克州中小企业发展而言，相对数量及质量因子、投资因子、
绝对效益因子和相对效益因子，分别为 0.721、4.476、- 0.316 和 -
0.412，总分为 1.190，排名第三。从各因子得分来看，投资因子得分最
高，这与加里宁格勒州的质量与效益因子的较高得分形成鲜明对比。

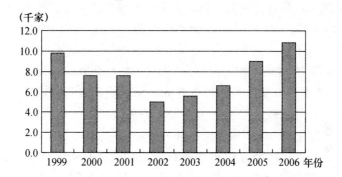

图 5 - 2　加里宁格勒州中小企业总数

资料来源：Малый и средний бизнес в Северо - Западном федеральном округе［М］. Проект
ЕС? Электронные навыки для Российских малых и средних предприятий - II? . Северо -
Западный Центр поддержки малого и среднего бизнеса Северо - Западная консультационная
группа. Справочник. Санкт - Петербург, 2007：41。

　　托木斯克州领土面积 314400 平方公里，总人口 103.4 万，2004 年人
均国内生产总值 14.1 万卢布。该州经济结构特色鲜明，石油天然气工业、
石油化工、木材加工和制药工业较为发达；同时，机械制造业和金属加工

---

①　参见加里宁格勒州官方网站（http：//www. gov39. ru/）。

业（电机工业、仪表制造、矿山设备、制造轴承和各种工具）、食品工业
（肉类、奶类、鱼类制品，以及各种酒类制品）等发展基础较好。工业产
值的大部分或国内生产总值的大部分是由为数不多的几家大公司或其母公
司创造的①。

托木斯克州政府十分重视中小企业的发展问题，并将"利用石油、
天然气部门的收入来发展高科技部门的中小企业以使经济更加多元化"
作为执政理念。在这一理念指导下，该州中小企业发展取得了良好的效
果。一个直接结果就是，在由俄罗斯联邦工商会、俄联邦经济发展与贸易
部、俄罗斯工业家企业家联盟等联合组织的评比活动中，2007 年连续第
三次获得"俄联邦发展中小企业最佳地区"的殊荣。评比采用的主要指
标有每千居民小企业数、小企业的就业人数、小企业的投资积极性等。

该州虽然地处俄罗斯的亚洲部分，但却是西伯利亚地区经济、文化和
科技的重镇。该州自然资源丰富，人力资本雄厚。并且，该州的西部区域
已开发的 100 多个油气田中，每年石油的开采量达到 1000 万—1500 万
吨，天然气开采量达到 50 亿立方米。该州铁矿的储存量为 3900 亿吨，占
全俄铁矿储量的 57%。拥有森林面积达 2900 万公顷，适合加工的木材储
量近 26 亿立方米。根据主要社会经济指标的统计资料，近几年来，托木
斯克州是西伯利亚以及俄罗斯发展最快的地区之一。标准普尔于 2005 年
8 月将托木斯克州的俄罗斯等级提升为"ruA"②。

同时，州府托木斯克市因在科技领域的优势而被定为技术型经济特
区，也是俄罗斯建立的 6 个制造业和技术发展类经济特区中唯一一个位于
亚洲部分的特区。该市虽然远离俄罗斯中心地区，但却能为寻求在新技术
领域发展的外国投资提供良好机会。特别是在信息技术、电子技术等方面
该市极具优势，拥有大量的技术密集型产业和蓬勃发展的 IT 产业。2006
年根据国际上普遍采用的对技术推广型特区所在地发展潜力的评价标准，

---

① 俄罗斯中小企业联合会 2008 年 4 月 21 日发布的研究报告：Малое и среднее
предпринимательство в развитии промышленности и технологий ［R］. Отчет по результатам
исследования. Москва，2007：58（http：// www.opora.ru /analytics/ our - efforts /2008/04/21/
maloe - i - srednee - predprinimatelstvo - v - razvitii - promyshlennosti）。

② 标准普尔公司（Standard&Poor）将这种评级从高到低分成如下 ruAAA、ruAA、ruA、
ruBBB、ruBB、ruB、ruCCC、ruCC、ruC、ruSD 以及 ruD 等 11 个大的等级。

托木斯克州在全俄各地区中处于领先地位。

最为重要的是，该州人力资本丰裕，它是西伯利亚地区教育和科学的中心，其教授密度居全国第一，也是俄罗斯重要的科学中心，到 2006 年托木斯克拥有 6 所国立大学和 2 所非国立大学，还有 15 所外地院校的分校。每 5 个托木斯克居民中就有一个人正在大学学习。而且该州的大学多为理工院校，其下属的科研院所数量众多。正是因为该州的这一特色，显示出该州中小企业的发展与莫斯科等州的不同之处。该州各行业中小企业中最发达最有竞争力的是信息和通信技术部门。托木斯克国立系统控制和无线电电子技术大学（ТУСУР）为该类企业发展提供了不尽的技术源泉。该州几乎所有的信息和通信企业的创业者都毕业于该校。该部门最大的最受尊重的企业的领导人大部分都是该校的董事会成员，在该校都有自己的实验室和研究中心。托木斯克州信息和通信部门发展的主要推动力就是由这类大学构成的完善高等职业教育体系。该体系每年向劳动市场投放几千名新的专家。除了 ТУСУР 大学之外，托木斯克理工大学（ТПУ）、托木斯克国立大学等院校的作用也不可忽视，它们也为信息通信类企业的发展积极输送动力。前者创建于 1896 年，是俄罗斯亚洲地区第一所技术类大学，在培养高技能型工程师方面有悠久的传统，迄今已经培养了 10 多万名专家，其中有 300 多名院士、列宁奖章、国家奖金和其他高声誉奖章得主；后者，在基础研究领域具有传统优势，并且，该校最近几年在发展创新型企业方面不断出台新的鼓励措施。总的来看，可按照功能的不同，将该州的众多教育中心划分成两类：一类具备相当的物质和人力资本条件，能够培养高质量的工程师、研究人员和传统项目的管理人员；另一类旨在不断培养新型的侧重于企业经营和创新的专门人才。另外，在托木斯克的高等职业教育体系里面，先前的托木斯克国立大学医学系、现在的西伯利亚国立医科大学的作用也非常重要，这些医科大学和大部分医学科学院所对托木斯克州的信息和通信集聚类企业发展方向的影响也非常明显。有了众多大学做依托，与俄罗斯其他地区相比，托木斯克州的科技优势非常明显，因为大学之外的研究型机构和俄罗斯的高技术企业大多面临着人才老化、缺乏新鲜血液等共同问题。而对大学而言，这些问题都不存在，只要大学还实行积极的研究型办学方针，那么就有大学生和研究生参与其中，而这些参与者在不久毕业后将因为拥有实际科研经验而能在大型工业企业谋取一份工作或者干脆创办属于自己的创新型企业，恰恰因为后者，托木斯克州创新型企业的增长较其他州要快得多。这也能在一定程度上解释该州投资因子得分较高的现象。可以说，托木斯克州丰富的自然资源、雄厚的人力资本和良好的政策环境为中小企业的发展奠定了坚实的基础。

从综合得分的后 10 名来看，有 6 个联邦主体属于南部联邦区，占南部联邦区联邦主体总数的 46%，即阿迪格共和国、卡拉恰伊 – 切尔克斯共和国、达吉斯坦共和国、卡尔梅克共和国、卡巴尔达 – 巴尔卡尔共和国、印古什共和国。赤塔州和图瓦共和国 2 个联邦主体属于西伯利亚区，科里亚克民族自治区、莫尔多瓦共和国分属于远东区和伏尔加区。

南部联邦区位于俄罗斯最西南部，介乎乌克兰和哈萨克斯坦之间，大致覆盖了北高加索地区。总体经济社会发展水平远远落后于其他各联邦区，居民消费水平低下，经营环境较差。通过观察排名后 10 位的联邦主体最近三年来在全俄社会经济发展水平的排名情况（见表 5 – 5）可以发现，中小企业发展水平与当地的社会发展水平具有密切的相关性。

表 5 – 5　　　　　　　部分联邦主体的社会经济发展水平名次

联邦主体	社会经济发展水平			
	2002 年	2003 年	2004 年	2005 年
阿迪格共和国	51	37	47	52
卡拉恰伊 – 切尔克斯共和国	30	59	67	57
达吉斯坦共和国	41	85	74	77
卡尔梅克共和国	70	87	77	78
卡巴尔达 – 巴尔卡尔共和国	37	40	51	51
印古什共和国	88	83	86	86
赤塔州	62	71	37	68
图瓦共和国	75	73	80	72
科里亚克民族自治区	86	74	85	85
莫尔多瓦共和国	39	48	29	73

资料来源：С. Баранов，Т. Скуфьина，Анализ межрегиональной дифференциации и построение рейтингов субъектов Российской Федерации ［J］．Вопр. экономики，2005，8：73。

从进一步的聚类分析结果上看，可以把85个联邦主体划分为若干类，比如三类或四类或六类等，本书选择的是五类划分法（见附表7）：莫斯科直辖市作为俄罗斯联邦的政治、经济和文化中心具有全俄独一无二的特殊地位，因此，其单独作为一类。圣彼得堡直辖市和加里宁格勒州同处波罗地海沿岸，与西欧和北欧经济联系十分密切，中小企业发达，这两个联邦主体归为一类。涅涅茨民族自治区和楚科奇自治区虽然中小企业分布较少，但是绝对效益指标特别高——位居联邦主体前两位。因此，这两个地区归为一类。另外，因为托木斯克州小企业在投资因子上远远大于其他各联邦主体，单独归为一类，其他联邦主体归为一类。

以上分析表明，俄罗斯中小企业发展的区域差距受地理区位、自然或人文环境、融资环境、地方政府服务、信息化、政策、技术和人才等多种因素的综合影响，这些因素共同决定了中小企业发展水平的格局。要想摆脱描述性、比较意义和经济政策指向的分析，精确辨识决定区域中小企业发展差异因素的相对重要性，全面考察中小企业区域发展差距问题，恐怕还得借助计量模型。但因数据获取的困难，目前还无法实际操作。

不过，在上述分析中我们发现，在影响中小企业发展的因素中，制度因素始终是最为关键的。具体来说，地方政治领导人的看法、融资制度、竞争机制和司法效率等都会对中小企业的发展水平产生重大影响。这方面的更进一步的研究，将具有比较强的实践价值和学术意义。

第六章　总结与启示

第一节　对俄罗斯中小企业发展经验教训的总结

俄罗斯中小企业发展的历程也是经受俄罗斯社会变革和经济动荡洗礼的过程，它从无到有、从小到大，对国民经济的贡献逐步增大。总结其发展经验教训，可以发现以下几点：

一　与大型企业相比，中小企业的健康发展更需要政府扶持

与本书综述部分提到的有学者主张的"取消政府的扶持"观点相比，问题不是"政府是否应该支持"，而是"政府如何支持"的问题，"哪些支持是必需的，哪些是不需要的？"尤其是政府扶持效率的提高不能依靠单一政策，资金扶持政策、法律、税收政策、行政权力执行机关之间的协调与职能的匹配更为关键。比如自 1994 年制订《扶持小企业联邦计划：1994—1995 年》以来，到 2002 年政府已经制订了 5 个发展计划，但由于国家财力极度匮乏，每个计划几乎都流于形式，只能完成其中很少的一部分。又比如，俄联邦政府虽然创立了从中央到地方的一套组织管理机构和民间社会团体，但因为各地区支持小企业的法律基础还远不完善，实际上，只有少数地方政府能为小企业提供实际的优惠、制定有效的支持措施。

二　俄罗斯经济政治转型的过程中，正式制度与非正式制度的协同演进制约着中小企业发展。演进的动态性为不同历史时期的中小企业提供不同的制度环境和制度安排，提供不同的激励结构和约束条件

20 世纪 90 年代中小企业包括大企业对正式制度的需求并不强烈，因

为这时建立在网络成员之间彼此承诺与信任关系基础上的协作关系在发挥替代性作用。但这种承诺与信任关系需要依靠企业主之间的社会关系来建立，这是维系网络稳定的主要力量，由家庭、亲戚、朋友等所形成的关系在无形中规范并维持了网络内的运作次序。但是，随着既有"资源"的瓜分殆尽，由存量改革向增量改革过渡，交易者对节约交易成本的追求、对交易契约的制定及履行的保护就变得至关紧要。原来的靠个人关系或关系网络等非正式制度已经不能满足经济发展的需求，这时急需有效的正式制度出台。这也是俄罗斯政府在 2001 年之后出台的若干政策和法规能够发挥作用的一个重要原因。

三　中小企业有效的集体行动是维护自身利益、表达本群体声音的必然途径，也只有这样才能抗衡大型金融工业集团和垄断势力的挤压

有效的集体行动并不容易形成，在现实生活中，中小企业主作为政治碎片（C. Wright Mills, 1956）成为分散的、被动的社会大众的一部分，或者按照奥尔森所说的，这种大型集团或潜在集团一般不会自愿采取行动来强化其共同利益，因为这个潜在的集团太庞大、个人的"有限理性"下的计算不允许他们联合起来，抑或不存在"选择性激励机制"。这种情况下，竞选者更多的时候是利用小企业主对中小企业政策的关心，把这种关心当做竞选的"跳板"，政策本身仅具有"意识形态"意义而已。不过，俄罗斯目前的情况有所改观，在各个地区行业协会或职业联盟的基础上成立的全俄性的联合会性的组织已经形成。就目前的四大组织而言，俄罗斯工业家企业家联盟是典型的"寡头俱乐部"、俄罗斯工商会官方色彩浓厚、"实业俄罗斯"和"俄罗斯支点"（即全俄中小企业联合会）形成的时间较晚，后两者主要代表中小企业的利益。分析成立较晚的原因，还得从集体行动的逻辑里寻找，对那些小企业主而言，他们在 20 世纪 90 年代早期并不太需要官方的支持，因为他们进行的零售业主要是采取对官员权力的逃避战略；而那些经营大企业的企业家要么按照"小集团"的逻辑紧密地团结在一起，要么已经通过合作、与官员的商业伙伴关系，以及个人关系等享受到了官员的制度化支持。这种情况下，这种商会或联合会最坚定的支持者是中等规模的企业家，他们缺少与官员的"制度化"联系以获得好处和保护，因为卑微的社会背景，他们与政府官员很难构建起

私人关系，他们的企业也没有达到足以引起政府和公共部门与之建立伙伴的程度。对这些经营者来说，商会或协会能提供一些保护以及与官员接触以获取利益的机会。但中等规模的企业由小到大的成长则需要时间。需要指出的是，在俄罗斯像"实业俄罗斯"、"俄罗斯支点"这类协会，还远不是斯密在《国富论》里描述的那种阻碍技术进步的同行公会，也不是奥尔森所描述的那种"分利集团"。

由众多中小企业主构成的潜在的利益集团向真正的具有行为能力的利益集团的过渡还需要漫长的路要走，这与俄罗斯所处的再工业化或赶超阶段密切相关，即便中小企业主由潜在的利益集团变为有集体行为能力的利益集团，完全解决了集体行动的困境问题。因为，全球化背景下，俄罗斯只有充分发挥其资源禀赋的比较优势，才能积聚俄罗斯本国的产业资本，才能有机会以更快的速度实现由再工业化向后工业化社会的转变。这个过程受制于国际经济环境的变化的同时，也受到国内真正的为数不多的利益集团即所谓的"金融工业集团"的制约，这类利益集团的形成和演变过程以及国家如何将之纳入有利于整个国家经济发展的激励相容框架的过程，也是对俄罗斯中小企业发展产生直接而又深远影响的过程。

第二节　俄罗斯中小企业发展带给中国的启示

通过前文对俄罗斯中小企业发展的分析，我们从中可以得到一些有益的启示和借鉴。比如，政府的作用在于维护大中小型企业公平竞争的环境；倾斜的扶持中小企业的产业政策要与其他配套措施相匹配；重视正式制度和非正式制度的协调；对民间组织的引导要纳入法制的轨道等方面，逐项分析其对中国的具体借鉴意义，则需要详细考察中国中小企业相关方面的具体细节，这超出了作者的驾驭能力，只好针对某一个重要领域展开。考虑到转型期中国中小企业的融资难问题，尤其是最近一个时期以来，在劳动力、能源、原材料价格上涨的新形势下该问题更加明显。虽然国内学者从中小企业本身和金融机构两方面展开了积极的对策性研究，但是，从近期的实践看，效果并不明显。通过前文对俄罗斯中小企业融资制度的分析我们发现，必须广泛利用各种融资工具、努力拓展各种融资渠道；同时，政府部门要为中小企业融资创建良好的制度环境，尤其是法制环境。其中，俄罗斯非银行小额信贷市场的发育发展给我们的启示特别明显。

同是非商业性小额信贷机构，在俄罗斯正步入一个良性发展的轨道，而在中国却难以为继，原因何在呢？通过比较我们发现，尽管短期内两国的非银行小额信贷机构都因为与既有的大型银行等垄断性商业性信贷机构的利益相冲突，但是，两国在小额信贷面临的制度环境上还存在着比较大的差异。对于小额信贷发展而言，完善的法律框架[①]、有力的政府扶持、宽松的社会舆论环境、私人资本的自律、以制度作保证的多元化资金注入渠道以及小额信贷需求者自身信用意识和市场观念的培育等，都是不可或缺的制度条件，尤其需要产权和法律制度的完善。沿着这个方向，反观我们中国，以下两个问题尤为值得注意。

一　产权制度进一步完善的问题

在市场经济条件下，明晰产权是保证金融活动正常有序开展的微观基础，小额信贷问题的实质也是产权问题。以我国既有的农村信用社[②]为例，其借鉴国外小额信贷的成功经验，试图通过推广农户小额信用贷款这一金融创新来确保农民和农业获得贷款，但是，由于农村信用社内在的产权缺陷，即便是在政府的主导下，这一改革并没有收到预期成效，而且在推广过程中出现了一些问题，比如，调查欠准确、操作不规范，以及各种违章贷款、以贷谋私等。

从理论上看，农村信用社归全体社员所有，社员享有管理权、股金分红权、贷款优先权和利率优惠权等权利。但是，在实践过程中，因为农村信用社的产权得不到应有的保障，社员应有的权利被剥夺，农村信用社并不能为社员提供优质服务，其合作性质几乎没有得到体现，而沦为国家银行在农村的基层代理机构。

---

① 尤努斯（2006、2007）认为，中国农村金融在运行中存在一些问题，需要通过建立新的法律框架体系来解决。在过去的 12 年里，中国大约有 10 万人得到小额贷款，这个数字对中国并不算大。小额信贷在中国实行最大的障碍是法律框架问题，即如何修改法律，使小金融机构向农村提供金融服务。

② 近年来，我国开始出现小额信贷公司，但因其历史比较短暂，各种影响尚未充分显现，因此，我们这里以农村信用社为例展开一个大致的比较。

自 20 世纪 80 年代中期以来，实行的一系列旨在实现农业银行和农村信用社脱钩等目标的农村金融体制改革，由于没有触及农村合作金融的产权制度，改革预期落空。相对于中国小额信贷规范发展遭遇的实际产权保护缺失问题，俄罗斯的非银行小额信贷之所以成功，关键在于产权制度的激励。

二　法律缺失背后的利益博弈问题

和俄罗斯相比，我国目前对非银行小额信贷还没有一整套法律制度来界定其法律地位，更没有系统的监管框架来对其实施有效的监管。因为小额信贷机构没有适当的法律地位，各级政府部门和工商、金融行政部门对小额信贷机构往往采取简单化的管理手段，压制甚至彻底取缔区域内的小额信贷组织。上文提到的农村信用社，在这种情况下也充当着推波助澜的角色。因为，处在当前农村金融体系主体地位的农村信用合作社，不仅是吸收储蓄的主体，也是进行农户小额贷款和农村中小企业贷款的主体。换言之，农信社分支网点众多，小额贷款服务覆盖面大，在小额信贷的推行中占据垄断优势地位，即天然的市场先发优势、信息优势和市场网络优势。同时，在农信社已经占据很大市场份额的条件下，小额贷款机构若想获得适度规模经济，并与农信社展开有效竞争，几乎不可能。另外，由于现有的小额信贷试点中规定小额贷款机构不能经营储蓄业务，使得小额贷款机构的资金来源受到限制，导致小额信贷组织在与农信社竞争时处于天然的弱势地位。因此，如何实现资金来源的可持续性和多元化，是现在小额贷款组织面临的关键问题之一。

从既得利益集团干预的角度，也可以为上述现象提供一些解释。因为有效率的小额信贷机构的存在和发展，无疑会对当地业已存在的农村信用社的经营活动发起强有力的挑战[1]，给这些原有的农村金融机构造成一种生存压力。这样，这些在垄断性的农村金融市场获得既得利益的农村金融机构就会有极大的动力去游说当地的政府部门，来遏制或完全取缔小额信贷机构。合法地位的缺乏和地方政策的不支持使得小额信贷机构本身因为

---

[1]　农信社的小额信贷具有覆盖面广、业务量大、分支机构众多等特点。但吴晓灵（2007）认为，金融机构覆盖程度很广，但服务效率不高。中国金融机构资金充裕，但无法合理流到农村，满足不了农村需求。

没有安全感而缺乏一种稳定的未来预期，这直接导致它们在经营行为上难以采取具有战略意义的长远措施（诸如对人力资源的投入，对客户的长期培训，社区信用体系的构建等），只是囿于短期业务的开展。另外，由于小额信贷机构没有合法地位，导致投资者、捐赠者以及其他批发性贷款的发放者对小额信贷机构的资金投入乏力，从而使得小额信贷机构的资金来源逐渐萎缩，最终出现难以为继的局面。总之，及时确立一个清晰的监管框架，给予小额信贷机构适当的法律地位，对于我国小额信贷机构的发展极为重要。

附　　录

附表 1a　　　1995—2006 年农业（农场）经济体的数量及其按

土地规模大小的分布

年份	1995	2000	2004	2005	2006
总数（千）	280.1	261.7	261.4	257.4	255.4
占有土地面积（公顷）					
不足 3	34.1	42.3	49.9	50.1	52.4
4—5	29.2	23.8	24.2	23.5	22.3
6—10	42	37.1	35.0	34.4	33.7
11—20	51.9	42.4	37.2	36.0	34.4
21—50	62.5	51.0	45.4	44.1	42.4
51—70	19.1	16.2	15.2	14.6	14.4
71—100	17.0	15.1	14.1	13.5	12.9
101—200	16.3	18.5	18.0	17.0	16.3
大于 200	6.9	13	17.7	18.1	19.7
没有地块	1.1	2.3	4.7	6.1	6.9

附表 1b　 1995—2006 年农业（农场）经济体类型占经济体总数的比重　单位：%

年份	1995	2000	2004	2005	2006
总数	100	100	100	100	100
占有的土地面积（公顷）					
不足 3	12.2	16.1	19.1	19.5	20.5
4—5	10.4	9.1	9.3	9.1	8.7
6—10	15	14.2	13.4	13.4	13.2
11—20	18.5	16.2	14.2	14.0	13.5
21—50	22.3	19.5	17.3	17.1	16.6
51—70	6.8	6.1	5.8	5.7	5.6

续表

年份	1995	2000	2004	2005	2006
71—100	6.1	5.8	5.4	5.2	5.1
101—200	5.8	7.1	6.9	6.6	6.4
大于200	2.5	5.0	6.8	7.0	7.7
没有地块	0.4	0.9	1.8	2.4	2.7

注：按每年年末数据。

资料来源：俄罗斯国家统计局网 www.gks.ru。

附表2　　　　农业（农场）经济在主要农产品产量中的比重　　　单位：%

年份	1995	2000	2005	2006	2007
粮食（净重）	4.7	8.4	18.3	20.0	20.2
葵花子（净重）	12.3	14.2	26.6	29.1	28.9
甜菜	3.5	4.9	10.4	11.8	11.3
家禽家畜屠宰量（净重）	1.5	1.8	2.5	2.6	2.9
奶	1.5	1.8	3.2	3.5	4.0

注：这里农业（农场）经济包括个体企业主。

资料来源：俄罗斯国家统计局网 www.gks.ru。

附表3　　　　　　　　中小企业的国际比较（1999年）

单位：千个、个、百万人、%

国家	中小企业数	每千个居民中小企业数	中小企业吸纳就业人数	中小企业就业人数占总就业人数的比重	中小企业产值占国内生产总值的比重
英国	2630	46	13.6	49	50—53
德国	2290	37	18.5	46	50—54
意大利	3920	68	16.8	73	57—60
法国	1980	35	15.2	54	55—62
欧盟	15770	45	68.0	72	63—67
美国	19300	74.2	70.2	54	50—52
日本	6450	49.6	39.5	78	52—55
俄罗斯	836.2	5.65	8.1	9.6	10—11

资料来源：Сиземов И. Г. ИНСТИТУЦИОНАЛЬНЫЕ ОСОБЕННОСТИ МАЛОГО БИЗНЕСА В РОССИИ［J］. ВЕСТНИК НИЖЕГОРОДСКОГО УНИВЕРСИТЕТА ИМ. Н. И. ЛОБАЧЕВСКОГО СЕРИЯ ЭКОНОМИКА И ФИНАНСЫ, 2005, 1: 264–268。

附表 4　　　　　　　　2005—2007 年俄罗斯各部门小企业数　　单位：千个、%

部门	2005 年		2006 年		2007 年	
	数量	比例	数量	比例	数量	比例
	979.3	100	1032.8	100	1137.4	100
农业、狩猎和林业	26.8	2.7	28.9	2.8	29.4	2.6
渔业	2.2	0.2	2.4	0.2	2.5	0.2
采掘业	3.6	0.4	4.1	0.4	4.5	0.4
制造业	120	12.3	123.4	12.0	128.6	11.3
电力、天然气和供水业	2.9	0.3	4.1	0.4	4.9	0.4
建筑业	109.3	11.2	117.1	11.3	130.7	11.5
批发与零售贸易、摩托车、汽车及日用品维修	448.8	45.8	464.6	45.0	510.6	44.9
餐馆和旅店业	19.9	2.0	20.8	2.0	29.7	2.6
运输和通信业	44.3	4.5	50.3	4.9	57.3	5.0
通信业	6.3	0.6	7.1	0.7	7.8	0.7
金融业	12.5	1.3	14.7	1.4	16.1	1.4
不动产业、租赁	151.9	15.5	163.3	15.8	181.3	15.9
教育	2.7	0.3	2.7	0.3	2.7	0.2
医疗卫生、社会服务业	10.5	1.1	10.8	1.0	11.6	1.0
其他公共、社会和个人服务业	23.6	2.4	25.3	2.4	27.2	2.4

资料来源：http：//www.gks.ru/bgd/regl/B08_ 11/IssWWW.exe/Stg/d01/13 - 03.htm。

附表 5　　　　　　　2006—2007 年各部门小企业的营业额　　单位：十亿卢布、%

部门	2006 年		2007 年	
	营业额	比重	营业额	比重
	12099.2	100	15468.9	100
农业、狩猎和林业	78.8	0.7	122.0	0.8
渔业	20.2	0.2	23.8	0.2
采掘业	49.4	0.4	59.4	0.4
制造业	1146.9	9.5	1401.1	9.1
电力、天然气和供水业	31.5	0.3	41.0	0.3

续表

部门	2006 年		2007 年	
	营业额	比重	营业额	比重
	12099. 2	100	15468. 9	100
建筑业	922. 0	7. 6	1265. 6	8. 2
批发与零售贸易、摩托车、汽车及日用品维修	8721. 3	72. 1	10999. 8	71. 1
餐馆和旅店业	56. 1	0. 5	96. 0	0. 6
运输和通信业	249. 2	2. 1	384. 4	2. 5
其中：通信业	31. 6	0. 3	45. 9	0. 3
不动产业、租赁	725. 1	6. 0	959. 3	6. 2
教育	3. 9	0	3. 7	0
医疗卫生社会服务业	35. 7	0. 3	33. 8	0. 2
其他公共、社会和个人服务业	57. 6	0. 5	77. 9	0. 5

资料来源：俄罗斯国家统计局网（www.gks.ru）。

附表 6　　　　　　　扶持小企业的机构——比例指标　　　　　　单位：个

扶持机构	扶持小企业机构数	每百万居民数	每万小企业的平均数	每万个体从业者的平均数	每万小企业和个体从业者的平均数
全俄平均数	1288	8. 83	146. 47	30. 40	25. 17
俄联邦权力执行机关	260	1. 78	29. 57	6. 14	5. 08
扶持小企业的局、委员会、管理处及其分支机构	92	0. 63	10. 46	2. 17	1. 80
俄联邦反垄断政策和支持企业部的地方管理机构	73	0. 50	8. 30	1. 72	1. 43
俄联邦劳动部居民就业局的地方机构	64	0. 44	7. 28	1. 51	1. 25
其他组织或机关	31	0. 21	3. 53	0. 73	0. 61
信贷机构	197	1. 35	22. 40	4. 65	3. 85
地方扶持小企业基金	87	0. 60	9. 89	2. 05	1. 70
促进科技领域型小型企业发展基金的分支机构	23	0. 16	2. 62	0. 54	0. 45

续表

扶持机构	扶持小企业机构数	每百万居民数	每万小企业的平均数	每万个体从业者的平均数	每万小企业和个体从业者的平均数
租赁公司	39	0.27	4.44	0.92	0.76
其他机构	35	0.24	3.98	0.83	0.68
信息分析和咨询机构	185	1.27	21.04	4.37	3.62
地方性扶持中小企业局	38	0.26	4.32	0.90	0.74
地区性科技信息服务中心	12	0.08	1.36	0.28	0.23
地区性信息分析中心	14	0.10	1.59	0.33	0.27
咨询中心	7	0.05	0.80	0.17	0.14
市场营销中心	66	0.45	7.51	1.56	1.29
其他机构	45	0.31	5.12	1.06	0.88
企业孵化器	57	0.39	6.48	1.35	1.11
地方性技术园区及其协会	18	0.12	2.05	0.42	0.35
国家级企业孵化器合作联盟	3	0.02	0.34	0.07	0.06
创新中心	5	0.03	0.57	0.12	0.10
地方性商业孵化器	21	0.14	2.39	0.50	0.41
其他机构	10	0.07	1.14	0.24	0.20
培训机构	138	0.95	15.69	3.26	2.70
商业培训中心	47	0.32	5.34	1.11	0.92
商业学校、企业培训机构、商学院	23	0.16	2.62	0.54	0.45
隶属于居民就业局的培训中心	14	0.10	1.59	0.33	0.27
其他机构	48	0.33	5.46	1.13	0.94
展览和交易服务机构	11	0.08	1.25	0.26	0.22
手工艺培训机构	11	0.08	1.25	0.26	0.22
社会支持机构	360	2.47	40.94	8.50	7.04
区域性工商会（ТПП）	95	0.65	10.80	2.24	1.86
地方性经营者协会或联合会	78	0.53	8.87	1.84	1.52
地方性经营者联盟	61	0.42	6.94	1.44	1.19

续表

扶持机构	扶持小企业机构数	每百万居民数	每万小企业的平均数	每万个体从业者的平均数	每万小企业和个体从业者的平均数
俄罗斯中小企业从业者联盟的地方性分支机构	11	0.08	1.25	0.26	0.22
俄工商联盟的地方性分支机构	21	0.14	2.39	0.50	0.41
全俄中小经营者联盟的地方性分支机构	11	0.08	1.25	0.26	0.22
其他机构	67	0.46	7.62	1.58	1.31
其他基础设施	69	0.47	7.85	1.63	1.35

注：该数据截至 2002 年 4 月 1 日。

资料来源：Российское обозрение малых и средних предприятий 2001［R］. Рес. Центр малого предпринимательства. Москва，2002：285 – 286。

附表 7　　　　俄罗斯联邦主体各因子得分及综合排名

地区	因子得分				综合得分排名	五类
	F_1	F_2	F_3	F_4		
加里宁格勒州	2.964	1.157	1.290	0.886	1.680	3
莫斯科	4.838	– 1.319	1.649	– 2.767	1.390	2
托木斯克州	0.721	4.476	– 0.316	– 0.412	1.190	5
圣彼得堡	3.623	– 1.426	– 0.577	0.726	0.980	3
斯维尔德洛夫斯克州	1.132	0.161	1.924	0.038	0.790	1
克拉斯诺达尔边疆区	0.355	2.140	0.082	0.643	0.720	1
罗斯托夫州	0.457	2.057	0.799	– 0.845	0.670	1
下诺夫哥罗德州	1.154	1.076	– 0.500	0.388	0.630	1
莫斯科州	1.198	0.040	– 0.204	1.676	0.620	1
新西伯利亚州	0.642	0.444	0.866	0.621	0.570	1
萨马拉州	1.643	– 0.543	0.843	– 0.724	0.530	1
鄂木斯克州	0.263	0.830	0.356	1.362	0.520	1
马加丹州	0.888	– 0.732	0.453	2.198	0.510	1

地区	因子得分				综合得分排名	五类
	F_1	F_2	F_3	F_4		
科米共和国	-0.099	2.141	-0.126	0.484	0.500	1
卡卢加州	0.507	1.198	-0.300	0.579	0.480	1
楚科奇自治区	-0.080	-1.295	3.569	1.099	0.430	4
克麦罗沃州	0.135	1.206	0.336	-0.168	0.370	1
粗鞑斯坦共和国	0.086	1.314	-0.658	0.838	0.330	1
卡累利阿共和国	0.348	-0.103	0.455	1.055	0.320	1
萨哈林州	0.224	0.340	0.411	0.201	0.260	1
利佩茨克州	-0.454	1.664	0.986	-1.253	0.230	1
奔萨州	0.002	1.898	-0.955	-0.460	0.220	1
彼尔姆州	-0.250	0.013	2.129	-0.465	0.220	1
车里雅宾斯克州	0.323	0.245	0.762	-0.643	0.220	1
阿尔泰边疆区	0.465	0.607	-0.092	-0.682	0.210	1
滨海边疆区	0.442	-0.086	0.407	-0.043	0.210	1
巴什科尔托斯坦共和国	0.906	-0.200	-1.335	0.745	0.150	1
伊尔库茨克州	0.104	-1.096	1.975	0.075	0.140	1
涅涅茨自治区	-2.088	0.750	2.697	1.609	0.090	4
堪察加州	-0.516	0.617	0.559	0.241	0.080	1
沃罗涅日州	0.097	0.643	-0.970	0.236	0.050	1
摩尔曼斯克州	-0.354	-0.068	1.652	-0.793	0.040	1
伏尔加格勒州	0.121	-0.021	-0.178	0.067	0.020	1
雅罗斯拉夫州	0.679	-1.033	0.490	-0.609	0.020	1
马里埃尔共和国	0.128	0.404	-0.876	0.162	0.010	1
沃洛格达州	-0.104	0.158	-0.094	0.134	0.000	1
伊万诺沃州	-0.547	1.380	-0.665	-0.043	0.000	1
哈巴罗夫斯克边疆区	0.298	-0.550	-0.642	0.918	-0.010	1
克拉斯诺亚尔斯克边疆区	-0.419	0.419	0.267	-0.197	-0.030	1
梁赞州	0.603	-0.575	-0.517	-0.463	-0.060	1
楚瓦什共和国	0.194	0.286	-1.569	0.527	-0.070	1

续表

地区	因子得分				综合得分排名	五类
	F_1	F_2	F_3	F_4		
别尔哥罗德州	-0.130	-0.648	0.256	0.520	-0.090	1
弗拉基米尔州	-0.193	-0.393	-0.949	1.888	-0.090	1
坦波夫州	-0.907	1.370	-0.701	0.310	-0.090	1
普斯科夫州	0.157	-0.559	-1.122	1.349	-0.100	1
乌德穆尔特共和国	-0.522	0.064	0.626	-0.266	-0.100	1
亚马尔 - 涅涅茨民族自治区	-1.150	-0.459	0.312	2.717	-0.130	1
阿尔泰共和国	-0.605	1.213	-0.526	-0.839	-0.140	1
奥廖尔州	-0.410	-0.658	-0.040	1.084	-0.170	1
乌里扬诺夫斯克州	0.214	0.055	-1.089	-0.528	-0.170	1
库尔斯克州	-0.747	0.126	0.374	-0.109	-0.190	1
列宁格勒州	1.056	-0.829	-1.660	-0.722	-0.190	1
萨拉托夫州	-0.308	-0.282	-0.096	0.057	-0.190	1
斯摩棱斯克州	-0.366	-0.397	-0.883	1.514	-0.190	1
诺夫哥罗德州	-0.173	-0.770	-0.557	0.942	-0.220	1
阿穆尔州	-0.662	-0.079	-0.356	0.748	-0.230	1
汉特曼西斯克民族自治区	-0.604	-1.151	0.377	1.514	-0.230	1
阿斯特拉罕州	0.060	0.058	-0.941	-0.864	-0.240	1
泰梅尔民族自治区	-1.147	0.964	0.291	-0.865	-0.250	1
犹太自治州	-0.116	-0.096	-1.129	0.011	-0.260	1
特维尔州	-0.478	-0.139	-0.508	0.199	-0.270	1
图拉州	-0.171	-0.783	-0.634	0.545	-0.280	1
秋明州	-0.101	-0.627	-0.801	0.221	-0.290	1
北奥塞梯共和国	-1.151	0.377	1.470	-1.740	-0.300	1
阿尔汉格尔斯克州	-0.347	-0.755	-0.170	0.128	-0.310	1
基洛夫州	-0.308	-0.534	-0.023	-0.577	-0.310	1
布里亚特共和国	-0.821	-0.195	0.263	-0.089	-0.310	1
科斯特罗马州	-0.424	-1.068	-0.073	0.704	-0.330	1
布良斯克州	-0.468	-0.329	-0.288	-0.559	-0.370	1
哈卡斯共和国	0.152	-1.273	-1.213	0.496	-0.390	1

续表

地区	因子得分				综合得分排名	五类
	F_1	F_2	F_3	F_4		
萨哈共和国（雅库特）	-1.309	-0.853	1.393	0.245	-0.400	1
斯塔夫罗波尔边疆区	0.267	-1.030	-0.956	-0.896	-0.420	1
阿加布里亚特民族自治区	-1.461	-0.717	2.162	-0.804	-0.430	1
库尔干州	-0.586	-0.336	-0.715	-0.338	-0.460	1
奥伦堡州	-0.134	-0.580	-1.314	-0.398	-0.460	1
阿迪格共和国	-0.309	-0.900	-0.702	-0.621	-0.520	1
克里亚民民族自治区	-0.166	-0.941	-0.375	-1.820	-0.570	1
莫尔多瓦共和国	-0.626	-1.063	-0.674	0.157	-0.570	1
赤塔州	-0.999	-0.807	0.070	-0.432	-0.590	1
卡拉恰伊－切尔克斯共和国	-0.562	-0.315	-0.607	-1.704	-0.600	1
达吉斯坦共和国	-0.551	0.461	-1.013	-2.601	-0.600	1
图瓦共和国	-0.936	-1.056	-0.552	-0.925	-0.800	1
卡尔梅克共和国	-1.441	-0.571	-0.313	-0.810	-0.810	1
卡巴尔达－巴尔卡尔共和国	-0.512	-1.001	-1.451	-1.311	-0.840	1
印古什共和国	-1.459	-1.036	0.294	-2.251	-1.010	1

附表 8　　　　　　2006—2007 年各部门小企业吸纳的就业人数

部门	2006 年						2007 年					
	平均数(不包括兼职人员)		兼职数		合同工人数		平均数(不包括兼职人员)		兼职数		合同工人数	
	千人	比重(%)	千人	比重(%)	千人	比重(%)	千人	比重(%)	千人	比重(%)	千人	比重(%)
	8582.8	100	656.5	100	229.3	100	9239.2	100	640.2	100	277.9	100
农业、狩猎和林业	311.4	3.6	9.3	1.4	7.7	3.3	316.8	3.4	11.3	1.8	11.5	4.1
渔业	24.3	0.3	1.5	0.2	1.1	0.5	25.6	0.3	1.5	0.2	1.4	0.5
采掘业	43.3	0.5	2.9	0.4	1.8	0.8	44.7	0.5	2.6	0.4	1.9	0.7
制造业	1726.4	20.1	102	15.5	37.8	16.5	1812.9	19.6	92.7	14.5	57	20.5

部门	2006 年						2007 年					
	平均数(不包括兼职人员)		兼职数		合同工人数		平均数(不包括兼职人员)		兼职数		合同工人数	
	千人	比重(%)	千人	比重(%)	千人	比重(%)	千人	比重(%)	千人	比重(%)	千人	比重(%)
	8582.8	100	656.5	100	229.3	100	9239.2	100	640.2	100	277.9	100
电力、天然气和供水业	51.8	0.6	4.1	0.6	3.5	1.5	65.1	0.7	5.0	0.8	3.3	1.2
建筑业	1488.8	17.3	81.9	12.5	47.6	20.8	1625.5	17.6	95.4	14.9	59.1	21.3
批发与零售贸易、摩托车、汽车及日用品维修	2741.8	31.9	213.6	32.5	37.7	16.4	3009.5	32.6	202.9	31.7	49.4	17.8
餐馆和旅店业	170.4	2.0	9.5	1.5	2.8	1.2	265.6	2.9	11.9	1.9	4.0	1.4
运输和通信业	460.0	5.4	37.9	5.8	10.1	4.4	487.3	5.3	36.9	5.8	15.0	5.4
通信业	50.8	0.6	5.7	0.9	1.8	0.8	50.9	0.6	5.9	0.9	2.4	0.9
金融业	71.5	0.8	12.3	1.9	1.9	0.8	57.5	0.6	11.0	1.7	3.7	1.3
不动产业、租赁	1162.0	13.5	146.2	22.3	51.8	22.6	1208.2	13.1	128.4	20.0	57.6	20.7
教育	10.7	0.1	2.3	0.3	1.8	0.8	12.6	0.1	2.6	0.4	1.6	0.6
医疗卫生、社会服务业	100.3	1.2	18.3	2.8	6.3	2.7	106	1.1	23.7	3.7	3.5	1.2
其他公共、社会和个人服务业	218.7	2.5	14.6	2.2	17.3	7.6	201.1	2.2	14.1	2.2	8.8	3.2

资料来源：俄罗斯国家统计局网站。

附件 1

俄罗斯小企业主历届代表大会简介

第一届全俄小企业代表大会（Всероссийская конференция представителей малых предприятий）①，于 2000 年 3 月 15 日举行。时任总统普京发表的重要讲话指出，发展经营活动的严峻问题：（1）中小企业稳定发展缺乏长期性的保障。（2）国家对大型企业和小企业的选择性态度以及实际造成的不公平分配。（3）涉及国家调节经济原则的问题，国家的任务在于为规范的市场活动创造条件，保障合法的公平的竞争。为此，需要加强反垄断措施，提高法院的权威性和独立性，给予仲裁部门一定的资金支持并减轻强加给法院的额外负担。（4）目前的认证成本问题，需要认证的经营活动类型过于宽泛。（5）在创业者那里缺乏必要的启动资金，必须鼓励银行开展面向小企业的放贷业务②。

第二届全俄小企业主代表大会，由俄罗斯工商会和反垄断政策和支持企业部组织，于 2001 年 3 月 20—21 日举行。会议主题是"对文明企业应审慎监管"。会议上研讨了国家监管经营活动的政策基础问题；监督经济主体的机关、执法机关同小企业主体的协调问题；登记、注销、经营活动的许可问题；小企业在农业企业经营过程中取得认证和实施标准化过程中甚至在利用联邦、地区和市政所有的资产的过程中遇到的行政壁垒问题；与国家商业检查机关以及卫生防疫和环境监测部门的协作问题；小企业主体的资金获得问题。

---

① 从俄语单词词义角度来看，конференция 往往是指国际会议，多为学术性会议，但也可能是指政治性会议。съезд 多为一国性的会议，与会者一般都经过正式选举产生，会上讨论和研究的通常是政治性问题，这种代表大会往往是某一政党、社团、学术机构的最高权力机关。2000年之前举行的两届代表大会用的是 съезд 一词，即 1996 年 2 月和 1999 年 10 月举行的两次 Всероссийский съезд представителей малых предприятий。

② 历届代表大会的资料来源于工商会和政府相关机构的官方网站。

　　第三届全俄小企业主代表大会，于 2002 年 4 月 15—16 日在国际贸易中心举行，会议主题是"对企业应实施实际的资源支持"。来自 78 个地区的 500 多名代表参加了大会。大会主要召集人是俄工商会和反垄断政策与扶持经营部以及联邦政府扶持小企业基金。讨论的议题包括以下几个方面：小企业自银行融资的机制；发展针对小企业融资的非国有银行制度；小企业的财产保障；作为扶持小企业主体的租赁；小企业的税收问题；发展国家和市政层面的扶持小企业的融资机制。

　　第四届全俄小企业主代表大会 2003 年 4 月 28—29 日举行，其主题是"小企业和大企业之间的协作"。讨论了小企业和大企业之间的协作水平和条件。目的是巩固企业界在互利合作的基础上为了有效地发展国内企业而做出的努力，分析阻碍小型企业和大型企业之间开展协作的因素，寻找克服途径。具体议题主要有以下几个方面：在小企业和大企业间探索新的合作形式，在小企业和大企业有效协作机制的基础上构建战略伙伴关系；完善保障小企业发展包括为大小企业之间的互利合作、鼓励创新等创造有效条件等方面的法律；在大小企业互利合作的框架内发展创新活动，以及风险投资活动；如何在保障小企业的效率和竞争力的条件下，在世界经济范围内促进俄罗斯企业一体化，以为俄罗斯加入世界贸易组织做准备。会议的主要组织者是俄联邦工商会、俄罗斯工业家企业家联盟以及俄罗斯反垄断政策和扶持经营部。

　　第五届全俄小企业主代表大会 2004 年 3 月 10—11 日举行，会议主题是"加速作为经济稳定增长因素的小企业的发展"，会议讨论了提高小企业对加速经济发展的贡献以及如何克服实施过程中可能遇到的制约因素。重点是讨论如何扩大小企业在克服贫困方面的贡献以及提升小企业主的社会责任感。会议由俄联邦工商会和反垄断政策和扶持经营部组织。主要议题包括：小企业在加速经济稳定增长方面的作用；扶持初创企业的问题和机制；发展小型创新企业和小型工业企业；在市政和地区层面包括住房社区服务领域发展小企业；小企业的资金保障问题，包括风险投资；小企业的社会责任和安全问题；俄罗斯经营活动的民族传统问题；完善相关法律；工商会和经营者联合会在发展小企业方面的作用；小企业的管理人员保障问题以及其他问题。

　　第六届全俄小企业主代表大会 2005 年 4 月 26 日在俄工商会会议中心

举行。会议主题是"小企业：地方自治的经济基础"。会议由俄工商会和俄罗斯联邦议会联邦委员会和经济发展与贸易部组织。会议重点探讨了小企业在创建地方自治的经济基础方面的作用，以及在联邦和地区层面的国家机关甚至地方自治机关一级创建和实施促进、扶持和发展小企业的机制问题。

第七届全俄小企业主代表大会，2006 年 5 月 24—25 日举行，会议的主题是"创新和小企业发展"，积极意义在于加速为发展创新和小型创新企业创造条件的进程。会议的目的是增强创新型小企业对俄罗斯经济竞争力的影响；培养企业家界的爱国主义精神。主要议题有：总结经验并寻找新的机会以使小企业参加科研成果的商业化；为成功创建和发展小的创新型企业创造条件；为国家和市政权力机关就发展小的创新型企业问题提供建议；组织者为俄罗斯联邦议会联邦委员会、俄工商会以及经济发展和贸易部。辅助单位有俄联邦教育和科技部、俄罗斯工业家和企业家联盟、俄罗斯科学院、经营者联合会。

第八届全俄小企业主代表大会 2007 年 5 月 16—17 日举行。此次会议的主题是"俄罗斯加入世界贸易组织前的中小企业"。会议的目的在于加强中小企业的市场竞争力，为俄罗斯加入世界贸易组织做准备。会议组织者有俄罗斯联邦议会联邦委员会、俄联邦工商会、俄联邦经济发展和贸易部。辅助单位有莫斯科市政府、俄罗斯银行家协会、俄罗斯小额信贷中心、经营者联合会等。

参 考 文 献

1. R. Aidis and S. Estrin, Institutions, Networks and Entrepreneurship Development in Russia: An Exploration [DB/OL]. William Davidson Institute Working Paper No. 833. 2006 (06), http://ssrn. com, 2008. 05. 08.

2. A. Aslund, Observations on the Development of Small Private Enterprises in Russia [J]. *Post - Soviet Geography and Economics*, 1997 (38): 191 - 206.

3. A. Aslund, Russia's Collapse [J]. *Foreign Affairs*, 1999, 7 - 8: 64 - 77.

4. I. Astrakhan and A. Chepurenko, Small Business in Russia: Any Prospects after a Decade? [J]. *Futures*, 2003 (35): 341 - 359.

5. X. Barre, Problems of SME Financing in Russia [DB/OL]. http://www. recep. ru/files /documents/ SME_ Financing_ eng. pdf, 2008. 03. 20.

6. T. Beck, A. Demirgüç - Kunt & R. Levine, Law and Firms' Access to Finance [DB/OL]. NBER Working Papers 10687. http:// www. nber. org / papers /w10687, 2008. 03. 21.

7. T. Beck, A. Demirgüç - Kunt and R. Levine, SMEs, Growth, and Poverty: Cross - Country Evidence [J]. *Journal of Economic Growth*, 2005, 10 (3): 199 - 229.

8. N. C. Churchill and V. L. Lewis, The Five Stages of Small Business Growth [J]. *Harvard Business Review*, 1983 (5 - 6): 30 - 50.

9. T. Frye, Credible Commitment and Property Rights: Evidence from Russia [J]. *American Political Science Review*, 2004 (98): 453 - 466.

10. V. Hartarska, Investment, Finance and Property Rights in Micro and Small Firms [DB/OL]. http://ageconsearch. umn. edu/ bitstream /20739/

1/ sp01ha03. pdf, 2008. 04. 12.

　　11. F. Hubert & A. Matthey, New Strategies to Finance Small Enterprises in Russia, *Modernization of the Russian Economy* [C]. 2003 (2): 327 − 387.

　　12. A. Kihlgren, Small Business in Russia − factors that Slowed its Development: An Analysis [J]. *Communist and Post − Communist Studies*, 2003, 36 (2): 193 − 207.

　　13. A. Kihlgren, Small Business in Russia: A Case Study of St. Petersburg [DB/OL] . William Davidson Working Paper, Number 439, 2002 (1). http://www. wdi. umich. edu /files/ Publications/ Working Papers /wp439. pdf, 2008. 05. 25.

　　14. Ira W. Lieberman & Suhail Rahuja, An Overview of Privatisation in Russia [R]. In Ira W. Lieberman and John Nellis (eds) Creating Private Enterprises and Efficient Markets. Washington, D. C. : World Bank, 1995: 7 − 33.

　　15. G. Nagarajan and R. Meyer, Financing and Advisory Services to SMEs in Transition Countries: Trends and Challenges [DB/OL]. http: //www. undp. Org/ods/areas/area − 3/ area − mm/ Nagarajan 7fin. doc, 2008. 06. 12.

　　16. L. Polishchuk and A. Savvateev, Spontaneous Emergence of Property Rights: A Critical Analysis [DB/OL] . Paper Presented at the Conference "Transforming Government in Transition Economies" . M. : New Economic School, 1997. 09. 17, http: // papers. ssrn. com, 2008. 05. 15.

　　17. L. Polishchuk, Small Businesses in Russia: Institutional Environment [DB/OL] . University of Maryland − Center on Institutional Reform and the Informal Sector (IRIS): Working Paper　240. Michigan, January 2001, http: //papers. ssrn. com, 2008. 05. 08.

　　18. V. Pripisnov, The Development of Small and Medium Sized Enterprises (SMEs) in Russia (1993 − 1995) [DB/OL]. STEEP Discussion Paper No 35. October 1996. http: //www. sussex. ac. uk/ Units/ spru/publications /imprint/steepdps /35/steep35. pdf, 2008. 05. 08.

　　19. W. Pyle, Collective Action and Post − Communist Enterprise: The Economic Logic of Russia's Business Associations [DB/OL]. William Davidson

Institute Working Paper No. 794 BOFIT Discussion Paper No. 19/2005. http: // www. ucis. pitt. Edu / nceeer /2005_ 819 – 11g _ Pyle. pdf,2008. 10. 11.

20. V. Radaev, The Development of Small Entrepreneurship in Russia [DB/OL]. http: //www. wider. unu. edu/publications/dps/ dp2001 – 135. pdf November 2001, p 2 – 11, 2008. 08. 12.

21. А. Айказин, Малое предпринимательство: о реальных инвесторах и выборе (поиске) инвестиционных проектов [J] . *Российский экономический журнал*, 1998, 3: 53 – 57.

22. М. Алена, Время перемен [DB/OL] . http: //www. expert. ru/ printissues/expert/2005 /47/47ex – leasing/, 2008. 06. 13.

23. М. В. Аликаева, М. Б. Ксанаева, МАЛОЕ ПРЕДПРИНИМАТЕЛЬСТ ВО В УСТОЙЧИВОМ РАЗВИТИИ ЭКОНОМИКИ РОССИИ [DB/OL]. http: // systech. miem. edu. ru/ 01. doc, 2008. 05. 25.

24. Т. Алимова, В. Буев, В. Голикова, Т. Долгопятова, Проблемы малого бизнеса глазами предпринимателей [J] . *Вопросы экономики*, 1994, 11: 108 – 123.

25. Т. Алимова, В. Буев, В. Голикова, И. Евсеева, Формирование информационной среды малого бизнеса [J] . *Вопросы экономики*, 1994, 11: 124 – 132.

26. Т. Алимова, В. Буев, В. Голикова, Т. Долгопятова, И. Евсеева, Малый бизнес в России, Адаптация к переходным условиям [J]. *Вопросы статистики*, 1995, 9: 19 – 68.

27. Т. Алимова, Малый бизнес в зеркале официальной статистики [J]. *Вопросы экономики*, 1994, 11: 133 – 141.

28. Т. Алимова, Диверсификация деятельности малых предприятий [J]. *Вопросы экономики*, 1997, 10: 130 – 137.

29. И. Андреева, К. Павлов, О критериях выделения малого и среднего бизнеса [J]. *Общество и экономика*, 2007, 7: 62 – 79.

30. И. В. Аникина, Малое предпринимательство в экономике России и Германии: Роль сектора и меры государственной политики по его развитию [DB/OL] . Дни российской экономики во Франкфурте на

Майне 2004. http：//www. nisse. ru/presentations/pr9. ppt, 2008, 04, 12.

31. Анализ роли и места малых и средних предприятий России［М］. Статистическая справка. Статистическая справка подготовлена Ресурсным центром малого предпринимательства по заказу Агентства США по Международному Развитию, Москва, 2004, 2006.

32. Анализ развития микрофинансирования в России［R］. Часть I, Часть II. Оценка спроса. Аналитические материалы. Исследование финансировалось из средств гранта, предоставленного гентством США по международному развитию. ФИНКА Интернэшнл, ЛЛС；Российский Фонд? Микрофинансовый центр? Ресурсный центр малого предпринимательства. Москва, 2003, 2004.

33. В. Афанасьев, Малый бизнес: проблемы становления［J］. *Российский экономический журнал*, 1993, 2：59 – 65.

34. В. Афанасьев, Е. Крылов, Малое предпринимательство в решении проблемы занятости［J］. *Российский экономический журнал*, 1996, 10：40 – 46.

35. Т. Афанасьева, В. Лазарев, Т. Пуденко, Поддержка малого бизнеса в России: новая технология разработки программ［J］. *Предпринимательство в России*, 1998, 4：45 – 52.

36. Т. Афанасьева, В. Буев, Т. Пуденко, Анализ состояния внешней среды малого предпринимательства в России, Автономная некоммерческая организация “Информационно – консультационный центр Бизнес – Тезаурус”, Москва, 2005.

37. Е. Балацкий, А. Потапова, Малый и крупный бизнес: тенденции становления и специфика функционирования［J］. *Экономист*, 2001, 4：45 – 54.

38. В. Басарева, Институциональные особенности развития малого бизнеса в регионах России［DB/OL］. http：//arn. eerc. ru/details/EERC Working Paper. aspx? id = 164, 2008. 07. 10.

39. А. Блинов, Н. Эрматова, Направления финансовой поддержки малого и среднего бизнеса［J］. *Российский экономический журнал*, 1994,

1: 44 – 47.

40. А. Блинов, Региональные фонды и другие финансовые институты поддержки предпринимательства [J]. *Вопросы экономики*, 1994, 11: 151 – 155.

41. А. Блинов, Малое предпринимательство и большая политика [J]. *Вопросы экономики*, 1996, 7: 39 – 45.

42. А. Блинов, Условия регулирования малого бизнеса [J]. *Экономист*, 1999, 2: 75 – 78.

43. Е. Брагина, Малое предпринимательство в переходной экономике Юга [J]. *Мировая экономика и международные отношения*, 2001, 1: 87 – 96. .

44. К. Брюммер, Система поддержки малого предпринимательства в Германии (возможный ориентир для России?) [J]. *Деньги и кредит*, 2001, 7: 13 – 19.

45. И. Брциева, Малое предпринимательство как экономическая категория [J]. *Общество и экономика*, 1999, 9: 148 – 159.

46. А. Ю. Буркова, Павовое регулирование венчурного финансирования [DB/OL]. http: //bankir. ru/analytics/Ur/36/62668, 2008. 09. 22.

47. Е. Бухвальд, А. Виленский, Российская модель взаимодействия малого и крупного предпринимательства [J]. *Вопросы экономики*, 1999, 12: 66 – 78.

48. Е. Бухвальд, А. Виленский, Развитие и поддержка малого бизнеса (опыт Венгрии и уроки для России) [J]. *Вопросы экономики*, 2002, 7: 109 – 118.

49. П. Вакуров, С. Заславский, Объединения малых и средних предприятий [J]. *Вопросы экономики*, 1994, 11: 142 – 150.

50. Н. Вахтина, О. Долгова, Технопарки как форма поддержки малого предпринимательства [J]. *Мировая экономика и международные отношения*, 1996, 6: 130 – 135.

51. Венчурное финансирование малого предпринимательства [DB/OL]. http: // 77. 242. 108. 195/economics/innovation/publications/financing

_ of_ small_ business, 2008. 05. 12.

52. А. Виленский, Этапы развития малого бизнеса ［J］. *Вопросы экономики*, 1996, 7: 38 – 41.

53. А. Виленский, Финансовая поддержка малого предпринимате льства ［J］. *Экономист*, 1999, 9: 88 – 90.

54. А. В. Виленский, О передаче контрольных и регулирующих функций государства объединениям малых предпринимателей ［J］. *Вопросы экономики*, 2003, 11: 99 – 109.

55. А. В. Виленский, Особенности российского малого предпринимат ельства ［J］. *Экономический журнал ВШЭ.* 2004, 2: 246 – 256.

56. Л. Ворохалина, Финансово – кредитные механизмы регулирования малого бизнеса ［J］. *Вопросы экономики*, 1996, 7: 83 – 87.

57. Всероссийский центр изучения общественного мнения, Отчет по результатам общероссийского исследования. Условия и факторы развития малого предпринимательства в регионах РФ ［R］ . Москва, 2005.

58. Высоков В. Малый бизнес "в тени" – государству жарко ［J］. *Экономика и жизнь*, 1998, 20: 1.

59. В. И. Галицкий, Госкомстат России, Малое предпринимательство России 2002. Статистический сборник. Москва, 2002.

60. Е. Гержа, Малые предприятия – вопросы становления и развития ［J］. *Деньги и кредит*, 1998, 2: 62 – 65.

61. Ф. Ф. Глисин, Г. П. Воронина, Деловая активность субъектов малого предпринимательства в различных секторах экономики России во 2 – м полугодии 2001 года ［J］. *Вопросы статистики*, 2002, 5: 50 – 57.

62. Э. Горбунов, Малая экономика как фактор формирования общесоюзного рынка ［J］. *Вопросы экономики*, 1990, 12: 79 – 84.

63. Э. Горбунов, О Концепции малого предпринимательства в СССР ［J］. *Вопросы экономики*, 1991, 8 : 52 – 61.

64. В. Я. Горфинкель, В. А. Швандар, Малый Бизнес: Организация, Экономика, Управление ［M］. Москва: ЮНИТИ – ДАНА, 2007: 348 – 466.

65. М. К. Горшкова , Н. Е. Тихоновой, А. Ю. Чепуренко, Средний

класс в современном российском обществе [М]. М. : РОССПЭН/
РНИСиНП, 1999：33.

66. Т. Гурова, Н. Кириченко, Д. Медовников, Важнейшие проблемы
российского бизнеса. Кто их решит? [J]. *Эксперт*, 1999, 42：84 – 91.

67. А. Дадащев, Н. Гловацкая, С. Лазуренко, А. Нешитой,
Эффективность проддержки малого предпринимательства [J]. *Вопросы
экономики*, 2002, 7：127 – 139.

68. А. Дадашев, Д. Мешков, Ресурсная эффективность малых
предприятий [J]. *Экономист*, 2006, 6：55 – 61.

69. Т. Долгопятова, И. Евсеева, В. Широнин, Роль законодательства и
регулирования в становлении малого бизнеса в России [J]. *Вопросы
экономики*, 1994, 11：92 – 107.

70. Т. Г. Долгопятова , Российские предприятия в переходной
экономике: экономические проблемы и поведение [М]. М. : Дело
Лтд. 1995.

71. Т. Г. Долгопятова, Малый бизнес в России [М] . Аналитическое
пособие. М. : КОНСЭКО, 1998.

72. Долгопятова Т. Г. Институциональное развитие малого и среднего
предпринимательства в российской экономике [J]. *Экономическая наука
современной России*, 1999, 3：49 – 63.

73. Б. Дуденков , Малые предприятия – шаг к рынку [J]. *Вопросы
экономики*, 1991, 8：69 – 75.

74. М. Еваленко, Региональное преломление общих проблем
развития малого предпринимательства в России [J] . *Российский
экономический журнал*, 2003, 2：60 – 73.

75. М. Еваленко, Потенциал малого предпринимательства и
экономика российских регионов [J]. *Российский экономический журнал*,
2003, 9 – 10：30 – 51.

76. Г. Ермилова, Сравнительный анализ систем статистического
учета малых предприятий в России и в странах ЕС [J] . *Вопросы
статистики*, 1998, 7：3 – 51.

77. Г. Е. Ершова, Поддержка малого предпринимательства ［J］. *Финансы*, *1995*, *2*：*17 – 18*.

78. Зубакин В. Вторая экономика ［J］. *Вопросы экономики*, 1994, 11：156 – 160.

79. В. Каганов, Где подрастает малый бизнес ［J］. *Экономика и жизнь*, 2003, 4（16）：4.

80. П. Качура, Малые предприятия：сущность и трудности становления ［J］. *Вопросы экономики*, 1991, 8：76 – 86.

81. В. Кашкин, А. Казибеков, Топ – 50 лизинга ［J］. *Эксперт*, 2002, 354.

82. В. Кашкин, Рейтинг лизинговых компаний по итогам 2003 года （Лизинг – 100）［J］. *Эксперт*, 2003, 398.

83. А. Колесников, Л. Колесникова, Мапый и средний бизнес：эволюция понятий и проблема определения ［J］. *Вопросы экономики*, 1996, 7：46 – 58.

84. А. В. Кольчугина, Деятельность малых предприятий Российской Федерации в начале XXI века ［J］. *Вопросы статистики*, 2004, 12：45 – 48.

85. С. Кусич, В. Свиянович, А. Вайсбах, Малый и средний бизнес：институциональные трансформации и дух предпринимательства ［J］. Вестн. Моск. ун – та. Сер. 6. Экономика. 2003, 4：46 – 65.

86. К. Лайкам, Э（Ред）, Госкомстат России. Малое предпринимательство России 2003 ［M］. Статистический сборник. Москва, 2003.

87. А. Н. Люсов, Развитие малого предпринимательства ［J］. *Деньги и кредит*, 1993, 6：33 – 44.

88. Г. В. Мазуров, Малые предприятия России в 1998 году ［J］. *Вопросы статистики*, 1999, 8：3 – 26.

89. Максим Болотинский и Хонгда Янг, Малый и средний бизнес в России и Китае：Сравнительный обзор ［EB/OL］. Аналитики рынка, Alinga Consulting Group. http：// www. acg. ru / news2. phtml? m =

2883&print = 1, 2008. 09. 06.

90. Н. И. Малис, Малый бизнес имеет налоговый потенциал [J]. *Финансы*, 2006, 7: 30 – 33. .

91. Малое предпринимательство заявляет о себе: По материалам Первого всерос. съезда представителей малых предприятий [J]. *Российский экономический журнал*, 1996, 3: 50 – 58 и 4: 29 – 36.

92. Малое и среднее предпринимательство в развитии промышленности и технологий [DB/OL]. 2007г. Москва: ОПОРА России. 21 Апреля 2008г. http: // www. opora. ru/ analytics/ library, 2008. 07. 01.

93. В. С. Маньков , Институциональные аспекты в государственном регулировании малого бизнеса [J]. *Вестник МГУ*, сер. 6, Экономика, 2004, 2: 20 – 44.

94. М. Маренный, Методы финансового анализа коопераци онных взаимодействий малых промышленных предприятий [EB/OL]. Аудит и финансовый анализ. 2001, 03. http: //www. cfin. ru /press/afa/2001 – 3/ 03_ 2. shtml, 2008. 05. 20.

95. В. Мигин, М. Шестоперов, О. Шеховцов, А. Щетинин, Оценка доли теневого оборота в малом предпринимательстве в 2002 – 2006 гг. [M] . М. , 2007: 46.

96. П. Мягков,   Е. Фесенко,   Малое   предпринимательство: государственная поддержка обязательна [J] . *Российский экономический журнал*, 1993, 4: 49 – 55.

97. О. А. Никифоров,   О   состоянии   историографической   базы проблемы регионального развития малого бизнеса на современном этапе [J]. *Известия*, 2004, 5: 159 – 163.

98. В. Оноприенко, Планомерное развитие малых предприятий [J]. *Вопросы экономики*, 1991, 8: 62 – 68.

99. П. Ореховский, В. Широнин, Малое и среднее предпринимательство в России [J]. *Общество и экономика*, 2005, 12: 49 – 85.

100. А. Орлов, Малое   предпринимательство: старые   и   новые проблемы [J]. *Вопросы экономики*, 1997, 4: 130 – 140.

101. А. Орлов , Предпринимательство в России（истоки и этапы до 1992 г.）［J］. *Вопросы экономики*, 1999, 12: 79 – 89.

102. А. Орлов, Малое предпринимательство в России: развитие или стагнация?（1992 – 2001 годы）   ［J］. *Вопросы экономики*, 2001, 10: 70 – 79.

103. А. Орлов , Перспективы развития малого предпринимательства в России ［J］. *Вопросы экономики*, 2002, 7: 119 – 126.

104. П. А. Петров, О финансовой поддержке малого и среднего бизнеса ［J］. *Финансы*, 1994, 3: 26 – 29.

105. Й. Пихлер, К. Шмидт, Малые и средние предприятия. Управление и организация ［M］. М. : Международн. отношения, 2002: 280 .

106. Поддержка развития малого предпринимательства ［R］. Расширение доступа малого бизнеса к финансированию в России. Тасис СМЕРУС 9803. Москва , 2002.

107. Ю. Подпорин, Малых не становится больше ［J］. *Экономика и жизнь*, 2001, 2 (6): 4.

108. С. Н. Рагимов, Б. В. Петров , Современные проблемы развития малого предпринимательства ［J］. *Финансы*, 2001, 11: 46 – 48.

109. В. В. Радаев, Малый бизнес и проблемы деловой этики: надежды и реальность ［J］. *Вопросы экономики*, 1996, 7: 72 – 82.

110. В. В. Радаев, Формирование новых российских рынков: трансакционные издержки, формы контроля и деловая этика ［M］. М. : Центр политических технологий, 1998: 71 – 79.

111. Российское обозрение малых и средних предприятий 2001 ［R］. Москва: Рес. Центр малого предпринимательства, 2002.

112. В. М. Савельев , Факторинг – форм обслуживания малого и среднего бизнеса ［J］. *Финансы*, 2004, 2: 48 – 50.

113. Санин В. Малому бизнесу – большие обещания ［J］. *Экономика и жизнь*, 2000, 7 (24): 22.

114. И. Семенушкин, К классификации форм господдержки малого предпринимательства ［J］. *Российский экономический журнал*, 2000, 11 –

12: 80 - 83.

115. Л. Слуцкий, О новых функциях ассоциированных объединений в малом предприни - мательстве [J]. *Общество и экономика*, 2000, 11 - 12: 224 - 232.

116. Н. В. Смирнов, Анализ общей динамики развития малого предпринимательства в России в начале XXI века [M]. Рес. центр малого предпринимательства. Москва, 2007.

117. А. Суринов, Е (Ред), Росстат, Малое предпринимательство России 2004 [M]. Статистический сборник, Москва 2004.

118. Тенденции развития рынка микрофинансовых услуг в России: основные результаты. четвертого раунда мониторинга рынка микрофинансирования: 2003 - 2006г. г. [R]. Российский Микрофинансовый Центр; НКО Ресурсный центр малого предпринимательства. Москва, 2007.

119. В. Б. Тореев, О. Е. ВороновскаяЭффективность программ поддержки малого предпринимательства [DB/OL]. http: // www. ec-socman. edu. ru /images/pubs/2006/ 06/21/0000280444 /07 - Toreev. Pdf, 2008. 04. 16.

120. Условия и факторы развития малого предпринимательства в регионах России [R]. Отчет по результатам общероссийского исследования. Всероссийский центр изучения общественного мнения. Москва, 2005/2006.

121. Л. Ходов, О структуре малого бизнеса и особенностях его мотивации [J]. *Вопросы экономики*, 2002, 7: 147 - 151.

122. А. Цыганов, Предприниматель и власть: проблемы взаимодействия [J]. *Вопросы экономики*, 1997, 6: 97 - 103.

123. А. Чепуренко, Проблема финансирования в российском малом бизнесе (по материалам социологических обследований) [J]. *Вопросы экономики*, 1996, 7: 59 - 71.

124. А. Ю. Чепуренко, Малое предпринимательство в России [J]. *Мир России*, 2001, 4: 130 - 161.

125. А. Ю. Чепуренко, Т. Б. Обыдённова, Трудовые отношения на российских малых предприятиях (по материалам социологических обследований) [J]. *Вопросы экономики*, 2001, 4: 110 – 122.

126.. Ю. Чепуренко, Малое предпринимательство в социальном контексте [М]. М.: Наука, 2004.

127. А. Ю. Чепуренко, Малый бизнес в рыночной среде [М]. М.: Дом МУМ, 2006.

128. Ф. Шамхалов, Малое предпринимательство в системе рыночных реформ: проблемы роста и выживания [J]. *Вопросы экономики*, 1993, 10: 155.

129. О. Шестоперов, Современные тенденции развития малого предпринимательства в России [J]. *Вопросы экономики*, 2001, 4: 65 – 83.

130. В. Широнин, И. Есеева, Изучение ситуации в секторе малого и среднего бизнеса [R]. Институт социально – экономического анализа и развития предпринимательстваМ,: 2001.

131. В. Широнин, Состояние и перспективы рынка финансовых услуг для малых предприятий [Z]. Российский Микрофинансовый Центр, 2007.

132. Н. Шулятьева, Малый бизнес в условиях рынка [J]. *Деньги и кредит*, 1992, 1: 66 – 69.

133. А. Шулус, Субъекты малого предпринимательства и система его государственной поддержки [J]. *Российский экономический журнал*, 1996, 5 – 6: 65 – 76.

134. А. С. Шуткин, Малый бизнес и местные бюджеты [J]. *Финансы*, 2005, 5: 34 – 36.

135. А. С. Шуткин, О финансовой поддержке малых инновационных предприятий [J]. *Финансы*, 2007, 7: 71 – 72.

136. Е. Ясин, А. Чепуренко, В. Буев, О. Шестоперов, Малое предпринимательство в Российской Федерации: прошлое, настоящее и будущее [М]. М.: Новое изд – во, 2004.

137. ［比］热若尔·罗兰：《转型与经济学》，北京大学出版社 2002 年版。

138. ［波兰］格泽戈尔兹·科勒德克：《向市场和企业家精神的转变——系统因素与政策选择》，《经济社会体制比较》2000 年第 3 期。

139. ［德］柯武刚、史漫飞：《制度经济学：社会秩序与公共政策》，商务印书馆 2004 年版。

140. ［俄］阿巴尔金：《俄罗斯发展前景预测——2015 年最佳方案》，社会科学文献出版社 2001 年版。

141. ［俄］波里什丘克·列昂纳德：《转轨经济中的制度需求演进》，《比较》第九辑，中信出版社 2003 年版。

142. ［俄］列夫·托洛茨基：《被背叛的革命》，生活·读书·新知三联书店 1963 年版。

143. ［俄］罗伊·麦德维杰夫：《俄罗斯往何处去：俄罗斯能搞资本主义吗?》，新华出版社 2000 年版。

144. ［俄］尼·别尔嘉耶夫：《俄罗斯思想》，生活·读书·新知三联书店 1995 年版。

145. ［俄］丘拜斯·阿纳托利：《俄罗斯式的私有化》，新华出版社 2004 年版。

146. ［美］M. 奥尔森：《集体行动的逻辑》，上海三联书店、上海人民出版社 1995 年版。

147. ［美］M. 奥尔森：《国家兴衰探源——经济增长、膨胀与社会僵化》，商务印书馆 1999 年版。

148. ［美］M. 奥尔森：《权力与繁荣》，上海世纪出版集团 2005 年版。

149. ［美］C. 巴罗：《小型企业》，中信出版社 1998 年版。

150. ［美］查尔斯·赖特·米尔斯：《权力精英》，南京大学出版社 2004 年版。

151. ［美］A. K. 迪克西特：《经济政策的制定：交易成本政治学的视角》，中国人民大学出版社 2003 年版。

152. ［美］弗鲁博顿·埃里克、［德］芮切特·鲁道夫：《新制度经济学：一个交易费用分析范式》中译本，上海三联书店、上海人民出版社 2006 年版。

153. ［美］康芒斯：《制度经济学》上册，商务印书馆 1962 年版。

154. ［美］R. 科斯、A. 阿尔钦和 D. 诺思：《财产权利与制度变迁——产权学派与新制度学派译文集》，上海三联书店、上海人民出版社 1994 年版。

155. ［美］科斯、哈特和斯蒂格利茨等著，［瑞典］拉斯·沃因、汉斯·韦坎德编：《契约经济学》，经济科学出版社 1999 年版。

156. ［美］A. 库钦斯：《俄罗斯在崛起吗?》，新华出版社 2004 年版。

157. ［美］理查德·莱亚德、约翰·帕克：《俄罗斯重振雄风》，中央编译出版社 1997 年版。

158. ［美］琳达·兰黛尔：《不情愿的资本家》，新华出版社 2004 年版。

159. ［美］诺曼·杰·奥恩斯坦、雪利·埃尔德：《利益集团、院外活动和政策制定》，世界知识出版社 1981 年版。

160. ［美］D. C. 诺斯：《制度、制度变迁与经济绩效》，上海三联书店、上海人民出版社 1994 年版。

161. ［美］诺斯：《经济史中的结构与变迁》，上海三联书店 1991 年版。

162. ［美］G. J. 施蒂格勒：《产业组织和政府管制》，上海人民出版社、上海三联出版社 1996 年版。

163. ［日］青木昌彦：《比较制度分析》，上海远东出版社 2001 年版。

164. ［匈］科尔内·雅诺什：《社会主义体制：共产主义政治经济学》，中央编译出版社 2007 年版。

165. ［英］E. F. 舒马赫：《小的是美好的》，译林出版社 2007 年版。

166. 安启念：《俄罗斯向何处去：苏联解体后的俄罗斯哲学》，中国人民大学出版社 2003 年版。

167. 白钦先、薛誉华：《各国中小企业政策性金融体系比较》，中国金融出版社 2001 年版。

168. 曹维安：《俄国史新论：影响俄国历史发展的基本问题》，中国社会科学出版社 2002 年版。

169. 陈恩才：《转型经济国家中小企业发展的外部环境分析》，《外国经济与管理》2003 年第 10 期。

170. 陈柳钦：《俄罗斯金融工业集团对其经济的正负影响》，《经济导刊》2006 年第 1 期。

171. 陈新明：《俄罗斯私有小企业的劳动就业》，《东欧中亚研究》1998 年第 3 期。

172. 程伟、冯舜华、徐坡岭：《转轨国家产权改革与公司治理研究》，经济科学出版社 2007 年版。

173. 程伟、刘洪钟：《经济全球化与公司治理：对转轨国家的含义》，《世界经济与政治》2003 年第 10 期。

174. 程伟：《经济全球化与经济转轨互动研究》，商务印书馆 2005 年版。

175. 程伟：《普京"经济翻番"评析》，《国际经济评论》2004 年第 1 期。

176. 程伟：《世界经济十论》，高等教育出版社 2004 年版。

177. 董映璧：《让科技小企业成为创新的火车头——访俄"促进科技小企业发展基金会"总经理伊万·博尔特尼克》，《科技日报》2006 年 3 月 1 日第 2 版。

178. 杜焱：《经济转型国家中小企业融资特征研究》，《商业时代》2007 年第 13 期。

179. 中华人民共和国商务部欧洲司、中国社会科学院俄罗斯东欧中亚研究所联合课题组：《俄罗斯经济发展规划文件汇编》世界知识出版社 2005 年版。

180. 冯绍雷、相蓝欣：《俄罗斯经济转型》，上海人民出版社 2005 年版。

181. 冯绍雷：《制度变迁与对外关系——1992 年以来的俄罗斯》，上海人民出版社 1997 年版。

182. 冯舜华、徐坡岭：《俄罗斯经济的结构性症结》，《世界经济与政治》2003 年第 9 期。

183. 冯舜华、杨哲英、徐坡岭：《经济转型的国际比较》，经济科学出版社 2001 年版。

184. 冯舜华:《俄罗斯的股份制和公司治理》,《世界经济》2001 年第 11 期。

185. 冯舜华:《俄罗斯经济"追赶型"发展的战略目标和途径研究》,《世界经济与政治》2004 年第 12 期。

186. 宫艳华:《俄罗斯中小企业的发展现状与经济作用》,《东欧中亚市场研究》2003 年第 10 期。

187. 龚惠平:《俄罗斯国家创新体系的新发展》,《全球科技经济瞭望》2006 年第 12 期。

188. 关雪凌:《经济转轨进程中的俄罗斯小企业》,《欧亚社会发展研究》2000 年刊。

189. 郭连成:《俄罗斯经济转轨与转轨时期经济论》,商务印书馆 2005 年版。

190. 郭连成:《普京执政一年的俄罗斯经济》,《国际经济评论》2001 年第 3 期。

191. 金雁、秦晖:《十年沧桑:东欧诸国的经济社会转轨与思想变迁》,上海三联书店 2004 年版。

192. 金雁:《俄罗斯村社文化及其民族特性》,《人文杂志》2006 年第 4 期。

193. 靳会新:《俄罗斯小企业探析》,《西伯利亚研究》2005 年第 6 期。

194. 李向玉:《俄罗斯小企业:机遇与挑战并存》,《当代世界》2007 年第 8 期。

195. 李永庆:《俄罗斯小企业的发展不可忽视》,《俄罗斯中亚东欧市场》1996 年第 6 期。

196. 李中海:《普京八年:俄罗斯复兴之路(2000—2008)》经济卷,经济管理出版社 2008 年版。

197. 林汉川、魏中奇:《中小企业发展的国别比较》,中国财政经济出版社 2001 年版。

198. 林汉川、魏中奇:《美、日、欧盟等中小企业最新界定标准比较及其启示》,《管理世界》2002 年第 1 期。

199. 林双林、李建民:《中国与俄罗斯经济改革比较》,中国金融科学出版社 2007 年版。

200. 林文杰：《转轨进程中的俄罗斯金融工业集团研究》，博士学位论文，辽宁大学，2008 年。

201. 林跃勤：《俄罗斯小企业经验谈》，《开放导报》2002 年第 11 期。

202. 林治华：《俄罗斯经济转轨中的小企业》，《东欧中亚研究》1998 年第 4 期。

203. 刘国华：《转型经济国家中小企业发展研究》，中国财政经济出版社 2004 年版。

204. 陆南泉：《俄罗斯私有化的失误及警示》，《人民论坛》2008 年第 2 期。

205. 吕岩松：《俄中合作前景广阔——访俄罗斯中小企业联合会主席鲍里索夫》，《人民日报》2002 年 11 月 28 日第 7 版。

206. 罗正英：《中小企业信贷资源占有能力提升的战略重点》，《中国工业经济》2004 年第 4 期。

207. 牛建高、李义超和林万龙：《中国农村贫困的金融成因：基于产权视角的分析》，《上海交通大学学报》（哲学社会科学版）2005 年第 3 期。

208. 钱颖一：《理解现代经济学》，《经济社会体制比较》2002 年第 2 期。

209. 邱莉莉：《俄罗斯小企业在市场经济中的发展》，《世界经济与政治》1998 年第 2 期。

210. 曲文轶：《苏联所有制体制的历史沿革》，《东欧中亚研究》2000 年第 2 期。

211. 盛洪：《现代制度经济学》上、下卷，北京大学出版社 2003 年版。

212. 盛世良：《普京第二任期对内政策的调整》，《当代世界与社会主义》2004 年第 2 期。

213. 唐菊裳：《国外小企业融资、管理、创新、模式》，中国计划出版社 1999 年版。

214. 唐朱昌：《从叶利钦到普京：俄罗斯经济转型启示》，复旦大学出版社 2007 年版。

215. 田春生：《新自由主义学说及其政策在转型国家的失败——以俄罗斯转型前 10 年的结果为例》，《世界经济与政治》2004 年第 5 期。

216. 汪宁：《俄罗斯小企业改革的得与失》，《俄罗斯研究》2001 年第 3 期。

217. 王国顺、周勇、汤捷：《交易治理与经济效率——O. E. 威廉姆森交易成本经济学》，中国经济出版社 2005 年版。

218. 王曙光：《我国小额信贷发展面临的五大挑战》，《中国农村信用合作》2006 年第 6 期。

219. 王曙光：《中国小额信贷立法和监管框架的初步设想》，《中国经济时报》2007 年 4 月 5 日第 5 版。

220. 王文贵：《互动与耦合：非正式制度与经济发展》，中国社会科学出版社 2007 年版。

221. 邢广程：《普京与寡头的关系——影响俄罗斯社会发展进程的问题》，《国际经济评论》2004 年第 1 期。

222. 熊玉珍：《俄罗斯中小企业发展状况及其对经济改革的影响》，《俄罗斯中亚东欧市场》2004 年第 11 期。

223. 徐坡岭：《俄罗斯经济转型轨迹研究：论俄罗斯经济转型的经济政治过程》，经济科学出版社 2002 年版。

224. 徐坡岭：《试析俄罗斯经济持续增长的制度基础》，《俄罗斯研究》2006 年第 4 期。

225. 徐坡岭、徐昱东：《俄罗斯中小企业融资及对中国的启示》，载刘冰、李中东主编《经济转型、增长与体制比较创新——2008 年首届"中俄改革：回顾与展望"国际研讨会论文集》，经济管理出版社 2008 年版。

226. 徐昱东、于娟：《俄罗斯经济增长透视：基于中小企业的视角》，《俄罗斯研究》2008 年第 2 期。

227. 徐昱东、徐坡岭：《俄罗斯中小企业发展的地区差异实证分析》，《俄罗斯中亚东欧市场》2009 年第 10 期。

228. 徐昱东、徐坡岭：《俄罗斯中小企业发展分析——基于集体行动的视角》，《经济与管理》2010 年第 1 期。

229. 许新:《叶利钦时代的俄罗斯》经济卷,人民出版社 2001 年版。

230. 许新:《转型经济的产权改革:俄罗斯东欧中亚国家的私有化》,社会科学文献出版社 2003 年版。

231. 尹柳营:《他山之石——中小企业发展的经验与案例》,清华大学出版社 2005 年版。

232. 张春萍:《转型时期的俄罗斯金融工业集团——形成、发展与绩效分析》,博士学位论文,吉林大学,2007 年。

233. 张聪明:《俄罗斯企业制度研究》,博士学位论文,中国社会科学院研究生院,2002 年。

234. 张树华:《私有化:是福?是祸?》,经济科学出版社 1998 年版。

235. 张养志、王娟熔:《从文化滞后看苏联解体》,《21 世纪》1999 年第 4 期。

236. 张瑜、张戈等:《俄罗斯创业投资与中小企业》,《中国创业投资与高科技》2005 年第 8 期。

237. 周晓虹:《全球中产阶级报告》,社会科学文献出版社 2005 年版。

▲ 主要网站

238. Журнал "Экономическая социология" (www. ecsoc. msses. ru)。

239. Центр экономической социологии "Эксоцентр" (www. ecsoc. ru)。

240. Образовательный портал "Экономика, социология и менеджмент" (www. ecsocman. edu. ru)。

241. 企业系统问题国家研究所 (http://www. nisse. ru)。

242. 小额信贷中心 (http://www. rmcenter. ru/)。

243. 小企业资源中心 (http://www. rcsme. ru/)。

244. 俄罗斯小企业基金 (http://www. microcredit. ru/)。

245. 俄罗斯经济学院经济金融研究分析中心 (http://www. cefir. ru/)。

246. 俄罗斯经济学院新经济学院 (http://www. nes. ru)。

247. 俄经济发展和贸易部小企业信息中心 (http://smb. economy. gov. ru/index)。

248. 俄联邦国家统计局 (http://www. rcsme. ru/)。

249. 俄罗斯扶持中小企业局（http：//www. siora. ru/）。

250. 俄罗斯与国外小企业网（http：//www. smallbiznes. net/）。

251. 俄罗斯中小企业联合会网站（http：//www. opora. ru）。

252. 俄罗斯国民和社会问题独立研究所（http：//www. riisnp. ru/）。

253. 莫斯科小企业商业信息中心（http：//www. binec. ru ）。

254. 经营问题研究所（http：//www. ippnou. ru/）。

255. 企业家各界联合会（http：//www. vdcr. ru/）。

256. 莫斯科市扶持和发展小企业局（http：//www. dmpmos. ru/）。

257. 小企业分析家（http：//giac. ru/）。

258. 小企业扶持基金（http：//www. forafund. ru/）。

259. 创新型企业促进局（http：//www. arip. ru/）。

后　记

　　与俄罗斯的结缘还得从中学时代说起，屈指算来已经有十五个年头了。自从那时学上俄语，我就开始对俄罗斯好奇、关心起来，到大学时代有很多高中时的同班同学都又重新学起英语了，而我始终未放弃，还养成了剪报的习惯，把《参考消息》上有关俄罗斯的相关报道收集起来，并开始跟同学们讲述有关俄罗斯的故事了……在选择攻读博士学位的时候，在报考单位方面面临着若干选项，最终我选择了心仪已久的辽宁大学世界经济专业，正式开始了我的俄罗斯研究生涯。本书正是在我的博士论文基础上完成的。

　　回首攻读博士以来的路，也终于能像奥斯特洛夫斯基的那句名言指出的那样，自己没有为几年来付出的努力而懊悔。充实而又充满激情的岁月，将使我铭记终身。在此，我首先要感谢我的恩师徐坡岭教授。恩师高尚的人格、深厚的学术修养无时无刻不在影响着我、教育着我，使我逐渐领悟到了学术的奥妙，学术殿堂的大门在逐渐向我打开。在恩师的指导下，我得到了严格的学术训练，从经济学方法论到世界经济专业知识储备和相关分析工具、技能的掌握。当时选题的最终敲定，是在先前两个选题不成功的前提下作出的。记得 2008 年元旦凌晨，徐老师正在德国做短期研究，我通过网络向他汇报学习情况，也向他坦承因以前两个选题失败而引发的焦虑。当我向他汇报自己阅读外文期刊的心得体会时，谈到了俄罗斯中小企业问题。徐老师说，这个领域值得重视，并高屋建瓴地指出了该领域对俄罗斯经济发展的重要意义。当时，网络这头的我欣喜若狂。可以说，本研究选题的种子就是那时播下的。在恩师的教诲下，我经常有醍醐灌顶之感。困惑之后的清醒、犹疑之后的自信使得本研究每前进一步，都有一个小小的飞跃。

　　感谢我的师母卢绍君老师。虽然卢老师自己的工作很忙，但经常能和徐老师一起为我们这些大龄青年答疑解惑，使我们能够聆听到她专业的教海。她对我们的关心照顾，使我们感受到了大家庭一般的温暖。常言道：大恩不言谢。让我愧疚的是，我只能在此先以这种致谢的方式表达我对恩师和师母的由衷谢意和感激之情。

我还有幸得到了其他许多老师的帮助和支持，在此一并向他们致以深深的谢意。感谢沈阳工业大学经济学院张弛老师，正是张老师的指引才坚定了我的报考方向，知遇之恩没齿难忘；感谢我的硕士生导师姜国庆教授，在我攻读博士学位这段时间内，姜老师始终关心着我的学业，给了我莫大的精神鼓舞；感谢辽宁大学程伟教授的鼓励和指导，2008年春天，我去听他开设的世界经济专题课时，向他汇报有关俄罗斯中小企业研究现状的情景如在眼前，作为一校之长能在繁忙的工作中安排出时间给研究生们讲授精彩纷呈的世界经济课程，对我是一种永远的激励；感谢徐平教授，通过听他开设的赶超经济学课程使我加深了对俄罗斯转型特征的认识；感谢崔日明教授，他在我研究过程中给予的中肯批评和指正使我受益匪浅；感谢刘洪钟教授、曲文轶教授和王厚双教授在研究过程中给予的宝贵指导意见，同时，也感谢厦门大学庄宗明教授、黄梅波教授以及吉林大学项卫星教授的指导。

在研究过程中，还得到了许多同学的帮助。姜树博学长不仅是我平时学术讨论的主要伙伴，还是我学习、生活、事业上的榜样；感谢殷红师姐、王建丰师兄、顾春太师兄、刘志中、姜伟、王艳玲、张大为、王淑娟、黄鑫、吴镇阳等同学的帮助，感谢我的硕士同学东北大学的刘军博士，他总能不厌其烦地帮助我查资料。还有很多老师、同学，在此不再悉数说出他们的名字。

本书的出版得到了鲁东大学诸多领导的支持，尤其感谢商学院孟祥华院长，他的亲切鼓励和鼎力支持使得本书得以较快出版。同时还得到了中国社会科学出版社卢小生主任的大量帮助，在此致以特别的感谢。

回首成长路，家人的默默支持和帮助是我坚强的后盾。年过花甲的父母亲的鼓励和支持是我勇往直前的精神动力；兄嫂的帮助让我充满感激。眼下，我又能以何种方式报答他们呢？只能在此写些文字，以激励自己继续前行。

徐昱东

2010年5月于烟台